Noms des Libraires chez lesquels se trouve le présent Ouvrage.

CH. FR. CRAMER, *imprimeur, rue des Bons-Enfans, n°. 12.*

HENRICHS, *rue de la Loi, n°. 1231.*

CH. POUGENS, *quai Voltaire, n°. 10.*

TREUTTEL et WÜRTZ, *quai Voltaire, n°. 2.*

LEVRAULT, *quai Malaquais, au coin de la rue des Petits-Augustins.*

FUCHS, *rue des Mathurins.*

DELANCOURT, *à Nancy.*

VANACKER, *à Lille.*

LE CHARLIER, *à Bruxelles.*

MANUEL

DE

LITTÉRATURE

CLASSIQUE ANCIENNE.

TOME PREMIER.

MANUEL

DE

LITTÉRATURE

CLASSIQUE ANCIENNE,

CONTENANT:

I. L'Archéologie ;
II. Une notice des Auteurs classiques ;
III. La Mythologie ;
IV. V. Les Antiquités grecques et romaines.

Traduit de l'allemand de M. ESCHENBURG, avec des additions.

PAR

C. F. CRAMER,

Imprimeur-Libraire, et ancien Professeur de Philosophie, et de Littérature grecque et orientale, à l'Université de Kiel en Allemagne.

TOME PREMIER.

A PARIS,

De l'Imprimerie du TRADUCTEUR, rue des Bons-Enfans, N°. 12.

L'AN X.

PRÉFACE
DE L'ÉDITEUR.

Il manquait en France un livre élémentaire, propre à ceux qui desirent connaître l'origine et l'influence des *arts*, et suivre leurs progrès chez les deux nations de l'antiquité à qui nous devons tout ce qui a pu éclairer, et enrichir l'esprit humain. On avait besoin d'un livre qui, embrassant les différens objets qu'indique le frontispice de ce recueil, offrît, sous une forme usuelle, avec méthode, précision et clarté, un tableau de l'ensemble et de l'historique de toutes les *sciences* cultivées chez les anciens, et qui *indiquât leurs ouvrages* en ce genre. Il fallait que ce livre pût servir de base à l'instruction publique et privée, et devenir utile à ceux qui, se trouvant éloignés des grandes villes et des bibliothèques, voudraient acquérir ces connaissances, les saisir d'un seul coup-d'œil, et avoir un guide fidelle pour les classer et les augmenter à mesure qu'ils avancent dans leurs recherches. Il fallait enfin qu'un pareil manuel donnât une idée des efforts que les nations voisines de la France, les Italiens, les Allemands, les Anglais et les Hollandais, ont fait pour rassembler, rétablir et expliquer les restes précieux des monumens de l'esprit et du génie des Anciens; champ vaste, immense, et qu'on peut appeler la propriété commune de toute la république des Lettres. Ce n'est pas que nous prétendions qu'il n'y ait point en France beaucoup d'abrégés et de dictionnaires excellens sur plusieurs des objets que traite ce Manuel ; par exemple, sur la mythologie et les antiquités grecques et romaines ; — mais nous ne craignons point d'avancer qu'aucun ouvrage *élémentaire* ne présente *toutes* ces différentes parties rapprochées dans un seul cadre. Cependant, le besoin d'une pareille réunion est d'une évidence assez marquée; d'ailleurs, l'insuffisance de la *forme lexicale*, jusqu'ici la plus usitée pour cette sorte de recueils, mais qui ne semble avoir été imaginée qu'au profit de l'ignorance qui cherche à paraître savante, s'est tellement fait sentir dans les sciences en général, que les éditeurs de l'ouvrage le plus étonnant et le plus utile de nos jours, je veux dire l'Encyclopédie, ont cru devoir changer le plan de l'ancien dictionnaire de ce nom, et présenter, par *ordre de matières*, les immenses richesses qu'on y avait confusément amoncelées.

L'Allemagne, qui depuis les tems de la réformation, a tant contribué à faire revivre le goût de la littérature ancienne, et qui, jusqu'à la moitié du siècle qui vient d'expirer, n'était presque connue dans le monde littéraire que par son érudition et ses découvertes dans les sciences exactes; l'Allemagne, au moyen de ses nombreux établissemens d'instruction publique, disséminés dans cette foule d'états qui divisent son sol, et par le génie patient et laborieux de ses habitans, a eu l'avantage de multiplier et de perfectionner en même tems les livres élémentaires destinés à la jeunesse ; et l'on peut dire avec fondement qu'elle soutient presque seule à présent l'étude de la littérature ancienne, avec le même zèle qu'y apportaient autrefois les hommes-de-lettres de toutes les nations éclairées de l'Europe. En effet, quoique la France, qui jadis par ses Etienne, ses Casaubon, ses Rollin, et tant d'autres célèbres hellénistes et latinistes, rivalisait la patrie des Melanchton, des Camerarius, des Ernesti, des Heyne, et celle des Muret, des Scaliger, des Erasme, des Bentley, nous offre encore aujourd'hui des hommes du premier ordre, tels que les Villoison, les Coray, les Fébure de Villebrune, et plusieurs autres savans auxquels nous nous sommes empressé de rendre, dans ce recueil, l'hommage et la justice qui leur sont dus; on ne saurait cependant disconvenir que l'étude de cette partie ne s'y trouve aujourd'hui dans une espèce de langueur, qu'on peut attribuer en grande partie à la destruction des collèges et des universités, dont la méthode pédantesque à la vérité, mais néanmoins solide, n'a pu encore être remplacée par la nouveauté des institutions, jusqu'ici mal assurées, qui leur ont succédé. D'ailleurs, la nation française, pendant la révolution et au milieu de tant d'efforts héroïques pour maintenir son indépendance, et asseoir sa tranquillité sur une base immuable, en résistant à toute l'Europe coalisée, a nécessairement dû être distraite des travaux paisibles des Muses, qui ne fleurissent que dans les loisirs et le calme de la paix. Il n'y a donc pas lieu de s'étonner si, au milieu de ces agitations extérieures et intérieures, elle est restée, à l'égard des Lettres, nommées à si juste titre *studia humaniora*, en arrière de ces nations qui, éloignées du tumulte des armes, se sont trouvées dans une situation plus calme; et surtout de l'Allemagne protestante, où ces études sont tellement en vogue, qu'aucun candidat n'est admis aux emplois, s'il n'a montré dans les concours une connaissance suffisante de la littérature ancienne, en expliquant, dans les deux langues, des morceaux assez difficiles des auteurs classiques anciens, et (lorsqu'il s'agit de places ecclésiastiques, ne fût-ce qu'une simple cure de campagne) du texte hébreu et grec de la Bible. C'est au sein de cette paix glorieuse et inattendue où nous sommes enfin arrivés, après tant d'années de triomphes et de malheurs, que le Français va reprendre son essor, et montrer dans *toutes* les sciences ce génie, cette ardeur et cette persévérance même, que ses voisins lui ont refusés quelquefois sans fondement. Il est tems qu'il ne permette plus que son ancienne gloire littéraire soit ternie par un mépris-mal entendu de ces mêmes sources, auxquelles il doit en partie la prééminence dont il jouit.

Après avoir excellé dans tous les genres de littérature que cultivaient les anciens; après en avoir créé d'autres qui leur étaient inconnus, les Français n'oublieront jamais ce qu'ils doivent, dans leur révolution même, aux exemples des grands hommes de l'antiquité. Nous aimons donc à nous flatter que la littérature ancienne va refleurir sous notre gouvernement républicain, avec toutes les autres sciences, même les *exactes* qui, ne fût-ce que par rapport à leur nomenclature, ne sauraient se passer du secours de la philologie, et que ces études trouveront des encouragemens honorables de la part de nos magistrats, émules illustres des exploits et des vertus civiques des anciens. Ne sont-ce pas leurs écrits immortels, arrachés aux injures du tems, qui ont transmis ces exploits et ces vertus, comme un dépôt sacré et inviolable, à la mémoire de leurs arrière-neveux, et qui, étudiés avec le plus de fruit dans les sources mêmes, réclameront à jamais l'admiration de la postérité ?

.... Vos exemplaria græca
Nocturna versate manu, versate diurna.

D'après ces considérations, j'ai cru ne pas faire une chose inutile au public, si j'essayais de faire connaître en France, en y joignant les additions qui me paraissent indispensables, *une série d'ouvrages élémentaires universellement estimés et ré-*

pandus en Allemagne. Je commence par le *Manuel de Littérature classique ancienne* de M. *Eschenburg*, conseiller de la cour du duc de Brunswic, et professeur au *Carolinum* de cette ville. Cet auteur, aussi estimable par son caractère moral que par la variété de ses connaissances, éditeur de plusieurs écrits posthumes de Lessing (le premier littérateur de l'Allemagne moderne), cher à tous les hommes célèbres de cette contrée, et habitant une ville qui possède dans son voisinage la plus riche bibliothèque (1), réunit toutes les lumières, toute l'expérience que donne une longue suite d'années consacrées à l'instruction, à cette justesse d'esprit qui, dans ce genre de travail, saisit ce milieu si rare et si difficile à trouver : je veux

---

(1) Celle de *Wolfenbuttel*.

dire l'art d'éviter le *superflu*, sans cependant oublier le *nécessaire*.

Je n'entreprendrai pas de faire un éloge détaillé du livre dont j'offre ici la traduction; il me suffit de dire que, si le suffrage d'un public connaisseur peut servir de décision, ce Manuel, ainsi que les autres abrégés du même auteur que nous donnerons incessamment, ayant été adopté pour base des leçons publiques et privées dans la majeure partie des universités et des collèges d'Allemagne, et ayant déja eu quatre éditions, pourra espérer aussi parmi nous quelque succès. Au reste, c'est à l'expérience à en constater les avantages.

Rien de plus aisé, cependant, que d'affaiblir le mérite de ce Manuel, si des juges trop sévères voulaient s'attacher à relever minutieusement des omissions qui pourraient s'y rencontrer : les abrégés plus complets qui existent sur les *diverses parties* qu'embrasse cet ouvrage, les dictionnaires et les recueils de littérature et de bibliographie, les différentes sources même qui se trouvent citées à chaque section de l'abrégé de M. Eschenburg, fourniraient aisément les moyens d'indiquer et de remplir ces lacunes. Mais le critique qui perdrait son tems à cette tâche peu pénible, montrerait par-là même qu'il n'aurait pas bien saisi l'esprit de cet ouvrage, lequel n'a pour but que d'offrir, comme nous venons de le dire, un *abrégé* d'après un plan large; et d'y caser, non *tout ce que l'on peut savoir sur tel ou tel objet* dont il traite, mais seulement *les choses les plus essentielles* ; de faire un *choix* ; d'indiquer les *principaux* livres qu'on peut consulter sur telle ou telle matière, pour agrandir la sphère de ses connaissances, pour trouver de plus amples détails, et classer avec ordre et à leur place tous ceux que l'on y voudrait ajouter, en étudiant les diverses matières d'après l'ordre adopté dans l'ouvrage, ou d'après ses propres recherches et les occasions qui se présentent. L'auteur, par exemple, dans les notices qu'il donne sur les écrivains grecs et latins, n'a pas eu l'intention d'en offrir un catalogue complet, ni de satisfaire à la curiosité des bibliophiles, mais de citer seulement, sur chacun de ces auteurs, les éditions les meilleures, les moins dispendieuses et les plus récentes, dont toutefois une grande partie sera peut-être inconnue ici, vu l'interruption qui a eu lieu depuis la révolution dans le commerce de la librairie étrangère. Il s'est proposé surtout de faire connaître les éditions *usuelles*, qui, ainsi que les *chrestomathies* et autres *livres auxiliaires* de ce genre, peuvent mériter d'être recommandés aux jeunes gens auxquels ce recueil est destiné.

Cependant, je me suis cru obligé d'ajouter à ce Manuel plusieurs observations qui m'ont paru nécessaires, et de l'augmenter de quelques nouvelles notices qu'offrait la Bibliographie, soit allemande, soit française, depuis la dernière édition de l'ouvrage de M. Eschenburg. J'ai tâché de remplir ce but autant que me l'ont permis mes connaissances et le défaut de livres étrangers qui, malgré une nombreuse bibliothèque que j'ai apportée d'Allemagne, s'est fait sentir à moi dans les recherches que ce travail nécessitait. J'ai fondu toutes ces additions avec le texte de l'auteur, attendu que ce supplément, qui n'exigeait n'exigeait guères que de la patience, a en soi trop peu de mérite, et n'ajoute pas assez à cet ouvrage pour que je puisse en tirer vanité. Au reste, ce que j'ai ajouté, regarde surtout la partie qui contient le plus de détails minutieux ; savoir, la *notice des auteurs grecs et romains* que j'ai considérablement enrichie, par rapport aux *diverses éditions* et aux *traductions françaises* de ces mêmes auteurs. Je n'ai pas cru devoir retrancher de mon original la notice des *traductions allemandes* : d'abord, parce que je pense que si un traducteur jouit du droit d'*ajouter* à son auteur, et d'*augmenter le nombre des idées ou des lumières qu'il présente*, il n'est pas cependant autorisé à le *mutiler;* ensuite, parce que j'ai imaginé que plusieurs de ces productions qui sont dignes des plus grands éloges, pourraient peut-être devenir utiles en France à ceux qui savent l'allemand, à des traducteurs futurs d'auteurs non encore traduits; enfin, à cette multitude d'Allemands mêmes qui, devenus Français par l'extension du territoire de la république, et qui devant maintenant s'appliquer de plus en plus à se familiariser avec les deux langues de leur nouvelle patrie, auraient perdu à cette suppression. D'un autre côté, ayant plus particulièrement en vue d'être utile à la France, je me suis fait une loi de remplir, au moins autant que je l'ai pu, une lacune importante qui se trouvait dans l'original, en citant, à l'occasion des principaux auteurs, plusieurs ou au moins une traduction *française*, et les éditions les plus récentes avec lesquelles les Français ont enrichi la Philologie. Ici, je dois rendre hommage aux cit. *Villoison*, *Gail* et *Pougens*, qui, avec cette obligeance et cette aménité qui distinguent les littérateurs de leur nation, ont bien voulu m'aider de leur savoir, et me donner des notes, où j'ai trouvé les renseignemens les plus utiles. Si, malgré ce secours, il m'est arrivé encore de me tromper sur le choix, ou de laisser, comme je n'en doute pas, des vides à remplir et des omissions, faciles à rappeler dans une édition nouvelle (supposé que ce livre trouvât en France le même accueil qu'il a eu en Allemagne), c'est moi seul qui en dois porter la peine. Quoiqu'il en soit, j'aurai toujours à me féliciter, *vis-à-vis de mon ancienne patrie*, d'avoir, par ces additions, contribué à l'enrichir des connaissances de la France dans ce genre; ce qui me donnera peut-être des droits à l'indulgence des savans qui auraient ici exécuté cette entreprise avec plus de succès.

Paris, ce 27 Nivôse, l'an X.

TABLE DES MATIÈRES.

DU PREMIER VOLUME.

Archéologie de la Littérature et de l'Art chez les Romains et les Grecs.

INTRODUCTION.

Sur l'origine des Connaissances humaines, surtout dans les Sciences et les Arts.

Disposition de l'homme aux sciences, p. 1. - Développement de cette disposition, 2. — Communication de ces connaissances par le moyen des langues, 2. — Première origine des sciences, 3. — Leur première condition, 3. — Commencement de la science, 4. — Agriculture et culture des bestiaux, 5. — Différence des connaissances, 6. — Architecture et travaux des métaux, 7. — Origine plus tardive des arts d'imitation, 8. — Origine des langues, 9. — Invention de l'écriture, 10. — Autres moyens de se communiquer les idées, 11. — Peinture des objets, 11. — Manière symbolique de les indiquer, 12. — Abréviation des signes et des images, 13.—Écriture syllabique, 14. — Écriture par lettres, 15. — Matériaux et instrumens pour écrire, 16. — Contenu des premiers écrits, 17. — Naissance et propagation des connaissances scientifiques, 18. — Origine de la médecine, 19. — De l'arithmétique, 20. — De l'astronomie, 21. — De la géométrie, 22. — De la géographie, 23. — Arts et connaissances en Egypte, 24. — Naissance et culture des connaissances chez les Grecs, 25. — But de cette Archéologie, 26. — Utilité des connaissances archéologiques, 26. — Indication des écrits à consulter sur cette matière, *ibid.*

PREMIÈRE PARTIE.

ARCHÉOLOGIE DE LA LITTÉRATURE.

I. *Archéologie de la Littérature grecque.*

1. *Antiquités de la Littérature grecque dans sa naissance et première culture.*

ETAT originaire de la Grèce, 29. — Introduction de l'Alphabet en Grèce, 30.—Nombre et forme des premières lettres en Grèce, 31. 32.—Direction des lignes, 33.—Traits de lettres majuscules et mineures, 34.— Esprits ou signes d'aspiration, 36. —Esprits et accens des Grecs, 36. — Signes de ponctuation, 38.—Matériaux pour écrire, 40. — Instrumens pour écrire, 41. — Forme des livres, 42. 43. — Copistes de différens genres, 44. — Premier usage, rare encore, de l'écriture, 45. —Méthode d'enseigner les connaissances scientifiques chez les Grecs, 46.

II. *Antiquités de la Littérature grecque depuis son époque la plus florissante jusqu'à sa décadence.*

Moyens qui facilitèrent aux Grecs l'étude des sciences, 47. — Etat des différentes sciences, 48. — But de cette esquisse, 49. — Méthode de l'éducation parmi les Grecs, 5o. — Leurs combats musicaux, 51-52. — Déclamation publique de leurs ouvrages, 54-55. — Symposies des Grecs, 56. — Sur la nature de leur érudition, 57. — Instruction grammaticale, 58. — Leur philosophie; manière et méthode de l'enseigner, 59. 60. — Bibliothèques des Grecs, 62. — Manière de s'instruire par des voyages, 63. — Décadence et dépérissement de la littérature grecque, 64.

III. *Restes et monumens de la Littérature grecque.*

Différences des monumens de la littérature grecque, 65. — Inscriptions, 65-71. — Ecriture sur les monnaies grecques, 71-80. — Manuscrits, , 80-82.

II. *Archéologie de la Littérature romaine.*

1. *Antiquités de la Littérature romaine dans sa naissance et première culture.*

Origine des Romains, 92. — Origine des caractères romains, 93. — Relations des Romains avec les Grecs, 94. — Etat peu florissant des sciences chez les anciens Romains, 85. — Traces premières de l'érudition chez les Romains, 97. — Langue et orthographe des anciens Romains, 97-100. — Changemens successifs dans les caractères, 100. — Matériaux pour écrire, et formes des livres, 102. — Progrès des sciences à Rome, 103-104.

II. *Antiquités de la Littérature romaine depuis son époque la plus florissante jusqu'à sa décadence.*

Epoques et moyens de cette culture, 105. — Etat florissant des différentes sciences, 106. — Manière d'éducation chez les Romains, 107-108. — Ecoles à Rome, 109. — Collections de livres, 110. — Voyages qu'entreprenaient les Romains pour s'instruire, 111. — Décadence de la littérature romaine, 112.

III. *Restes et monumens de la Littérature romaine.*

Différences des monumens de cette littérature, 114. — Inscriptions, 115-126. — Inscriptions sur les monnaies, 126-132. — Manuscrits, 132-136.

SECONDE PARTIE.

ARCHÉOLOGIE DE L'ART.

Aperçus préliminaires sur l'Art, l'Histoire des Arts, et l'Ahtique.

Explication du terme : *Art*, 137. — Division des arts en arts mécaniques et beaux-arts, 138. — Arts d'imitation, 139. — Formes et différentes impressions, 140. — Goût et sentiment dans les arts, 140. — Qualités nécessaires aux connaisseurs et amateurs des arts, 141. — Utilité de l'histoire de l'antique, 142. — Etude de l'antique, 143. — Monumens de l'art antique, 144-145.

I. *Sculpture.*

Étendue de cet art, 146. — Son origine, 147-148. Nature des premiers ouvrages de sculpture, 149. — Matières dont se servait la sculpture, 150-155. — Grandeur, costumes et attitudes des statues, 155. — Bustes et Hermes, 156-157. — Bas-reliefs, 159. — Mosaïques, 160. — Ouvrages de sculpture avec inscriptions, 161. — Sculpture des Egyptiens, 163-164. — Sculpture des autres nations méridionales et de celles de l'Orient, 165. — Sculpture des Etrusques, 166-169. — Sort de cet art chez les Grecs, 170-177. Sculpture chez les Romains, 177-180. — Restes de cet art, 180-194. — Représentations de ces monumens en gravures, 195.

11. *Art de graver les pierres.*

Explication de cet art, 196. — Connaissance des pierres précieuses, 197-199. — Leurs principaux genres, 199-203. — Différences des pierres gravées 203.—Manière de représenter les objets par cette gravure, 204-205. — Origine de cet art, 205. — Son état chez les Egyptiens, 207. — Manière de le traiter chez les autres nations, surtout chez les Etrusques, 207-208.— Histoire de cet art chez les Grecs, 209-210. — Chez les Romains. 211. — Destination des pierres gravées, 212. — Manière mécanique de les traiter, 213. — Utilité de cette connaissance, 214. — Manière de les multiplier par les pâtes, 215. — Indications de quelques gemmes qui sont restées, 217.— Collections de gemmes, 118. — Ouvrages en gravure qui les représentent, 218-220.

3. *Peinture.*

Explication de cet art, 221. — Son origine, 222. — Son origine chez les Egyptiens et les Grecs, 223-224. — Manière de traiter les couleurs chez les Grecs, 224. — Matières des tableaux, 225. — Encaustique et peinture en mosaïque, 226. — Mérites des anciens dans cet art, 228. — Ecoles de peinture chez les Grecs, 228. — Histoire abrégée de cet art, 229-230. —Monumens de la peinture chez les anciens, 230-233. — Indication des livres qui en traitent, 233.

4. *Architecture.*

Différence de l'architecture mécanique et de la belle

architecture, 234. — Sa première origine, 234. — Matériaux des premiers tems, 235. — Architecture en Egypte et dans l'Asie-mineure, 236-238. — Son état florissant en Grèce, 238. — Temples des anciens, 239. — Leurs théâtres et odées, 241. — Gymnases, 242. — Colonnades et ordres de colonnes, 243. — Ornemens de l'architecture ancienne, 244. — Noms des plus célèbres architectes grecs, 245. — Architecture en Italie, surtout à Rome, 246. — Restes de l'ancienne architecture, 247-248. — Images et descriptions des ouvrages anciens en architecture, 249.

I I.

Court aperçu des anciens Ecrivains Grecs et Romains.

LITTÉRATURE GRECQUE.

INTRODUCTION.

1. *Tableau des principaux auteurs Grecs, et de leurs Ouvrages qui nous sont parvenus.*

A. Poètes.

Orphée, 266. — Musæus, 267. — Homère, 268. — Hésiode, 273. — Tyrtée, 273. — Solon, 276. — Théognis, 276. — Phocylides, 277. — Pythagore, 278. — Anacréon, 279. — Sappho, 280. — Pindare, 282. — Eschyle, 283. — Sophocle, 285. — Euripide, 286. — Lycophron,

289. — Aristophane, 289. — Philemon et Ménandre, 291.—Théocrite, 292.—Callimaque, 295. — Aratus, 296.—Apollonius de Rhodes, 297. — Moschus, 298.— Bion, 298.—Nicandre. 299.—Oppien, 300. — Nonus, 301.—Anthologies grecques et auteurs érotiques 301. —Héliodore, 304. — Achilles Tatius, 304.— Longus, 305. — Xénophon l'Ephésien, 306. — Chariton, 266.—Théodore Prodomus, 300.— Eustathe, 307.

B. *Orateurs et Epistolographes.*

Gorgias, 310. — Antiphon, 310. — Lysias, 311.— Isocrate, 312. — Isée, 313. — Demosthène, 314.— AEschine, 316. — Lycurgue, 317. — Dion Chrysostôme, 318. — AElius Aristides, 319. — Thémistius, 319. —Libanius, 320.— Anacharsis, 322. — Thémistocle, 322. — Phạlaris, 322. — Socrate, 323. — Chion, 324. — Aristénete, 324. — Alciphron, 325.

C. *Grammairiens et Rhéteurs.*

Aristote, 329. — Démétrius Phaléréus, 330. — Denis d'Halicarnasse, 331. — Hermogène, 332. — Héphestion, 332.— Longin, 333—Harpoeration, 334. Julius Pollux, 334. — Hesychius, 335. — Athénée, 336. — Ammonius, 337. — Photius, 338. — Suidas, 339.— Tzetzes, 340. — Eustathe, 340.

D. *Pihlosophes.*

Esope 348. — Pythagore, 350.— Ocellus Lucanus, 350.— Xénophon, 351. — AEschine, 352. — Cèbes,

352. — Platon, 353. — Timée, 355. — Aristote, 356.—Théophraste, 358.—Epictète, 360. — Arrien, 361. — Plutarque, 362. — Lucien, 363. —Antonin, 366. — Sextus-Empiricus, 366. — Plotin, 367. — Porphyre, 368. — Jamblichius, 368— Julien, 369. — Stobée, 370.

E. *Mathématiciens et Géographes.*

Euclide, 373. — Archimède, 374. — Apollonius Pyrgæus, 375. — Pappus, 375. — Diophante, 376. — Hannon, 376.—Eratosthène, 377.—Strabon, 378. — Dionysius, 379. — Ptolomée, 380. — Pausanias, 381.

F. *Mythologues.*

Etienne de Bysance, 380. — Apollodore, 383. — Conon, 384.—Héphestion, 384. — Parthenius, 385. — Antonius Liberalis, 345. — Palæphate, 386. — Héraclide, 387. — Un écrivain anonyme, 388. — Phurnutus, 388. — Salluste, 389.

G. *Historiens.*

Hérodote, 391. —Thucydide, 393. — Xénophon, 395.—Ctésias, 396. — Polybe, 397. — Diodore de Sicile, 399.—Denis d'Halicarnasse, 400. — Fl. Josephus, 401.—Plutarque, 403.—Élien, 404.—Arrien, 405. — Appien, 406.—Dion Cassius, 407.—Hérodien, 408. — Philostrate, 409. — Zosime, 410. — Procope, 411.—Agathias, 412.—Zonaras, 412.— Tzètzes, 413. — Dares et Dictys, 413.

H. *Médecins et Naturalistes.*

Hippocrate, 416. — Théophraste, 419. — Dioscoride, 420. — Galien, 421. — Élien, 422. — Antigonus Carystius, 423.

LITTÉRATURE ROMAINE.

INTRODUCTION.

Notice des principaux Auteurs romains, et de leurs Ouvrages qui nous sont parvenus.

1. *Poètes.*

Livius Andronicus, 437. — Nævius, 438. — Ennius, 438. — Plaute, 439 — Pacuvius, 440. — Accius, 440. — Térence, 441. — Lucilius, 443. — Lucrèce, 440. — Catulle, 445. — Tibulle, 446. — Properce, 447. — Cornelius Gallus, 448. — Virgile, 448. — Horace, 453. — Ovide, 456. — Cornelius Sévère, 459. — Pedon Albinovanus, 460. — Gratius Faliscus, 460. — Publius Syrus, 461. — Manilius, 462. — Germanicus, 463. — Phèdre, 463. — Perse, 464. — Sénèque, 466. — Lucain, 467. — Valérius Flaccus, 469. — Silius Italicus, 469. — Stace, 471. — Martial, 472. — Juvénal, 473. — Avienus, 474. — Denis Caton, 475. — Némésien, 475. — Calpurnius, 476. — Ausone, 416. — Claudien, 477. — Prudentius, 478. — Sedulius, 478.

2. *Orateurs et Epistolographes.*

Cicéron, 481 - 483. — Pline, 483. — Quintilien, 483, 488. — Sénèque, 484. — Symmachus, 490. — Sidonius Apollinaris, 490.

3. *Grammairiens et Rhéteurs.*

Varron, 494. — Cicéron, 495. — Asconius Pedianus, 496. — M. Sénèque, 497. — Quintilien, 497. — Aulu-Gelle, 499. — Censorinus, 500. — Non. Marcellus, 500. — Festus, 501. — Macrobius, 501. — Donatus, 502. — Priscien, 503. — Diomède, 504. — Charisius, 504.

4. *Philosophes.*

Cicéron, 506. — Sénèque, 508. — Pline l'ancien, 508. — Apulée, 510. — Pétrone, 512. — Marcianus Capella, 513.

5. *Mathématiciens, Géographes et Économes.*

Vitruve, 505. — Frontin, 517. — Vegèce, 517. Jul. Firmicus, 518. — Pomponius Mela, 519. — Vibius Sequester, 519. — C. Julius Solinus, 520. — M. Portius Caton, 520. M. Terentius Varron 522. — Columella, 522. — Palladius, 523. — Cælius Apicius, 523.

6. *Mythographes.*

Jules Hygin, 525. — Fulgentius, 525. — Lactance, 526. — Albricus, 526.

7. Historiens.

Jules César, 529. — Sallustius, 530. — Cornelius Népos, 531. — Tite-Live, 532. — Vellejus Paterculus, 535. — Valérius Maximus, 535. — Tacite, 536. — Q Curtius, 539. — Florus, 540. — Suétone, 541. — Justin, 541. — Aurelius Victor, 542. — Eutrope, 543. — Ammien Marcellin, 543. — AElien Spartien, 544.

8. Médecins.

Celsus, 547. — Scribonius, 548. — O. Serenus Sammoniacus, 548. — Marcellus, 549.

ARCHÉOLOGIE

DE

LA LITTÉRATURE ET DE L'ART.

INTRODUCTION.

De l'origine des connaissances humaines, surtout concernant les Sciences et les Arts.

I.

L'HOMME, dans son état primitif, avait, il est vrai, toutes les dispositions naturelles pour acquérir les connaissances les plus variées, vu la perfectibilité de ses facultés qui le distingue des êtres dépourvus de raison; mais à cette époque il était sans idées distinctes, parce qu'il n'existait en lui aucune connaissance innée. Il avait encore moins de lumières relativement aux règles et aux préceptes qui nous guident dans les sciences et dans les arts.

2.

Ce ne fut que par le *développement* successif de ses facultés intellectuelles et morales, par l'impulsion de ses besoins, favorisé quelquefois du hasard, et en faisant des expériences souvent répétées, qu'il acquit enfin une foule de notions sur lui-même et sur les objets de la nature qui l'environnaient, et qui, chaque jour gravées dans sa mémoire, enrichissaient et annoblissaient son ame. Peu-à-peu, la méditation le conduisit des objets visibles aux objets invisibles, et de l'observation et du résultat de leurs effets visibles, à leurs causes secrètes et ignorées du vulgaire.

3.

Par le moyen *du langage*, la *communication* des connaissances devint plus facile et plus rapide; et c'est alors que l'ensemble de ces connaissances ne fut plus borné aux observations et aux entreprises isolées du premier observateur. On imagina des systèmes, et la somme des connaissances acquises s'étendit et s'augmenta par degrés à mesure que les hommes se lièrent par des réunions sociales, et que, par une population et une civilisation progressives, on tendit à un même but, à une même manière de vivre, et à un même intérêt réciproque.

4.

Les *connaissances relatives aux arts* s'acquirent plutôt que celles des *sciences*, parce que le besoin qui les fit naître, était plus pressant, et la difficulté de les acquérir moins grande. Les lumières naissantes furent donc plutôt le fruit de l'expérience que de la réflexion. Parmi les arts mêmes, les arts *mécaniques*, c'est-à-dire ceux de la vie commune, ont dû être, par les mêmes raisons, les premiers à se montrer. Ce ne fut qu'à une époque postérieure, et lorsqu'on commença à réfléchir aux moyens d'annoblir leur destination, que naquirent enfin les *beaux-arts*.

5.

Il ne faut point se représenter les premières notions des arts comme réduites à des formes déterminées, et constituant alors un système quelconque et un enchaînement de principes. Quant à la théorie, on ne fit d'abord que des observations sans suite; on n'établit que des maximes isolées, et qui n'offraient qu'un petit nombre de résultats de l'expérience. Quant à la pratique, on n'avait qu'une routine mécanique, quelques procédés indiqués par le hasard ou par un besoin impérieux : aussi leur but et leur principal objet n'était que la satisfaction des besoins, la conservation de l'homme, et une aisance plus grande dans la vie sociale, qu'on cherchait à se procurer en s'entr'aidant réciproquement, et en se communiquant ses expériences et ses lumières.

6.

Avant cette grande inondation de la terre, à laquelle on donne le nom de *déluge*, les hommes avaient déja acquis plusieurs connaissances pratiques, telles que les premiers élémens de l'agriculture, de l'architecture et de l'art de travailler les métaux; ces arts étaient exercés, quoique d'une manière assez imparfaite. Mais dans cette grande révolution de la nature, qui causa la destruction d'une très-grande partie du genre humain, la plupart de ces connaissances acquises se perdirent, et leur communication et propagation ultérieures furent arrêtées par la confusion des langues qui en fut la suite, et par la dispersion des habitans de la terre dans plusieurs contrées. Par-là, les progrès des lumières de l'homme furent retardés d'une manière très-sensible, pendant les dix premiers siècles; et l'homme manqua, dans cet intervalle, de quelques connaissances indispensables; par exemple, de l'art de produire le feu et d'en faire usage.

7.

La *nourriture* des premiers hommes était extrêmement simple, et ne consistait en grande partie que dans les productions qu'offrait d'elle-même la terre non cultivée. La manière de faire servir les animaux à cette nourriture était très-circonscrite, faute de moyens pour les apprivoiser ou les prendre; et l'art d'apprêter ces deux espèces d'alimens était de même très-imparfait. Mais le besoin de se nourrir était sans doute le plus impérieux des besoins; et c'est pourquoi il est non-seulement probable, mais même certain, d'après le témoignage des auteurs sacrés et profanes, que l'*agriculture* et la *science d'élever les bestiaux* furent les premières et les plus générales occupations des hommes, et les connaissances relatives à cet objet les premières et les plus nombreuses. Une preuve, tant de l'antiquité de l'agriculture que du peu d'usage qu'on en faisait dans ces tems-là, se tire principalement de l'observation, que presque tous les peuples anciens rapportèrent son invention et son introduction à quelque divinité, ou au moins à quelque fondateur d'état, à quelque souverain dont on avait coutume alors de faire des dieux.

8.

D'après la *différence* des contrées, du climat, de la manière de vivre et des habitudes, ces connaissances mêmes étoient infiniment simples, et leurs progrès très-différenciés. Chez quelques peuples, l'agriculture, chez d'autres le soin d'élever le bétail, la chasse et la pêche, étaient l'occupation dominante; et par une conséquence naturelle, les expériences relatives à chacune de ces occupations, et les observations et connaissances qui en résultent, étaient les plus communes et les plus perfectionnées. L'agriculture eut, par les progrès de plusieurs arts mécaniques, et même par la multiplication des besoins, cet avantage essentiel, qu'elle fixa l'homme, jusques-là errant et vagabond en certains lieux, dans un séjour déterminé; elle lui fournit enfin l'occasion d'inventer plusieurs arts auxiliaires, qui finirent par faciliter et perfectionner la culture même des terres.

9.

Parmi les inventions qui en résultèrent, nous fixerons nos regards principalement sur *l'architecture* et sur le *travail des métaux*. La première naquit d'abord du besoin de se procurer un abri contre la rigueur des saisons et les attaques des bêtes sauvages. Grossière dans son origine, elle ne méritait presque pas le nom d'art; mais, par la civilisation, elle ne tarda pas à faire des progrès assez rapides. Les métaux furent vraisemblablement découverts aux hommes par quelque hasard, et l'on dut l'art de les travailler aux observations que l'on fit sur la nature, à la différence et peut-être même aux qualités des métaux.

10.

Les *arts d'imitation* eurent une origine plus tardive, parce qu'ils ne furent point produits par un besoin également impérieux, et qu'ils exigent déja une méditation plus profonde, et une certaine abstraction de l'esprit. Nous comptons parmi ceux-ci, tout ce qui a rapport à la *sculpture*, c'est-à-dire, à l'art d'imiter les formes en bosse-ronde ; il est probable qu'on y employa d'abord des matières molles, comme la terre, le limon et l'argile. L'art du dessin fut sans doute plus long à naître ; il est vraisemblable qu'au commencement on se contenta de saisir les contours des ombres, et que ce fut à la silhouette que l'on figura les objets sur un plan. On peut regarder la *musique*, à laquelle le chant des oiseaux a pu donner naissance, parmi les premiers arts d'invention. Avec elle, peut-être avant elle, naquit le *chant*, et la première *poésie*, qui, dans son origine comme dans ses premiers progrès, n'était pas séparée de la partie instrumentale.

II.

Nous avons déja placé plus haut (paragraphe 3) le *langage* parmi les principaux moyens de communication des hommes entr'eux. Sans entrer ici dans de longs détails sur son origine, il nous suffit d'observer que les premiers hommes naquirent avec la faculté de parler, quoiqu'ils ne parlassent point naturellement; et qu'il y a de fortes raisons de croire que cet avantage n'est point un don miraculeux de la Divinité, mais une invention de l'homme, successivement perfectionnée, moyennant laquelle il exprime les sentimens qui lui sont communs avec les autres animaux par des sons articulés, lesquels peignent ses pensées et ses conceptions. Au reste, le langage n'était point un besoin de l'homme de la nature; il ne lui devint nécessaire que lorsqu'il entra en société avec ses semblables. C'est alors qu'il s'appliqua à développer les germes de cette disposition originelle, et il ne tarda point à augmenter sans cesse et avec rapidité la collection des signes de ses idées. Ses idées, cependant, étant circonscrites dans un très-petit cercle, et les objets de ses conceptions purement physiques, la première langue n'offrait ni une grande richesse, ni un art très-recherché.

12.

A une époque postérieure au langage se rapporte l'invention et l'introduction de *l'écriture*, par laquelle on rendit sensible à l'œil tous les sons qui jusques-là n'avaient été saisis que par l'oreille; ce qui les rendit à la fois plus perceptibles et plus durables. Cette invention qui fut si propre à communiquer et à répandre les différentes connaissances, et qui aujourd'hui encore est le moyen le plus commode et le plus universel pour leur propagation, mérite non-seulement que nous en parlions ici, mais encore que nous la considérions dans sa première origine, et dans les différens degrés de son développement et de la perfection à laquelle peu à peu elle s'est élevée.

13.

Avant l'invention de l'écriture, il existait déja des moyens, quoique très-imparfaits, de peindre à l'œil les pensées, et de les transmettre à la postérité. On se servait surtout de ces moyens pour conserver la mémoire de tel ou tel évènement mémorable. De ce genre étaient les monumens, tels que des colonnes, ou seulement de simples amas de pierres. Des fêtes, des chants historiques, transmis de mémoire, venaient à l'appui de ces monumens, auxquels ils servaient d'explication, parce que ces témoignages muets ne parlaient que d'une manière vague et indécise. On rencontre encore aujourd'hui des restes de cet usage chez les nations sauvages et les peuples les moins policés.

14.

Un pas de plus vers l'écriture, fut la *figuration des objets mêmes* qu'il faut regarder comme le premier degré de cette admirable invention, et qui suppose déja quelques connaissances du dessin et d'une peinture grossière. Par elle, cependant, on ne parvint qu'à exprimer les seules conceptions isolées et sans rapprochement, et à ne peindre que des objets qui, tombant sous les sens, fussent susceptibles d'être représentés de cette manière ; il n'y avait guères que des faits et des évènemens qui pussent se communiquer de cette manière; encore il n'était possible de rendre à la fois qu'un instant de l'action ou de l'évènement. Nous trouvons les premières traces de cette écriture dans les hiéroglyphes des Égyptiens qui, par la suite, varièrent leurs formes et leur signification. On les retrouve chez d'autres nations peu policées; par exemple, chez les Mexicains, qui annoncèrent à leur roi Montezuma l'arrivée des Espagnols en lui envoyant une toile peinte sur laquelle cet évènement était figuré.

15.

Ensuite, ces représentations devinrent *symboliques*. Elles exprimèrent moins les objets qui avaient avec eux un certain rapport de ressemblance, que ceux qui, étant plus abstraits, n'étaient pas susceptibles d'être figurés. Ainsi donc, on parvint à figurer et à faire concevoir des objets invisibles, par d'autres qui ne tombent point sous les sens. Chez les peuples qui ne se contentaient point d'idées purement sensuelles, mais qui s'occupaient déja de choses plus sublimes et de recherches sur la Divinité et la nature, le besoin de cette écriture a dû naître de bonne heure. L'on sait que les Egyptiens ne tardèrent pas à employer leurs hiéroglyphes d'une manière allégorique. Ainsi, par exemple, *l'œil* devint le symbole de la *providence; l'oiseau*, l'image de la *vitesse;* une *échelle*, l'expression d'un *siège;* un *serpent roulé en forme de cercle*, la figure de l'*éternité*, etc. etc.

16.

Plus ces peintures allégoriques et symboliques se répandirent et devinrent communes, plus elles éprouvèrent de *changemens* et d'*abréviations*. On s'attacha de plus en plus à les simplifier. Souvent on n'employa, au lieu de la totalité, que des portions de l'objet, en choisissant de préférence celles dont l'expression était la plus indispensable pour rendre l'idée qu'on voulait peindre. Ainsi, les *deux mains d'un archer avec un arc*, exprimèrent la *figure entière*, etc.; ou bien on indiquait l'effet, en supprimant les causes faciles à deviner : par exemple, une *fumée qui s'élève*, pour dénoter le *feu et l'incendie*; l'*instrument*, au lieu de la *personne* qui s'en sert; l'*œil* et le *sceptre*, pour signifier un *gouvernant*, etc. Ajoutez encore d'autres signes arbitraires, et qui par eux-mêmes n'avaient aucune signification, mais à qui on en attribuait une de convention, et connue par l'usage fréquent et déterminé qu'on en faisait.

17.

Tous ces moyens, cependant, ne servaient qu'à exprimer les *choses*, mais non pas les *mots* et les *sons*, qui dans le langage sont la représentation des choses. Avec le tems, on commença à appliquer les premiers élémens des traits que l'on remarquait dans les figures des objets, à la langue, à ses élémens et à ses articulations organiques. Vraisemblablement, cette opération ne se fit d'abord que sur les syllabes, dont le retour plus fréquent et l'assonnance dans plusieurs mots, durent frapper l'esprit, et que l'on soumit à certains signes communs. Ces signes alors exprimaient à la fois les voyelles et les consonnes. Ainsi, chez les Égyptiens, chez les Brachmanes et chez plusieurs autres peuples de l'Orient, on inventa des syllabaires d'après cette idée; et cette méthode existe encore aujourd'hui chez les Siamois.

18.

Cette invention ne parvint à sa maturité que par l'écriture *alphabétique*, c'est-à-dire, par celle des *lettres*, qui combine le sens de la vue avec celui de l'ouie, en représentant, non point les objets mêmes, mais les sons avec lesquels notre langue peint les objets à l'oreille; de manière que l'œil, en saisissant le trait des signes, retrouve les sons que l'oreille a saisis avant lui. L'époque précise de cette invention, la plus utile de toutes celles qui honorent l'espèce humaine, ne nous est point connue; mais elle doit être de la plus haute antiquité. Cela est prouvé par plusieurs passages de la Bible : par exemple, *Exode* XVII, 14. XXIV, 4. 28. XXXIV, 27. *Numeri* XVII, 18. XXXI, 9. 19. 26. XXXIII, 1. *Job.* XIII, 26. XIX, 23. 24. XXXI, 35. 36., où il en est parlé comme d'une chose déjà connue. On ne sait pas davantage quel fut le premier inventeur de l'écriture, ou même à quel peuple de l'antiquité elle doit son origine. Ce furent probablement les Assyriens ou les Égyptiens, leur organisation sociale étant la plus ancienne. Chez les Grecs et les Romains, on attribuait presque généralement l'invention des lettres aux Phéniciens. *Voy. Pline, Hist. nat.*, l. V. c. 12 ; *Tacite, Annal.* XI, 14 ; *Lucain, Pharsal.* III, 220. On voit par-là même qu'il est impossible de déterminer où et comment s'est fait le premier alphabet.

19.

Tant que l'art de l'écriture ne fut qu'une invention nouvelle, et connue seulement de

certaines

certaines nations et de certains individus; on n'en fit que très-rarement usage, et presque jamais autrement que dans les monumens publics, sur lesquels les lettres furent gravées ou sculptées sur la pierre, l'airain, le plomb et le bois. Voilà les premières *matières* sur lesquelles on écrivait; ensuite on se servit de peaux, d'écorces d'arbres, de feuilles, surtout de celles du palmier, de tablettes enduites de cire, de la toile, du vélin, et du Papyrus d'Égypte, plante dont on préparait les feuilles pour cet usage. Le ciseau, le burin, le pinceau et le roseau, furent les premiers *instrumens* que les anciens employèrent pour écrire. Dans ces tems reculés, on écrivait plus généralement de droite à gauche que de gauche à droite.

20.

Le *contenu* des premiers écrits, tant des monumens que des livres, était *historique*. On se servait des signes écrits pour retracer les évènemens mémorables sur des colonnes, des autels, des pyramides, des obélisques, et on les employait à se communiquer les récits et les traditions qui, jusqu'alors, n'avaient pu se transmettre que verbalement d'une génération à l'autre; et comme l'on était dans l'usage de donner à ces idées une forme poétique, il en résulta nécessairement que les compositions poétiques durent précéder les narrations en prose. Il faut dire la même chose des préceptes politiques ou moraux, qu'on avait coutume de revêtir de chant et d'accompagner de musique. Parmi tous les livres de la Bible, ceux de Moïse, ainsi que le livre de Job que plusieurs interprètes attribuent à Moïse même, sont les plus anciens que nous possédions, ce qui n'empêche pas de croire qu'ils aient été précédés de plusieurs autres. Tous les ouvrages des écrivains improprement nommés *profanes*, que quelques-uns rapportent à une antiquité plus reculée, sont certainement d'une origine plus récente.

21.

Aidés de ces moyens et de plusieurs autres encore, les *connaissances scientifiques* devinrent de plus en plus fréquentes et générales chez les peuples de l'antiquité, quoique ce ne fut que beaucoup plus tard qu'elles furent réduites en corps de doctrine, et soumises à cette classification scientifique qui sépare les principes théoriques et les préceptes des observations et des expériences particulières, pour leur donner plus de suite et une liaison plus méthodique. Ainsi, l'on voit que le besoin et la nécessité furent les premiers maîtres qui, peu à peu, conduisirent l'intelligence et l'industrie humaines à ces vérités plus sublimes en utilisant la science et en l'appliquant au perfectionnement de la vie sociale. Nous ne nommons ici que la *médecine*, l'*arithmétique*, la *morale*, l'*astronomie*, la *géométrie* et la *géographie*.

22.

Du penchant naturel de l'homme qui le porte à se conserver et à se défendre contre tout ce qui menace sa santé, son bien-être physique et sa vie, naquirent les premières expériences et les règles de la *médecine*. On fit un grand nombre d'observations sur les qualités et les effets des alimens tirés surtout du règne végétal; mais ce ne fut que bien postérieurement que cette même science fut réduite en préceptes, et devint l'objet de l'industrie d'une certaine classe de personnes. Les Assyriens, les Égyptiens et les Phéniciens furent les premiers à la cultiver; mais il est impossible de déterminer l'époque précise où les expériences en médecine furent revêtues d'une forme scientifique. Au reste, dans ces premiers tems, on s'occupait davantage de la guérison des maladies extérieures que des maladies intérieures du corps humain : l'anatomie doit incontestablement son origine à la chirurgie.

23.

Parmi les sciences mathématiques, l'*arithmétique* semble être une des plus anciennes ; elle ne consistait d'abord qu'en opérations très-simples et peu compliquées qui alors ne faisaient pas encore une théorie complète et suivie. Déja l'organisation première de la société civile, la démarcation des différens propriétaires et de leurs propriétés, avait dû rendre nécessaire l'invention des poids, des mesures et des nombres. Ainsi, la partie pratique de ces sciences est sans contredit très-ancienne, et vraisemblablement elle doit aussi sa première origine aux Égyptiens et aux Phéniciens dont la constitution politique, le commerce et la navigation, ne pouvaient pas se passer de connaissances arithmétiques. Il ne faut pas oublier ici les Babyloniens que l'on sait s'être occupés de bonne heure d'observations astronomiques et de chronologie. Les premiers objets dont on se servait pour faire des calculs, étaient des cailloux, des graines, etc. Bientôt on inventa certains caractères et signes, dont on retrouve encore des traces sur les plus anciens monumens égyptiens et autres.

24.

L'origine de *l'astronomie* se perd de même dans les tems les plus reculés; elle n'a dû naître que du besoin qu'on avait de faire des observations de ce genre pour diviser et fixer les tems, et déterminer, d'après des points stables, les travaux de l'agriculture, la marche de la navigation, enfin l'ordre des occupations publiques et privées. Les Égyptiens, les Babyloniens et les Chaldéens étaient plus que tous les autres peuples favorisés dans ces observations, par une plus grande égalité du climat et la constante sérénité d'un horison pur et sans nuage. L'invention même de l'astronomie, science dominante chez les Chaldéens, prouve l'antiquité de leurs premières observations astronomiques ; et l'histoire la plus ancienne des peuples nous montre que l'on est parvenu de très-bonne heure à découvrir les planètes, et à ranger en constellations les étoiles fixes.

25.

L'origine de la *géométrie* doit être aussi très-ancienne, quoique d'abord elle n'ait été que très-circonscrite et bornée à quelques routines et aux connaissances les plus simples. Sans doute on ne s'appliqua d'abord qu'à la *longimétrie*, ou à la science de mesurer les lignes longues et étroites, dont on avait besoin dans les premiers et les plus grossiers essais de l'architecture. La *planimétrie* a dû naître plus tard, son invention supposant déja des connaissances plus raffinées et un discernement plus exercé. Elle semble devoir son origine au besoin de diviser et de distribuer les propriétés rurales. Vraisemblablement la *stéréométrie*, ou l'art de mesurer les corps solides, a été inventée la dernière, quoique l'invention très-ancienne de la balance la suppose déja : aussi, dans ces sciences géométriques, les Égyptiens, les Babyloniens et les Phéniciens furent les premiers maîtres. Il est pareillement indubitable qu'il faut rapporter aux tems les plus anciens, l'invention de plusieurs instrumens de *mécanique*, tels que la balance, le levier, les traîneaux, les voitures à roues, etc.

26.

Il faut chercher dans la nécessité qui se fit sentir de bonne heure de déterminer le site et les distances des pays alors connus et habités, la première origine de la *géographie*. L'usage de certains signes, propres à faire retrouver les lieux que l'on quittait, l'observation des journées de chemin d'un endroit à l'autre, ensuite l'établissement des routes publiques, furent des adminicules pour le développement de cette science : les plus anciennes conquêtes, ainsi que les voyages des premiers peuples sur terre et sur mer, viennent à l'appui de cette observation. Cependant, la géographie, comme toutes les autres connaissances primitives de ces tems encore barbares de l'antiquité, était très-imparfaite et très-bornée.

27.

On voit, par ce qui précède, que l'Asie et l'Egypte ont été le berceau des connaissances scientifiques. Il en faut chercher la cause dans la population plus nombreuse de ces pays, dans l'établissement plus ancien de leur organisation civile, au moyen de laquelle les besoins physiques étant aisément satisfaits, il restait plus de liberté et de loisir pour se livrer à la culture et aux exercices de l'esprit. Ajoutez que ces pays primitifs ne furent vraisemblablement pas, dans ces premiers tems, désolés par la guerre; au moins l'Égypte semble avoir joui longtems d'une heureuse tranquillité. Le commerce des Phéniciens avec les autres peuples du monde alors connu, contribua beaucoup au moyen de la navigation et de ses relations, à étendre leurs connaissances.

Au reste, les progrès des arts et des sciences, dans ces siècles primitifs, ne furent pas si rapides que dans la suite, parce qu'on manquait encore d'une infinité de ressources, et surtout de moyens pour se les communiquer facilement. On ne parvint à le faire avec célérité que par l'invention de l'écriture.

28.

La plupart des arts et des sciences furent transmis aux *Grecs* par les habitans de l'Asie et de l'Égypte, et ce ne fut que chez ces derniers qu'ils parvinrent à cette culture et à cette perfection qui nous rend l'histoire et la connaissance de l'ancienne littérature et de leurs arts si intéressante et si respectable. Ce fut par les Grecs qu'ensuite les Romains s'enrichirent de ces trésors. Voilà les deux nations de l'antiquité qui se distinguent sur toutes les autres par la prééminence de leurs talens et de leur mérite dans la littérature et dans les arts, et dont l'histoire et les monumens nous offrent tant d'objets dignes de notre étude et de notre admiration.

29.

Le but que l'on se propose dans cet ouvrage, n'est pas d'entrer dans des détails sur l'origine et les progrès des arts et des sciences chez les Grecs et les Romains, mais d'offrir une idée générale de l'*Archéologie de leur littérature et de leurs arts*; c'est-à-dire, de donner un aperçu rapide des antiquités et des autres objets intéressans qui y ont rapport, afin de mettre le lecteur à même de se former une idée de l'état des lettres et des arts chez eux, et d'apprendre à connaître leur méthode de les exercer, ainsi que les monumens qui nous restent d'eux, sous ces deux rapports. Pour remplir ce but, et classer ces objets dans notre mémoire avec un certain ordre et dans tout son ensemble, on ne peut séparer l'histoire des sciences et des arts chez ces peuples, du tableau de leurs antiquités.

30.

L'utilité de cette connaissance des antiquités est incontestable. Par elle, nous nous éclairons sur une foule d'objets nécessaires à savoir, et sur une foule d'allusions qui se rencontrent dans les écrits des anciens Grecs et Romains. Elle nous familiarise d'une manière intime avec les beautés de leurs ouvrages, et nous fait sentir leur mérite ; elle nous enseigne le juste point de vue sous lequel nous devons les considérer et les étudier ; enfin, elle donne plus de justesse, de tact, de solidité à notre jugement, et le goût en général du véritable *beau*.

Nous citerons ici quelques livres principaux qui peuvent servir à détailler et à connaître plus amplement ce que nous n'avons qu'indiqué dans cette esquisse rapide, servant d'introduction à notre précis d'Archéologie :

De l'origine des lois, des arts et des sciences chez les anciens peuples (par M. Antoine-Yves Goguet.) Paris 1758. 3 vol. in-4°. *Ibid.* 1759. 6 vol. in-12. A la Haye, 1758, 3 vol. in-8°. (Traduit en allemand par G. C. Hamberger. Lemgo. 1760.)

Essai d'une histoire de la culture du genre humain, par M. Adelung. Leipsic 1782. in-8°. (en allemand.)

Histoire de l'origine, des progrès et de la décadence des sciences en Grèce et à Rome, Par C. Meiners. Lemgo. 1781. 2 vol. in-8°. (en allemand.)

Délinéation de l'histoire de l'homme, par le même auteur, Lemgo. 1786. in-8°. (en allemand.)

Traité de la formation mécanique des langues et des principes physiques de l'Étymologie (par M. le président de Brosses.) Paris 1765. 2 vol. in-12. (Traduit en allemand et augmenté d'observations par M. Hissmann. Leipsic 1777. 2 vol. in-8°.)

Traité sur la littérature et les monumens des arts, surtout de l'antiquité, par *J. F. Christ*, revu et accompagné de notes par J. K. Zeune. Leipzig 1779. 8 vol. (en allemand.)

J. A. Ernesti Archæologia litteraria. Lips. 1768. in-8°. Ed. II. emendata atque aucta opera et studio G. H. Martini. Lipsiæ 1790. in-8°.

Recherches archéologiques, par J. J. Rambach. Halle 1778. In-8°. (en allemand.)

Histoire de l'art de l'antiquité, par Winkelmann. Dresde 1764. 4. — Remarques relatives à l'histoire des arts de l'antiquité, par le même auteur. 2 vol. Dresde 1762. 3.; et Vienne 1776. 4 vol. par le même auteur (en allemand.) — On possède plusieurs traductions françaises faites du premier de ces ouvrages, et deux italiennes ; la dernière de Rome, très-estimée.

Plan d'une histoire des arts de dessin, par A. F. Büsching. Hambourg 1781. 8. (en allemand. 4.)

Orbis Antiqui Monumentis suis illustrati primæ Lineæ. Iterum duxit I. I. Oberlinus; Argentorat. 1790 in-8°.

PREMIÈRE PARTIE.

ARCHÉOLOGIE

OU

TABLEAU DE LA LITTÉRATURE.

I.

Archéologie de la Littérature Grecque.

I. *Antiquités de la Littérature grecque dans sa naissance et ses progrès.*

31.

Vers la moitié du troisième siècle, à dater de la création du monde (en suivant la chronologie reçue), la Grèce était habitée par plusieurs colonies, qui n'offraient que très-peu de culture et de goût pour les sciences. Les peuplades qui, postérieurement, y survinrent de l'Égypte, de la Phénicie et de la Phrygie, n'y demeurèrent pas assez de tems pour y faire répandre les lumières. Jusqu'au tems de la guerre de Troyes, les Grecs restèrent dans leur premier état de rudesse et de barbarie, et les premiers tems qui suivirent l'époque de cette guerre, étaient trop agités par les troubles civils, et trop bouleversés par les changemens politiques, pour que les arts et les sciences pussent prendre racine dans un sol ensanglanté par les fureurs de la guerre. Dans la suite, ce furent les Grecs de l'Asie-Mineure qui les accueillirent les premiers, et chez qui, vu la douceur du climat et le beau ciel de l'Ionie, il leur fut permis de prendre quelqu'acroissement.

32.

Déja des connaissances variées, mais qui ne formaient encore nul corps de doctrine, avaient été communiquées aux Grecs par les colonies dont nous venons de parler, surtout par celles de l'Asie et de l'Égypte. Nous ferons d'abord mention de l'usage des lettres, qu'ils reçurent, suivant la tradition vulgaire, de *Cadmus*, général phénicien, dont on rapporte l'arrivée en Grèce au milieu du vingt-cinquième siècle. Il est plus que douteux que les Grecs aient connu les lettres avant cette période, quoique plusieurs savans aient cru trouver des raisons pour avancer le contraire. Si cependant l'écriture a existé en Grèce antérieurement à cette époque, il est probable qu'elle aura été d'origine phénicienne; les Pélasgues étant une peuplade sortie de ce pays. Aussi trouve-t-on une ressemblance frappante entre le caractère phénicien et les lettres majuscules des Grecs ; à cette différence près que les premiers écrivaient de droite à gauche, et les derniers de gauche à droite.

33.

Mais l'alphabet de Cadmus était encore très-imparfait, et n'était composé que de seize lettres : A, B, Γ, Δ, E, I, K, Λ, M, N, O, Π, P, Σ, T, Υ. Bientôt on y ajouta les lettres Z, Θ, H et Ξ, et par la suite Φ, X, Ψ et Ω. Ces premières lettres se nommaient Καδμῖια ou

Φοινικεῖα Γράμματα. On cite, comme auteurs de l'augmentation de l'alphabet, *Palamèdes*, *Simonides* et *Epicharme* ; encore attribue-t-on à *Cadmus* l'introduction de l'arithmétique et de plusieurs signes de nombres, comme, par exemple, le F, qui dénotait le nombre de six, le ⊐ et le ⋺, qui signifiait neuf cents, et le ϙ ou ϛ pour exprimer quatre-vingt-dix. Les Grecs nommaient ces signes ἐπίσημα, le premier βαῦ, le second σάντι, et le troisième κόππα. Ces lettres parvinrent bientôt aux Ioniens, qui les fixèrent à *vingt-quatre*, sous le nom d'*alphabet Ionien*, dont l'auteur, dit-on, fut *Callistrates* de Samos. Des Ioniens ils passèrent, quoiqu'assez tard, aux autres peuplades de la Grèce. *Voyez* Pline, Hist. nat., L. VII. c. 57.

34.

La forme des plus anciens caractères grecs ne saurait se déterminer avec précision, parce qu'il ne nous reste aucun monument de ces tems reculés. Il est plus que probable que leurs traits ont été peu à peu différemment modifiés, et que peut-être

être plusieurs lettres qui postérieurement ont été regardées comme nouvelles, n'étaient que des changemens qu'avaient souffert ces premières lettres. Sans doute les anciens caractères grecs avaient une ressemblance encore plus grande que les nouveaux, avec l'alphabet phénicien. Il y a des savans qui croient que les caractères phéniciens sont les mêmes que les caractères samaritains, et ceux-ci les mêmes que ceux des Hébreux, avant la captivité de Babylone. Au reste, les changemens qu'ont éprouvé les caractères grecs, sont évidens sur plusieurs monnaies et inscriptions grecques antiques, quoique dans une chose aussi arbitraire il soit extrêmement difficile, sinon impossible, d'assigner à chaque espèce de caractère l'époque certaine où elle a été employée.

35.

La direction des lettres et des lignes était, chez les Grecs les plus anciens, la même que chez tous les peuples de l'Orient, c'est-à-dire, de droite à gauche; ce qui semble venir à l'appui de ce qu'on vient de dire de leur origine phénicienne ; mais bientôt après on commença à écrire les lignes alternativement de droite à gauche, et de gauche à droite, ayant soin de joindre les deux lignes par un trait courbé. On nomma cette manière d'écrire, imitée des sillons, tracés par des bœufs attachés à la charrue, βεςροφηδὸν. C'est ainsi que furent écrites, par exemple, les lois de Solon, et on la trouve sur plusieurs autres monumens anciens. Une autre manière d'écrire était celle en forme de colonnes, à la manière des Chinois ; on traçait les lettres l'une sur l'autre perpendiculairement. Enfin, on introduisit la méthode usitée chez les modernes, de donner aux lignes une seule direction, de gauche à droite, dont on attribue l'introduction, chez les Grecs, à *Pronapides*.

36.

Au reste, on écrivait, dans ces anciens tems, toujours en *lettres majuscules*, ou en caractère nommé *caractère uncial*, qu'on retrouve encore sur les anciennes monnaies et inscriptions grecques, et même dans les plus anciens écrits qui nous sont parvenus. Les lettres appelées chez nous de bas de casse (espèce de *financière* ou *lettres italiques*), sont, selon l'opinion commune, du moyen âge, à peu près vers le neuvième ou le dixième siècle ; elles tirent vraisemblablement leur origine de la contraction et des changemens successifs des lettres majuscules qui, jadis comme nos caractères imprimés, s'écrivaient isolément et sans aucune combinaison ou contraction quelconque. Cependant, on voit, par quelques inscriptions existantes sur des monumens trouvés à Herculanum, des preuves qu'elles n'étaient pas absolument inconnues à une époque antérieure , et qu'au moins on s'en est servi dans des inscriptions du tems de l'empereur Titus. Les abréviations des mots étaient aussi plus rares chez les anciens, quoiqu'elles ne fussent pas absolument inusitées sur les monnaies et les inscriptions. Elles se nommaient σημεῖα, σίγλαι, et μονογράμματα, et consistaient principalement en ce que, dans les noms propres connus des personnes, on ne mettait que les initiales, qu'on omettait celles du milieu que l'on indiquait simplement par de petits tirets, ou qu'on écrivait au dessus des premières. Souvent on faisait aussi des contractions de plusieurs lettres en une seule figure. Ce furent proprement ces contractions qu'on nommait *monogrammata*.

37.

Les *esprits* des Grecs, ou *signes d'aspiration*, formaient, dans leur ancienne écriture, des caractères particuliers qu'on mettait en ligne avec les autres. Chez les Ioniens, c'était le signe н; on le mettait en tête de quelques consonnes que l'on prononçait avec une douce aspiration, comme κηρονοσ, au lieu de χρονος. On ne retint par la suite cet usage que par rapport au ρ ou ρ; et chez les Æoliens, le F, ou le signe nommé *digamma*. De ceux-ci on forma plus tard deux traits plus petits (⊣ et ⊢), pour marquer la présence ou l'absence de l'aspiration; ils furent depuis changés par les copistes en ⌐ et ⌐, et enfin en ʋ et c. Cette dernière forme ne fut introduite dans les manuscrits que vers la fin du neuvième siècle, pour rendre ce trait facile, et hâter le mécanisme de la plume. Aussi les anciens grammairiens grecs gardèrent quelquefois au milieu des mots l'esprit fondé sur la dérivation ou composition des mots; ils écrivaient, par exemple, ἄωρος, Πλησίαλος, νεώς, etc. Cette manière d'écrire a été observée par *Mazocchi* dans les inscriptions d'Herculanum ; et par *Villoison* dans un manuscrit très-intéressant du dixième siècle, que cet helleniste célèbre a trouvé dans la bibliothèque de Saint-Marc à Venise.

38.

Les *accens* n'étaient pas en usage chez les anciens Grecs, attendu que l'accentuation de leurs mots leur était connue par la prononciation, et que par conséquent ils pouvaient se passer de ce secours; au moins on n'en trouve aucune mention chez les auteurs anciens, ni de vestiges dans les plus anciens monumens des caractères grecs, quoiqu'il en existe dans des inscriptions plus modernes, nomément une d'Herculanum. Par la suite, lorsque la langue grecque commença à être réputée langue morte, les accens devinrent plus nécessaires pour déterminer le juste ton des mots, et dès avant le tems de *Denis Thrax*, contemporain de Pompée, on les introduisit dans les manuscrits. Peut-être, cependant, ces signes ne furent-ils pas entièrement inconnus aux Grecs, quoiqu'ils ne semblent pas avoir été destinés chez eux à indiquer la prosodie, mais à servir de signes musicaux (1).

39.

On ne séparait point, dans l'origine, les périodes et leurs différens membres par des signes de *ponctuation* ; mais on écrivait sans *ponctuation*, et en plaçant les mots mêmes les uns si près des autres, qu'il n'existait pas plus d'interstice entre les mots qu'entre les lettres mêmes. Cependant, on trouve dans les inscriptions les mots séparés quelquefois par des points interposés. L'invention de la *ponctuation* est vulgairement attribuée à un grammairien, ou pro-

---

(1) Voy. *Pitture antiche d'Ercolano*, l. II. p. 34.; comparez Villoison, *Anecdota græca*, L. II. p. 131.

fesseur de langues, qui vivait au deuxième siècle, *Aristophanes de Bysance*, et ne consistait d'abord que dans l'emploi d'un point qui, placé à la fin d'une période au dessus de la lettre finale (τελεία στιγμὴ), faisait la fonction de notre point ; placé en bas de la lettre finale (ὑποστιγμὴ), il désignait une virgule; et placé dans le milieu après la lettre finale (στιγμὴ μέση), il valait nos demi-virgules (;) ou nos deux points (:). La virgule, ou la *hypodiastole*, se mettait, par les grammairiens, entre deux mots qu'ailleurs on aurait pu mal séparer, comme, par exemple, en ἔστιν ἄξιος, pour qu'on ne lût point ἔστι Νάξιος. Il en était de même du *hyphen*, pour indiquer que deux mots ne formaient qu'un seul mot composé, comme en Φιλόθεος, χειρίσοφος, etc. Aussi se servait-on des *alinéa* pour ponctuation, et l'on écrivait quelquefois de cette manière (qu'on appelait γράφειν στιχηρῶς); toute proposition formant par elle-même un sens complet, ou même des petites parties encore moindres du discours.

40.

La *matière* dont on se servait en Grèce pour écrire, différait d'après la destination des écrits mêmes. On écrivait les actes publics pour l'instruction de la postérité, les publications et les lois, sur des matières solides, comme la pierre, l'airain, le plomb, le bois, etc. Pour l'usage journalier, les matières les plus usitées étaient d'abord des feuilles d'arbre, l'écorce intérieure des arbres (βίβλος); ensuite du vélin, des tablettes de bois, ou simples, ou enduites de cire ; l'ivoire, la toile, et le papyrus d'Égypte, matière qui ne fut connue en Grèce qu'au tems d'Alexandre-le-Grand. Outre cela, les Grecs avaient encore une autre sorte de papier fait de lames de l'écorce intérieure d'arbres (ξυλοχαρτιον), et une autre espèce faite de coton (*charta bombycina.*) Mais l'une et l'autre ne furent connues que dans les tems postérieurs, et ce ne fut que longtems après et dans le quatorzième siècle que notre papier, fait avec des chiffons, fut employé.

41.

L'instrument pour écrire, le plus usuel, celui avec lequel on gravait l'écriture sur des matières solides, et sur un enduit de cire des tablettes en bois, était le *stile* (σὑλος, γλυφεῖον γραφεῖον) dont l'extrémité inférieure était pointue, et la supérieure applatie, pour pouvoir effacer l'écriture et égaliser de nouveau l'enduit de cire de la tablette. Ordinairement, ce stile était de fer. Quand on voulait peindre les caractères avec de la couleur ou une espèce d'encre, on se servait ou du *pinceau*, ou plus ordinairement encore d'un *roseau* (κάλαμος, δόναξ), surtout du roseau d'Égypte ou de Gnide qui, comme nos plumes à écrire, se taillait par le bout, en y ménageant une fente. L'usage que nous faisons des plumes pour écrire était inconnu aux anciens, et ne remonte guères plus loin qu'au neuvième ou au dixième siècle.

42.

La *couleur* ou *l'encre* dont on se servait était ordinairement noire, et préparée, selon Pline et Vitruve, avec de la suie gommée. Dans le moyen âge, on se servait beaucoup aussi, surtout pour les lettres initiales, les signatures, les ornemens et les bordures des feuillets, d'encre rouge, comme on le voit encore dans nos missels; et d'une autre composition plus recherchée, nommée *Encaustum* (de là les mots *inchiostro* et *encre*) dans les documens des empereurs grecs. Chez les anciens, les frontispices des livres et les intitulés des différentes sections s'écrivaient ordinairement en rouge : c'est de là que vient le mot *rubriques*. L'usage d'orner en outre les lettres initiales majuscules d'or, d'argent et d'images peintes sur vélin, en couleur carmin ou violet, ne semble avoir eu lieu que dans des tems postérieurs. Chez les anciens, il était déja très-ordinaire de lisser le vélin ou le papier avec de la pierre-ponce, et de le vernir avec de l'huile de cèdre, tant pour augmenter sa durée que pour lui donner une bonne odeur.

43.

Quant à leur *forme extérieure*, les livres formaient des rouleaux (είλήματα), comme nos plans et nos grandes cartes. On s'y prenait de manière qu'on collait d'abord ensemble chaque pièce ou feuille de vélin ou de papier, avant ou après qu'on avait écrit dessus. La première pièce qui était en dessus se nommait πρωτόκολλον, et la dernière Ἐσχατόκολλον. Alors on roulait le tout autour d'une *baguette* ou cylindre (ἀσφαλισκός), ordinairement fait de bois ou d'ivoire, et qui, aux deux extrémités, portait des ornemens ou des boutons qui se nommaient ὄμφαλοι ou κέρατα. Le titre (σύλλαβος) s'écrivait communément sur un petit billet (πιτλάκιον) qu'on attachait à la tranche du rouleau, et ces rouleaux étaient environnés de petits rubans ou courroies.

44.

Quoique cette forme fût la plus usuelle, les anciens Grecs avaient cependant aussi des livres d'un autre format carré (δέλτοι), dont les feuillets étaient écrits des deux côtés, au lieu que dans les rouleaux on n'écrivait que sur la surface supérieure. On attribue communément l'invention de cette forme à *Attalus*, roi de Pergame. On joignait les feuillets, à la manière des tablettes de bois, par du fil ou des courroies, et l'on nommait chaque feuillet, ou même plusieurs réunis, τετράδια, *quaterniones*. Ces mots signifient quelquefois aussi des livres entiers dans cette forme. Ceux qu'on appelle *Diptycha*, ou tablettes pliées en double, qui dans la suite devinrent intéressantes en diplomatique, étaient d'un autre genre.

45.

Pour copier les livres, il y avait chez les Grecs des gens exprès, ou *copistes*, qui en faisaient métier. Ceux qui dans cette fonction étaient parvenus à un degré particulier de perfection et d'habileté, se nommaient *Calligraphes* ; ceux qui s'étaient particulièrement appliqués à saisir promptement et à écrire un discours prononcé ou dicté, et qui pour cela se servaient de certains signes et abréviations, se nommaient *Tachygraphes* ; enfin, ceux qui peignaient en lettres d'or et en ornaient les manuscrits, se nommaient *Chrysographes*. Chez les Grecs, dans les tems postérieurs, on donnait aussi aux copistes le nom de *notaires*. Cette fonction, au moyen âge, était l'occupation principale des ecclésiastiques et des moines, dans les couvens et abbayes, où l'on avait exprès destiné, à cet usage, des chambres particulières, qu'on nommait *scriptoria*.

46.

Dans les plus anciens tems de la Grèce, on ne se servait que très-rarement de l'écriture. Plusieurs affaires de la vie civile, que par la suite on traitait par écrit, comme, par exemple, les causes judiciaires, les contrats, les traités de paix, ne se faisaient que verbalement. Les lois de Dracon sont les premières qui furent écrites; dans les monumens publics, et même sur les tombeaux, on n'employait que très-rarement l'écriture. On ne trouve d'ailleurs dans Homère aucun passage où il soit question de messages ou d'ordres écrits; excepté une fois seulement, où il est fait mention d'un renseignement en forme de lettre, que Protus fit porter par Bellérophon à Jobates (*Iliade*. VI. vs. 168. etc.); mais il y a des explications différentes de ce passage. Depuis la guerre de Troyes jusqu'à Homère, il est à croire que l'usage d'écrire était devenu très-commun, surtout dans l'Asie-Mineure : la culture même de la langue en est la preuve. Il est cependant plus que probable qu'Homère n'avait pas écrit ses poésies.

47.

Aussi l'enseignement des connaissances scientifiques, dans les premiers tems de la Grèce, avait-il lieu plutôt de bouche que par écrit. On donnait à tous ceux qui se distinguaient alors dans les arts et les sciences, et qui par-là jouissaient dans l'état d'une grande influence et d'un rang distingué, le nom de *sages* (σοφὸι, σοφίσαι). Ces sages communiquaient leurs lumières, leurs dogmes, leurs préceptes à leurs concitoyens plutôt par le moyen de la parole que par celui de l'écriture. Ce ne fut que dans les tems postérieurs que leur doctrine fut recueillie dans les livres, d'après la tradition orale. C'est pourquoi il n'était pas rare de voir une seule personne réunir un grand nombre de connaissances scientifiques, à une époque où leur étendue et leur nombre étaient également limités. La profession de σοφος embrassait alors en même tems celle de théologien, de naturaliste, de philosophe théorique et pratique, de politique, de législateur, de poète, d'orateur et de musicien. Dans la suite, on établit plus de distinction entre tout ce qui est du ressort de l'intelligence, et par-là les différentes branches des sciences acquirent plus de justesse et de perfection, quoique par cette distinction même elles perdirent, en quelque sorte, de cette énergie qui résultait de la première impression qu'elles faisaient sur l'ame de l'homme alors moins civilisé.

I I. *Antiquités de la Littérature grecque depuis son époque la plus brillante jusqu'à sa décadence.*

48.

Le 36me et 37me siècles, après la création du monde, furent l'époque la plus heureuse et la plus brillante de la littérature des Grecs, et celle où chez eux, mais principalement à Athènes, tout se réunissait pour encourager et propager les sciences et les arts. Il faut compter parmi les causes les plus efficaces qui contribuèrent à leurs progrès, d'abord les heureuses dispositions de ce peuple, ensuite la forme libre et républicaine de leur gouvernement, l'ensemble de leurs usages et de leurs mœurs, l'activité de leur commerce avec d'autres contrées, surtout avec les Égyptiens, le système de leur éducation, et l'habitude qu'ils avaient dès l'enfance des exercices du corps et de l'esprit. Avec tous ces avantages, les Grecs se distinguèrent éminemment dans les arts, et furent les premiers à leur donner une forme fixe, et à les diriger vers un but utile.

49.

Leur langue, qui par sa nature avait déja tant de flexibilité, de plénitude et d'euphonie, se perfectionna de jour en jour par des chef-d'œuvres de prose et de poésie. Les Grecs furent les premiers qui déduisirent des ouvrages

vrages de leurs meilleurs écrivains, les règles du stile, et qui établirent des préceptes sûrs et ingénieux qu'ils rassemblèrent en corps de doctrine. La poésie et l'éloquence furent poussées chez eux au dernier période de la perfection; ils furent les premiers à écrire l'histoire avec jugement et avec goût. Ils mettaient la *philosophie* au rang des sciences favorites; elle s'enseignait dans leurs Lycées, verbalement et par écrit, avec ordre et précision. Ils discutaient, avec beaucoup de sagacité, les principes de la *politique* et de l'*économie publique*. Ils s'appliquaient aussi, avec le plus grand succès, à l'étude des sciences *mathématiques;* et comme chez eux le *goût* était presque une chose innée, et qu'ils portaient les arts à un haut degré de perfection, les sciences en acquirent parmi eux plus d'étendue, d'agrément et d'utilité.

50.

Notre dessein ici n'est point de suivre dans le détail les progrès et l'histoire de toutes ces sciences, ni de citer tous les écrivains qui se distinguèrent dans tous les genres;

parce que nous nous proposons d'en faire un chapitre particulier. Nous nous bornons donc aux *antiquités* les plus mémorables de la littérature de ce siècle célèbre, et à indiquer les principaux établissemens et institutions qui contribuèrent à animer les talens de toute espèce, à les récompenser, et à les employer de la manière la plus brillante.

51.

Tout le système de l'éducation des Grecs était singulièrement propre à faire germer, à développer et à perfectionner tous les talens du corps et de l'esprit. Les premiers se formaient par ce qu'ils nommaient *gymnastique*, qui avait lieu dans les gymnases, écoles établies pour les exercices du corps, dont nous parlerons plus en détail dans les antiquités grecques proprement dites. Tout l'ensemble de l'instruction scientifique, et tout ce qui appartenait aux connaissances et au perfectionnement de l'esprit, était compris chez eux sous le nom de *musique*; et c'est toujours ce qu'on doit entendre par cette dénomination générale, qui renfermait la grammaire, la poétique et la rhétorique, lorsque Plutarque ou d'autres écrivains grecs anciens recommandent la musique comme la partie essentielle de l'éducation, et qu'ils lui donnent une si grande influence sur le cœur et les affections des jeunes gens; effets d'autant moins relatifs à ce que nous appelons *musique instrumentale*, que celle des Grecs n'était jamais séparée de la poésie, du chant, de la déclamation et du geste.

52.

C'est un objet qu'il ne faut jamais perdre de vue, si l'on veut apprécier les *jeux publics d'émulation* chez les Grecs, qui étaient regardés comme les moyens les plus puissans pour développer les facultés intellectuelles. C'était par les établissemens de ce genre que s'enflammaient chez eux l'ambition et le desir de la gloire; ils devinrent le ressort et le motif de mille entreprises prodigieuses. Ces jeux d'émulation, parmi lesquels on distingue surtout ceux nommés *Olympiques*, *Pythiens*, *Isthmiques* et *Néméens*, produisirent d'autant plus d'effet, qu'on les institua dans des circonstances publiques et intéressantes, et pour les fêtes les plus solemnelles. A Athènes, on les combina avec la plus grande des fêtes, les *Panathénées;* et d'après la disposition de Périclès, ils furent célébrés dans l'*Odeum*, édifice qui leur fut particulièrement consacré. Ils commencèrent peu après le tems de Solon; on les appelait ἀγῶνες μυσικοὶ, en opposition avec les exercices du corps, ou ἀγῶνες γυμνικοὶ. Des poètes, des rapsodes, des acteurs, des pantomimes et des musiciens y étaient admis. Dans ces espèces de jeux, on nommait les juges *Athlothètes*, et on choisissait toujours les hommes les plus distingués pour les lumières et le goût. C'était eux qui proposaient des thêmes aux concurrens, et leur sentence était décisive. C'est par cette raison que dans la suite on les nomma aussi *Nomodictes* et *Phonasques* (1).

---

(1) *Voyez* le Traité de *Martini*, sur les Odées des anciens. Leipsic. 1767. in-8°. (en allemand.)

53.

On exigeait de ceux qui voulaient concourir à ces jeux d'émulation, des talens naturels, une longue et penible préparation, beaucoup de connaissances théoriques et pratiques, une voix sûre et exercée, et une grande habileté sur les instrumens dont on accompagnait la déclamation : ordinairement c'était la lyre ou la citharre. Le rang des concurrens se décidait par le sort, et ces jeux se réglaient d'après certaines lois déterminées. Le nom du vainqueur auquel l'Athlothète adjugeait le prix était proclamé par des hérauts. La récompense consistait en une couronne et un éloge public ; quelquefois on accordait au vainqueur des médailles, des statues et des odes à sa louange. Non-seulement les musiciens et les poètes, mais les orateurs même faisaient à l'occasion de ces jeux la lecture publique de leurs ouvrages, comme on le voit par celle du célèbre panégyrique d'Isocrates aux jeux olympiques. On appelait ces discours ὀλυμπικοὶ λόγοι; et il y faut compter encore les ἐπιδείξεις, où les exercices publics de sophistes.

Les historiens mêmes n'en étaient pas exclus; nous en avons une preuve dans Hérodote, dont Thucidide nous assure avoir entendu, dans sa jeunesse, lire l'histoire aux jeux olympiques.

54.

En général, les écrivains grecs étaient dans l'usage de faire connaître leurs ouvrages, en poésie comme en prose, plutôt par le débit que par l'écriture, et d'en faire eux-mêmes ou par d'autres la lecture, pour profiter des avis des connaisseurs. C'est à quoi l'on destinait la lecture publique ou particulière. Dans la première, on déclamait les odes ci-dessus mentionnées. Il y avait pour le lecteur une tribune élevée (θρόνος), et les auditeurs étaient placés sur des banquettes. Ceux-ci énonçaient leur jugement à l'auteur sur les différens passages de son ouvrage, ou par un silence qui, joint à certains gestes, exprimait tantôt l'admiration, tantôt l'improbation, la jalousie, le mépris; ou par des acclamations bruyantes, par les mots σοφῶς, καλῶς, etc., ou par des applaudissemens avec des battemens de mains, surtout à la fin de la lecture. S'ils voulaient manifester encore davantage leur satisfaction, ils accompagnaient quelquefois honorablement l'auteur jusques chez lui. Par fois aussi l'auteur communiquait ses écrits à des critiques, qui lui marquaient leurs jugemens ou leurs observations en marge de son ouvrage.

55.

Souvent les Grecs se faisaient faire la lecture des ouvrages de leurs écrivains par des personnes qui faisaient de cela leur profession particulière, et qu'on nommait *Anagnostes*. Ordinairement, ils y employaient leurs esclaves. Ils choisissaient pour ces lectures leurs heures de loisir ; par exemple, celle du repas, celle du bain, etc. Ces lecteurs eux-mêmes étaient des personnes instruites, qui s'exerçaient continuellement à bien lire, à un débit agréable, et à une déclamation soignée. Ordinairement, ils commençaient par les ouvrages des poètes, des orateurs et des historiens. Vraisemblablement c'est à Pythagore qu'ils étaient redevables de cet usage ; il leur venait apparemment d'un usage encore plus antique qui existait même avant Homère, celui de se faire lire ou chanter des compositions lyriques ou épiques par les rapsodes ou par les poètes eux-mêmes; car ceux-ci faisaient à la fois les fonctions de chanteurs et de musiciens.

56.

Les *symposies* ou les repas littéraires des Grecs font preuve qu'ils cherchaient à mettre à profit toute occasion de se communiquer leurs connaissances utiles, même pendant les heures de récréation et parmi les plaisirs de la société. Ce furent surtout les philosophes qui établirent ces repas littéraires avec leurs jeunes élèves au Prytannée, à l'Académie, au Lycée, etc. Des règlemens et des lois particulières déterminaient la manière d'employer ces loisirs et de s'y comporter. Xénocrates en avait rédigé le code pour les symposies de l'Académie, et Aristote pour le Lycée. Quelques-uns de ces repas servaient aussi à célébrer, d'une manière solemnelle, la naissance et la mémoire des fondateurs et instituteurs des écoles de philosophie, ainsi que des autres personnes de mérite. Par les deux excellens dialogues de Xénophon et de Platon qui portent ce titre, on peut se former une idée avantageuse de cette manière sociale, usitée parmi les sages de la Grèce, de traiter ce qui appartient aux lettres et à la philosophie.

57.

Au reste, chez les Grecs, les gens de lettres n'étaient point distingués, selon les différentes sciences et facultés, en professions expresses, comme chez les nations modernes, où ils offrent des classes séparées entre lesquelles il existe, pour ainsi dire, un mur de séparation. L'étendue de leurs connaissances était plus générale, et les objets plus multipliés. La langue nationale, la constitution de l'état et la science de l'homme, étaient les principales études des littérateurs, et toutes les lumières et habitudes qui pouvaient servir au bien et à la perfection de notre être, formaient chez eux la base de l'instruction de la jeunesse. Dans la suite, ils trouvèrent par-tout occasion d'appliquer leurs connaissances acquises par un travail assidu, et ils s'adonnèrent moins que les modernes à des recherches infructueuses et purement spéculatives. Il en résulta pour eux l'extrême avantage de faire servir leurs lumières aux besoins de la vie commune, et d'en tirer une foule de résultats utiles à la société et au perfectionnement des rapports moraux entre les membres qui la composent.

58.

La *grammaire* était un des principaux objets de l'instruction et de l'éducation chez les Grecs; et quoique cette partie se bornât principalement à la langue de leur pays, elle avait cependant une plus grande étendue que celle que nous lui donnons ordinairement. L'art de parler et d'écrire avec justesse et précision, par lequel on commençait l'enseignement, s'appelait chez eux *gramatistique*; et ceux qui l'enseignaient, *grammatistes*. Sous le nom de *gramatique*, au contraire, l'on comprenait encore la connaissance de la langue, ainsi que la poésie, l'art oratoire, et même des élémens de la philosophie, au moins de ses rapports avec les autres sciences; et c'étaient les *grammairiens* qui se chargeaient de ces diverses instructions. Ce fut surtout Platon qui éveilla l'attention des Grecs sur la nécessité et sur l'utilité de toutes ces connaissances. Au reste, on divisait la science du langage, ou la grammaire proprement dite, en deux parties principales; savoir, la partie *méthodique*, qui exposait les règles du langage; et la partie *exégétique*, qui expliquait les mots et les phrases.

59.

Mais la *philosophie* était la science favorite des Grecs. Elle se bornait d'abord à des recherches relatives à la théologie et à la physique; par la suite elle acquit, surtout par les efforts de Socrate, une plus grande importance, en étendant son horison. Ce fut lui qui sut la rendre pratique, et qui en fit une véritable philosophie de la vie. Nous ne dirons rien ici des différentes *sectes* et *écoles* de philosophie; nous en parlerons dans l'introduction à la connaissance des différens écrivains sur cette matière. Nous nous bornons à faire observer la distinction importante que l'on faisait de la philosophie en doctrine *exotérique* et *ésotérique*. La première contenait les vérités et les dogmes que les philosophes avouaient publiquement, et dont ils faisaient l'objet de l'instruction commune. La dernière comprenait ce qu'ils appelaient ἀπόῤῥητα, c'est-à-dire, les recherches et les doctrines secrètes que le maître réservait plus particulièrement pour ses disciples et ses adeptes, et sur lesquels dans l'instruction publique, soit orale, soit écrite, l'on ne s'expliquait qu'obscurément, vaguement, et sous un langage figuré et énigmatique.

60.

Outre cela, il existait dans l'enseignement plusieurs *méthodes* et *manières* de s'énoncer sur les différens objets qui composaient la plus utile des instructions. Cette méthode, par laquelle les maîtres allaient le plus directement à leur but, était la *dialogique*; l'instituteur s'entretenait avec son élève par demandes et par réponses, en partant des idées et des vérités les plus simples et les plus connues, l'accompagnant toujours dans ses recherches, et le conduisant insensiblement à la fin qu'il se proposait ; savoir, la conviction. Zénon l'éléatique fut le premier qui introduisit cette manière d'enseigner, qu'ensuite Socrate perfectionna, et dont il sut tirer le plus grand avantage ; ce qui la fit appeler *méthode Socratique*. Cependant, ce sage ne s'en servait qu'avec les élèves à qui il pouvait supposer, avec les premiers principes de la philosophie, la connaissance de sa méthode, et qui alors étaient censés chercher à découvrir la vérité de concert avec leur maître. Dans les sciences, les instituteurs veillaient soigneusement à la moralité de leurs élèves. La sévérité des Lacédémoniens dans la première éducation était très-renommée parmi les anciens ; souvent même elle tenait plutôt de la cruauté et de la rudesse que de la vertu et de l'utilité qui devait être son unique but. Nous citerons à cet égard la flagellation annuelle ($διαμαστίγωσις$) des jeunes Lacédémoniens qui avait lieu devant l'autel de *Diane Orthique* (1).

---

(1) Voy. *Cragii de Rep. Lacedæmoniorum. Libr. IV. Lugduni Batavorum.* 1670. 8. *p.* 355. *et seq.*

61.

Parmi les moyens que les Grecs employaient pour favoriser les lettres, on ne doit pas oublier les *bibliothèques*, dont plusieurs sont très-célèbres dans l'histoire aucienne. La plus considérable était celle d'Alexandrie, formée par *Ptolomée Philadelphe*. Elle avait pour conservateurs plusieurs Grecs qui se sont rendu illustres par leurs écrits, tels que *Démétrius Phaléréus*, *Callimaque*, *Érathostènes* et *Apollonius de Rhodes*. La bibliothèque d'*Attale* et de son fils *Eumènes*, à Pergame, était aussi très-nombreuse. La première collection de livres considérable à Athènes fut faite par *Pisistrate*. Elle devint la conquête des Perses, lors de la prise de cette ville par *Xerxès*; mais ensuite elle fut reportée de nouveau dans ce séjour des sciences par le roi *Seleucus Nicanor*; et enfin on la transporta à Rome, à l'époque où Sylla se rendit maître d'Athènes. Ce même Romain s'empara aussi de la bibliothèque nombreuse qu'avait recueilli *Aristote*; à moins que dans le passage qui rapporte ce fait, il soit seulement question des écrits de ce philosophe.

62.

Au reste, autant les Grecs étaient jaloux de la prééminence de leur patrie et de ses progrès dans les connaissances, et les autres avantages qu'ils regardaient pour ainsi dire comme leur propre domaine, autant ils s'efforçaient d'acquérir et d'utiliser les arts et les sciences étrangères. C'est dans cette vue qu'ils faisaient souvent des *voyages* dans les autres pays qui se distinguaient par leurs lumières et leur civilisation, surtout en Égypte, contrée à laquelle la constitution religieuse et politique des Grecs est très-redevable à beaucoup d'égards. Ils ne négligeaient pas non plus de parcourir leurs différentes villes et provinces, pour en connaître les curiosités, et en répandre la connaissance par leurs écrits. L'histoire nous apprend qu'*Homère, Lycurgue, Thalès, Solon, Anaxagore, Pythagore, Hérodote, Platon, Aristote, Strabon, Pausanias, Polybe*, et tant d'autres, ont pris, étendu et rectifié leurs connaissances scientifiques dans ces voyages.

63.

Cependant, la littérature grecque déchut peu à peu d'un état aussi brillant; décadence qu'il faut attribuer au luxe qui s'introduisit insensiblement, à la mollesse et à l'affaiblissement des forces morales qui en fut le résultat, et aux convulsions politiques qui bouleversèrent la Grèce, après la mort d'Alexandre-le-Grand. Enfin, toute cette contrée, jadis le berceau des sciences, et la cité même la plus florissante, Athènes, devint la proie des Romains. Avec la perte de leur liberté, les Grecs perdirent le ressort le plus puissant de leur industrie intellectuelle; ils ne se montrèrent plus dans la suite que rarement avec cette énergie, cette originalité et cette perfection qui les distinguaient autrefois. Enfin, cédant à la force extérieure, qui anéantit peu à peu leur existence politique, cette splendeur des Grecs finit par s'éclipser et disparaître.

III. *Restes et monumens de la Littérature grecque.*

64.

Indépendamment de plusieurs ouvrages estimables de tout genre qui ont été conservés ou en entier, ou en partie, et publiés depuis le rétablissement de la littérature et de l'invention de la typographie parmi les nations modernes, nous avons encore d'autres *monumens écrits* de l'antiquité grecque qui nous sont parvenus, et dont la connaissance plus particulière est importante et utile à tout amateur de littérature. On peut ranger ces monumens sous trois classes : les *inscriptions*, les *monnaies* et les *manuscrits*, quoique cette dernière soit bien éloignée d'être d'aussi ancienne date que les deux autres.

1.) *Inscriptions.*

65.

L'étude des inscriptions (epigrammata, inscriptiones, tituli,) est d'une très-grande utilité pour la connaissance de la langue, pour la critique, l'histoire, la géographie et l'archéologie. Considérées comme monumens publics et contemporains, elles forment les témoignages et les preuves de l'histoire les plus dignes de foi. Ainsi, on s'est beaucoup occupé, depuis le rétablissement des sciences, à rechercher, recueillir, publier et expliquer les inscriptions sur lesquelles nous avons une foule d'écrits, dont nous citerons ici quelques-uns qui ne contiennent que des inscriptions grecques et leur explication ; savoir :

Marmora Arundeliana s. Oxoniensia. Ed. II. cur. *Mich. Mettaire.* Lond. 1732. fol. rec. edita a. *Rich. Chandler.* Oxon. 1763. fol. m.

Edm. Chishull Antiquitates asiaticæ. Lond. 1728. fol.

Inscriptiones Atticæ nunc demum ex schedis *Maffei* edita ab *Edw. Corsino.* Flor. 1752. in-4°.

Inscriptiones antiquæ, pleræque nondum editæ, in Asia minori et Græcia, præsertim Athenis collectæ. Exscripsit et edidit *Rich. Chandler.* Lond. 1774. fol.

66.

Ces inscriptions existent sur des colonnes, des autels, des tombeaux, des vases, des statues, des temples et autres édifices anciens; et leur but est toujours ou la tradition de quelqu'évènement et circonstance mémorable, ou l'indication et la détermination de quelqu'objet. Ordinairement elles sont en prose, et quelquefois en vers. C'est à cause de cette forme et de la brièveté énergique avec laquelle on se plaisait à les écrire, qu'on leur a donné le nom d'*épigramme* ou d'*inscription;* dénomination propre à de petits poëmes qui énoncent, avec esprit et clarté, des pensées ingénieuses et de peu d'étendue.

67.

Pour bien *juger* et *déterminer* les inscriptions, il faut apporter d'autant plus d'examen et de circonspection, que l'on peut aisément être trompé par des pièces apocriphes ou par des copies infidelles de ces inscriptions. Pour éviter ces erreurs, il faut beaucoup de connaissances historiques et une grande familiarité avec les notions philosophiques qui y sont relatives. En général, on doit connaître les caractères d'*écriture* de l'antiquité, les variations qui dans les différens âges y ont été introduites, l'usage des formules consacrées, et ce qu'on appelle le *stile lapidaire*; on doit savoir comparer le contenu des inscriptions avec les circonstances des différentes personnes, des tems et des évènemens de l'histoire, et savoir apprécier, avec justesse et impartialité, les preuves et les explications qu'on en peut tirer. Pour apprendre à connaître les abréviations, on se servira de *Scip. Maffei* Græcorum Siglæ lapidariæ, collecta atque explicatæ. Veron. 1746. 8. — *Edw. Corsini* Notæ Græcorum. Florent. 1749. Fol.

68.

Parmi la foule d'anciennes inscriptions grecques que l'on a découvertes, décrites et expliquées dans les tems modernes, nous ne citons ici que les plus *anciennes* et les plus *célèbres*.

1.) Plus de quarante inscriptions lapidaires que l'abbé *Fourmont* découvrit dans son voyage en Grèce, 1728, à Sklabochori, l'ancienne ville *Amyclæ*, sous les ruines d'un temple d'Apollon. L'inscription en βεςροφηδον qui s'y trouve est de la plus haute antiquité, et connue sous le nom d'*Inscription d'Amyclæ*. Elle consiste en deux fragmens, ne formant peut-être qu'un ensemble. Tous les deux ne contiennent qu'une liste de noms de prêtresses grecques. On ne saurait fixer son époque précise; mais vraisemblablement elle remonte à mille ans avant la naissance de Jésus-Christ. (*Voy*. Mémoires de l'Académie des inscriptions, t. XV. p. 204. *Heyne* Collection de dissertations d'Archéologie. N°. I. p. 85. seqq. Nouv. Traité de Dipl. t. I. p. 616. pl. 5.)

2.) L'inscription *Sigéenne*, d'une statue d'*Hermès* sans tête, que le consul anglais *Sherard* a découverte en Troade, sur le lieu même où était l'ancien *Sigéum*, dans l'église d'un hameau. Elle est de même écrite en forme de sillons. (*Voy. Chishull* Antiqq. Asiat. p. 2. et *Chandleri* Inscriptiones Antiquæ. Cf. Nouveau Traité de Diplomatique. t. I. p. 629.)

3.) Ce qu'on appelle *Chronicon Parium*, trouvé parmi la collection ci-dessus des Marbres Arundeliens ou d'Oxford, sur l'île de Paros. — C'est un monument très-important pour l'ancienne chronologie grecque, puisqu'il en contient les principales époques depuis le déluge de Deucalion. On rapporte cette inscription à l'année 268ᵉ. avant J. C. — Les éditeurs de ces monumens, *Seldenus*, *Prideaux* et *Mettaire*, ont fait des recherches à ce sujet, ainsi que *Palmérius*, dans ses Exercitatt. ad Græcos Autores. Ultraj. 1694. in-4°. Un anglais moderne, *Robertson*, a cherché à répandre des doutes sur l'antiquité de ces inscriptions, dans un livre intitulé : The Parian Chronical — with a Dissertation, concerning its Antiquity. Lond. 1788. in-8°. (*Voy*. contre ce livre : Hewlett's Vindication of the Authenticity of the Par. Chron. Lond. 1788. 8.; et la *Chronique parienne*, traduite en allemand par K. T. C. Wagner. Göttingue 1790. in-8°.

4.) Une inscription athénienne, avec des traits anciens ioniens, que *Galland* a découverte en 1764, qui date vraisemblablement du tems de la guerre du Péloponnèse; et une autre sur deux colonnes, qu'*Hérodes Atticus* fit élever sur la route Appienne. (*Voy*. Montfaucon Palæographia Gr. p. 135. Nouv. Tr. de Dipl. t. I. p. 634.)

5.) Plusieurs inscriptions découvertes à *Herculanum* sur des tables d'airain. (*Voy.* *Mazocchii* Commentarii in æneas tabulas Heracleenses. Neap. 1754. fol.; et Lettres de *Winkelmann*, sur les Antiquités d'Herculanum. p. 67.

2.) *Écriture sur les Monnaies.*

69.

La connaissance des anciennes monnaies offre (1) aussi de très-grandes utilités pour la littérature classique en général. Nous ne la considérons ici que sous le rapport des *légendes* et *inscriptions*, et non relativement à l'art du dessin. Sous le premier point de vue, les monnaies qui nous restent des Grecs, forment, pour la plupart, les plus anciens monumens de l'écriture, et sont les témoignages les plus sûrs des différens changemens qu'elle a éprouvés. Outre cela, la

---

(1) *Voy.* le Manuel des principales sciences historiques, par M. le conseiller de *Schmidt*. Section V^e. *Numismatique.* (en allemand.)

langue, la critique, l'histoire, la géographie, et même la chronologie, peuvent puiser dans ces légendes et inscriptions beaucoup de lumières, d'explications et de preuves.

70.

On ne saurait déterminer, avec certitude, ni le tems précis où les premières monnaies ont été frappées en Grèce, ni la contrée où elles ont paru d'abord. Les anciens écrivains eux-mêmes diffèrent dans leurs avis sur cet article. Quelques-uns prétendent que ce sont les Lyciens, d'autres les *Éginètes*, les *Thessaliens*, les *Égyptiens* qui les premiers ont frappé des monnaies. Homère n'en fait aucune mention; et on peut en tirer cette induction, qu'au tems de ce poète, ou au moins de la guerre de Troyes, l'usage de l'argent monnoyé n'existait pas encore, et que l'on se contentait d'échanger les objets en nature, ou qu'on avait tout au plus des morceaux de métal de différentes qualités que l'on pesait, ou auxquels le marchand apposait sa marque. Le premier exemple de cette coutume est dans un passage de la Genèse, relatif à un marché qu'Abraham fit avec le roi Abimélec, sur une portion de terre qu'il lui acheta. (*Voy.* la Dissertation de *J. D. Michaelis :* De Siclo Hebræorum , dans les Commentaires de la Société de Göttingue.)

71.

Parmi les monnaies grecques encore existantes, quelques auteurs regardent celles de *Phidon*, roi des Argiens, qui vivait peu de tems après Homère (presque neuf cents ans avant la naissance de J. C.), comme les monumens de la plus haute antiquité. *Strabon* (l. VIII. p. 376.) et les Marbres Arundeliens prouvent que ce roi fit battre monnaie dans l'île d'Égine; mais il est douteux si les monnaies d'argent encore existantes, marquées à son nom, dont une se trouve dans la collection royale de Berlin, sont frappées sous son règne, ou après sa mort pour perpétuer sa mémoire. De même les monnaies d'*Amyntas*, roi de Macédoine, qui vivait du tems de Cyrus, si elles sont originales, sont rangées parmi les plus anciennes qui nous restent. Les mots qu'on lit sur leur revers : B. AMIMTΩY, M., s'expliquent ainsi : βασιλέως Αμιμτȣ Μακεδόνων. Une monnaie d'or *cyréniaque* de *Démonax* à Mantinée, du tems de Pisistrate, serait plus ancienne encore, si elle ne semblait postérieure et apocriphe. Lorsqu'on rencontre sur des monnaies grecques des caractères de droite à gauche, il est très-vraisemblable qu'elles sont d'une haute antiquité, surtout quand la figure offre des vestiges de l'art encore grossier. De ce genre sont plusieurs monnaies de la grande Grèce, comme de Sybaris, de Caulonia, de Posidonia, et quelques monnaies siciliennes des villes Leontium, Messine, Ségeste et Syracuse.

72.

Le nombre des monnaies grecques en *or* qui nous restent, n'est pas à la vérité très-grand ; mais la différence de leur grandeur et de leurs dénominations, si l'on y ajoute le témoignage des auteurs, prouve qu'on les a frappées en assez grande quantité ; on les nommait ordinairement χρυσὸς ἐπίσημος, *or monnoyé*. Quant aux pièces d'ar-

gent, nous en avons beaucoup, quoique d'un titre très-différent. Le billon ordinaire, aussi bien que les médailles et les pièces mémoratives, étaient de *cuivre*, et même de *fer* à Lacédémone et à Byzance. La plus grande monnaie usuelle était le *Stater;* et la plus petite, le *Hémiobolion* et le *Lepton*. Une des monnaies de bronze de grandeur moyenne qui avait le plus de cours, était le *Chalkos*, dont le *Lepton* faisait la huitième partie. Parmi les monnaies d'or, le *Chrysos* ou le *Didrachmos* était le plus en usage; mais les médailles et pièces mémoratives étaient bien plus grandes. Au reste, on porte le nombre des anciennes monnaies grecques ou romaines qui nous restent, à-peu-près à cinquante mille; celles d'or vont à-peu-près à trois mille; celles d'argent à six mille; et celles de bronze à-peu-près à mille.

73.

Sur quelques anciennes monnaies grecques, on trouve encore des lettres phéniciennes, ou du moins qui en approchent beaucoup; souvent aussi le trait ⊨ se trouve remplacé tantôt par la lettre Z, et tantôt par le Ꙁ. A la place de cette dernière lettre ou du Σ, on trouve souvent la figure Ꝫ. Le Ƨ dans les monnaies d'une origine postérieure, porte aussi la figure C ou Ꞓ. Souvent C est employé pour le Γ, l'O et Ω ont la figure de CIƆ ou de ▭. On trouve le E pour H (et cette dernière lettre souvent tient lieu du signe d'aspiration.), Oꞓ pour OY, Σ pour Z, X pour K, etc. Les inscriptions, surtout celles des temples les plus anciens, sont ordinairement très-courtes, et ne contiennent que les noms des villes ou des princes qui les ont fait frapper, ou seulement leurs lettres initiales. Les inscriptions des monnaies des monarques asiatiques d'un tems postérieur, sont plus étendues; elles sont placées tantôt en légende, tantôt au milieu du revers; tantôt aux deux côtés d'une figure, d'une tête, d'un vase, etc.; tantôt au bas, en dedans du segment ou de l'exergue. Il est rare que l'on trouve sur les monnaies grecques des inscriptions qui remplissent tout le revers de la pièce.

74.

Il y a aussi beaucoup de monnaies sur lesquelles on aperçoit un mélange de lettres *grecques* et *latines*, surtout sur celles d'un âge postérieur, tant sous les empereurs d'Orient que sous ceux d'Occident. Ainsi, l'on trouve quelquefois s au lieu de la lettre grecque c, r au lieu de p, f au lieu de φ. Il y a des inscriptions grecques sur les monnaies des différens états de la Grèce, non-seulement sur celles qui ont été frappées pendant qu'ils jouissaient de leur liberté ou qu'ils étaient gouvernés par des princes de leur nation, mais encore sur les monnaies des provinces et villes grecques après qu'elles furent assujetties à la domination des Romains, ainsi que sur les monnaies frappées à une époque postérieure en Sicile et dans la grande Grèce. Un amateur de la *nummismatique* ne saurait donc se passer de la connaissance de la langue grecque ; car on trouve des monnaies grecques sous la domination romaine, dont un côté porte une légende grecque, et l'autre une légende latine.

75.

Nous ne citerons ici que quelques-uns des principaux ouvrages *numimastiques*, c'est-à-dire, d'écrits qui servent d'introduction à la connaissance des anciennes monnaies et médailles, et surtout ceux qui, indépendamment des monnaies latines, traitent encore des monnaies grecques. Un des livres les plus détaillés à cet égard est :

Ez. Spanhemii Dissertationes de præstantia et usu nummismatum antiquorum. Lond. et Amstel. 1717. 2 Vol. fol.

Les traités plus abrégés à cet égard, sont:

La Science des Médailles antiques et modernes, par *Louis Jobert*, avec des remarques historiques et critiques (par *Joseph Bimard*.) Paris. 1739. 2 Vol. in-12.

La Connaissance des Monnaies antiques d'après les principes du P. *Jobert* et de M. *de la Bastie*, avec des corrections nouvelles par *J. C. Rasch*. Nuremb. 1778. 3 Vol. in-8°. (en allemand.)

Erasmi Frœhlich Notitia elementaris nummismatum illorum quæ urbium liberarum. regum et principum ac personarum illustrium appellantur. Viennæ. 1758. in-4°. cum fig. *Ejusdem* (*S. N. Debiel.*) Utilitas Rei Nummariæ Veteris, compendio proposita. Viennæ.

1733. 8. — (Ce livre est en grande partie un extrait de celui de Spanheim.)

Essay on Medals, by *Pinkerton*. Lond. 1789. 2 vol. in-8°.

Raschii Lexcicon Universæ Rei Nummariæ Vete- Lips. 1785. Jusqu'à présent 4 vol. in-8°.

Les ouvrages plus étendus, enrichis de figures, où l'on rencontre des monnaies grecques, sont :

Huberti Goltzii Græcia universæ Numismata, c. comment. Ludov. Nonnii. Antw. 1620. fol. — *Ejusdem* Thesaurus Rei Antiquariæ Uberrimus. Antw. 1618. 44. fol.

N. F. Haym Tesoro Britannico, overo Museo Numario. Lond. 1719. 20. 2 vol. in-4°. (Traduit en latin par le comte *Khevenhuller*. Vienne. 1763. in-4°.

Jo. Jac. Gesneri Numismata Græca regum atque virorum illustrium, c. commentaris. Tiguri. 1738. fol.

Ejusdem Numismata Græca populorum et urbium. 1739. 54. fol.

Recueil des Médailles des rois, des peuples et des villes, par M. *Pellerin*. Paris. 1762. 67. 7 Vol. in-4°.

Magna Miscellanea Numismatica. Romæ. 1774. 4 Vol. in-4°.

IV. *Manuscrits.*

76.

Parmi les monumens les plus précieux de la littérature grecque, au moyen desquels nous nous sommes familiarisés non-seulement avec l'histoire de cette contrée et tout ce qu'elle offre particulièrement de remarquable, mais encore avec leur génie, leur caractère, et avec les principaux modèles dans chaque genre de stile, il faut compter les *copies* de leurs ouvrages de poésie et de prose. C'est à leur découverte que nous sommes surtout redevables du rétablissement des sciences; et quoique la plupart des écrivains grecs qui nous restent aient déja été publiés et répandus au moyen de l'impression, les divers manuscrits que nous en avons, et surtout les plus anciens, offrent cependant encore beaucoup de prix et d'utilité pour la critique.

77.

Mais quant à l'ancienneté, les inscriptions et les monnaies réclament la préférence sur les

les manuscrits, dont il ne nous reste pas un seul du tems des écrivains même, ni aucune copie faite immédiatement sur ces manuscrits originaux ; les plus anciens que nous possédions ne remontent pas au-delà du sixième siècle, et encore il n'y en a que fort peu de ceux-là dont l'authenticité soit bien reconnue. Il faut chercher les causes de cette perte des premiers manuscrits, en partie dans le peu de durée des matières dont on se servait pour écrire, et dans les bouleversemens de la Grèce et de l'Italie, ainsi que dans l'ignorance presque absolue du moyen âge, et du mépris que l'on avait de ces monumens ; enfin, dans la superstition de cette époque ténébreuse, où l'on regardait la lecture des auteurs païens comme dangereuse et condamnable, et leur destruction comme une œuvre méritoire. Nous avons encore perdu plusieurs ouvrages précieux qui nous restaient de l'antiquité, parce que l'on effaçait l'écriture des anciens manuscrits pour tracer sur le vélin d'autres compositions la plupart insignifiantes (*codices palimpsesti, rescripti*), et en outre par la négligence des premiers typographes qui imprimaient d'après ces manuscrits mêmes, et qui ensuite les gâtaient et n'en faisaient plus de cas.

78.

Cependant, malgré cette destruction, et même grâce à l'ignorance et à l'insouciance des possesseurs des collections alors existantes, il s'est par-tout conservé, surtout dans les cloîtres, les abbayes et les églises cathédrales, grand nombre de manuscrits grecs, mais qui ne sont que des tems postérieurs du moyen âge, où toutefois il restait encore quelques savans et des amateurs de la littérature grecque, et d'autres personnes qui, par amour du gain, s'occupaient de ces sortes de copies. Un grand nombre de ces manuscrits n'ont été faits qu'à la renaissance des lettres, aux siècles treizième, quatorzième, et vers la moitié du quinzième, pour l'usage des gens de lettres et des collèges. Même les premiers tems qui suivirent l'invention de l'imprimerie et lorsque cet art était encore informe et peu répandu, comme les copies étaient moins chères que les imprimés, et plus faciles à acquérir, on continuait toujours à copier les ouvrages intéressans.

79.

Il est très-difficile de bien connaître les manuscrits, et de fixer leur époque précise; on ne saurait donner sur ce point de règles applicables à tous les cas, et parfaitement décisives. L'on est borné à quelques *caractères généraux* pour déterminer, jusqu'à un certain degré de probabilité, l'ancienneté d'un manuscrit; on en juge par les caractères d'écriture, par leur grandeur, leurs espaces, la direction des lettres, les abréviations et contractions; enfin, par la forme générale et extérieure du manuscrit. Il y a plus de certitude dans les signes intrinsèques qu'offre le contenu, le stile, l'ensemble des circonstances historiques, si l'on ignore le tems où l'auteur ou le scribe ont écrit; quelquefois on trouve le nom de l'auteur et l'année de la copie à la fin du manuscrit; mais le plus souvent, tout en jugeant, par les signes intrinsèques, qu'un écrivain, jusques-là réputé l'auteur de la copie, n'a pu l'être à cause de quelques circonstances contradictoires, on se trouve cependant dans l'impuissance d'indiquer le véritable copiste.

80.

Nous nous bornons ici à citer pour exemple quelques-uns de ces *signes extérieurs*. Les plus anciens manuscrits grecs, ainsi que les inscriptions, sont écrits uniquement en lettres initiales majuscules (*lettres unciales*), sans distance des mots entr'eux, et sans signes de ponctuation. Les accens et les signes d'aspiration n'ont été introduits qu'au septième siècle; les lettres unciales, dans le huitième et neuvième, étaient un peu plus longues, et avaient plus d'inclinaison et de biais. C'est à cette époque que l'on commença à faire des contractions, ce qui donna naissance à une écriture plus petite. Après le douzième siècle, on y introduisit chaque jour de nouveaux traits et des nouvelles abréviations, et en général, on se plut à donner plus de variété et d'élégance aux titres dans leurs formes. La meilleure manière d'apprendre à connaître ces traits est dans l'étude des manuscrits mêmes, et l'on peut se familiariser avec elle au moyen des échantillons qu'en a donné *Montfaucon* dans le troisième et quatrième livre de la *Paléographie grecque*. Il n'est cependant pas possible d'assigner de valeur précise à la forme de ces caractères, pour déterminer au juste le siècle auquel il faut les rapporter. Souvent, dans des tems postérieurs, les scribes ont imité servilement et religieusement plusieurs anciennes copies, et gardé toutes leurs formes sans aucun changement.

81.

On peut faire un *usage* très-varié et très-utile de la connaissance et de l'étude bien entendue des anciens manuscrits. Ils servent aux critiques à déterminer, à rectifier, à confirmer les variantes des livres imprimés, et très-souvent il y a encore à glaner même dans des copies qui ont déja servi. En les collationnant, on se trouve plus d'une fois dans le cas de remplir des lacunes, de découvrir des intercallations apocriphes, et de rectifier des transpositions. En général, on a occasion de faire plusieurs remarques critiques, philosophiques et littéraires, quelquefois en fouillant surtout dans les bibliothèques des couvens, on rencontre encore des écrivains qui jusques-là avaient échappé à l'œil des savans. Mais pour profiter des avantages que présente cette étude, il faut surtout beaucoup de connaissances préalables dans les langues, dans la critique, la bibliographie et l'histoire littéraire.

82.

Nous devons à l'application assidue que tant de savans et d'amateurs de la littérature classique, ont apportée à la recherche à la lecture, à l'examen et au collationnement des anciens manuscrits, depuis le rétablissement des sciences, cette foule d'éditions précieuses des auteurs grecs et romains; et quoique leur esprit ne s'exerce guères que sur les *mots* et les *phrases* des auteurs, cependant la *critique des choses mêmes* est nécessairement liée à cette étude, et les connaissances utiles n'ont de fondement et de certitude que d'après ces recherches préalables. Ces éditions, avec les préfaces et les commentaires qui les accompagnent, sont préférables à toutes les théories, et offrent les plus sûres méthodes et les meilleures règles pour bien connaître les manuscrits.

83.

Nous comptons parmi les plus anciens manuscrits grecs que nous ayons, le *Code du Vatican*, de la traduction des *Septante*; celui qu'on appelle le *Code alexandrin*, au Musée britannique de Londres, qui contient la même traduction de l'ancien testament et le texte original du nouveau, dont on a donné depuis peu une édition qui imite parfaitement la copie; un autre morceau de l'ancien testament en langue grecque qui se trouve à la bibliothèque nationale de Paris, connu sous le nom de *Code de Colbert*; un manuscrit de *Dioscoride* dans la bibliothèque impériale de Vienne; et un autre à celle des Augustins à Naples. Tous ces manuscrits sont écrits en lettres initiales de forme quarrée, sans accents ou signes d'aspiration. Les rouleaux trouvés dans Herculanum sont plus remarquables par leur haute antiquité que par leur mérite intrinsèque ; ils sont au nombre de huit cents, mais pour la plupart très-dégradés, et leurs feuillets trop conglutinés par l'effet du feu pour que l'on puisse les ouvrir et les déchiffrer. Cependant, l'application infatigable du P. *Paggio*, de son associé *Merli*, et de *Mazocchi*, inventeur d'une méthode aussi ingénieuse que pénible pour les dérouler (dont le savant suédois *Biornstael* rend compte dans ses lettres), a réussi à tirer parti de quelques-uns. Ils sont tous de *Philodemus*, et traitent de la rhétorique, de la musique et de la morale, mais n'offrent rien de nouveau ni d'important. (*Voy.* les Notices de *Cramer*, concernant l'histoire des découvertes d'Herculanum. Halle. 1773. in-8°. p. 101. seqq.; et les Lettres de M. *Bartels*, sur la Calabre et la Sicile. Vol. I. p. 137. seqq. (en allemand.)

84.

Les *bibliothèques* principales où l'on trouve les plus belles collections de manuscrits grecs, sont les suivantes :

En *Italie* : à *Naples*, la bibliothèque du Roi, et celle du couvent des Augustins. — A *Turin*, la bibliothèque royale. — A *Rome*, la bibliothèque du Vatican, et plusieurs bibliothèques particulières ; par exemple, celles des Barberini, de Chigi, etc. — A *Bologne*, la bibliothèque de la cathédrale. — A *Venise*, celle de Saint-Marc, et plusieurs collections particulières. — A *Pavie*, *Vérone* et *Florence*, celle des Médicis : cette ville offre une des plus nombreuses collections de ce genre. — La bibliothèque Ambroisienne à Milan, etc.

En *Espagne*, l'Escurial.

En *France*, la bibliothèque nationale. — Autrefois la bibliothèque de l'abbaye de Saint-Germain-des-Prés. — Celle de l'abbaye du même ordre, à Saint-Remy. — A Montpellier, celle du ci-devant évêque *Pellicier*.

En *Angleterre* : à *Cambridge*, la bibliothèque académique, et celle du collège de Christ et d'Émanuel. — A *Oxford*, la bibliothèque Bodléienne. — A *Londres*, le Musée Britannique.

En *Allemagne*, la bibliothèque impériale

à *Vienne*. — Celle de l'électeur de Bavière, à *Munich*. — La bibliothèque du sénat d'*Augsbourg*. — A *Leipsic*, la bibliothèque de l'Université et celle du Sénat. — Les bibliothèques ducales de *Weimar* et de *Wolfenbüttel*. — La bibliothèque royale de *Berlin*. — Celle de l'électeur de Saxe, à *Dresde*, etc.

En *Danemarck*, la bibliothèque royale.

En *Hollande*, la bibliothèque de l'Université de *Leiden*. — Celle de M. *Meerman*, à *la Haye*.

En *Russie*, la bibliothèque du Synode de *Moscow*.

On peut, sur cet article, puiser plus de détails dans les livres suivans :

Bern. Montfaucon Recensio Bibliothecarum græcarum, in quibus manuscripti codices habentur; en tête de sa *Palæographia græca* (Paris. 1708. fol.), p. XV. On y trouve en même tems des échantillons de différentes manières d'écrire, rangés dans l'ordre chronologique.

Ejusdem Bibliothecarum manuscriptarum Nova. Parisiis. 1759. 2. Vol.

Aperçu sur les lieux qu'ont habité les écrivains grecs les plus connus, et Délinéation de l'historique des bibliothèques où ces manuscrits ont été conservés, par *F. Eckard.* Giessen. 1776. 8. (en allemand.)

85.

Il existe aussi plusieurs de ces collections de livres et de manuscrits qui y sont conservés, et des catalogues qui y sont relatifs; par exemple, de celles de Florence, de Paris, de Vienne et autres. Les plus utiles de ces catalogues sont ceux qui ne se contentent pas uniquement de donner une nomenclature sèche et une indication des titres, mais qui fournissent en même tems des notices critiques et historiques sur la qualité de ces manuscrits, de leurs auteurs, de leur âge, de leur prix, etc. On trouve une liste assez complète de ces catalogues dans la Bibliothèque du comte *Bunau.* Leipsic. 1750. 7 vol. 4. t. I. vol. I. p. 840. seqq. La meilleure est celle que *Bondini* a fait paraître sur les manuscrits du grand-duc de Florence, aux années 1764 et 1768, en deux volumes in-folio. Il faut encore y ajouter les Notices et les Extraits des manuscrits de la bibliothèque du roi, à Paris. 1787. ff. Jusqu'à présent, 2 Vol. in-4°.

I I.

Archéologie de la Littérature Romaine.

I. *Antiquités de la Littérature romaine dans sa naissance et ses progrès.*

86.

On n'a point de notices historiques bien certaines sur les premiers habitans de l'Italie. Les Romains d'une époque postérieure savaient peu de choses à cet égard, attendu qu'il ne restait plus de monumens de ces premiers tems, et que ceux qui antérieurement avaient pu être conservés à Rome, avaient été détruits lors de la prise et de l'incendie de cette ville. L'ignorance de leur origine donna lieu à nombre de fables à ce sujet; l'opinion la plus ordinaire les faisait venir des Troyens, dont une colonie s'était amalgamée avec les Aborigènes, qui étaient les plus anciens habitans de cette contrée.

87.

Par là il est facile de juger que l'origine ou l'introduction des *caractères latins* doit être très-incertaine et très-sujette aux disputes. Quelques auteurs attribuent aux Grecs, d'autres aux Pélasgiens, d'autres aux Phéniciens, et d'autres aux Étrusques, l'invention ou la communication de ces lettres. On la rapporte communément à *Évandre*. En effet, l'affinité et la ressemblance des plus anciens caractères phéniciens ou grecs avec les latins, est incontestable. Ce fut, selon toute apparence, par les colonies venues dans ce pays de plusieurs contrées-mères, que cette connaissance et le premier usage de l'écriture se répandirent en Italie, et c'est avec leurs lettres qu'on composa l'alphabet romain. Les Pélasques, sortis de la Thrace et de l'Arcadie, semblent appartenir à ces premières colonies. Après eux arrivèrent bientôt d'autres colonies grecques, qui se fixèrent dans la partie intérieure de l'Italie, et qui apportèrent avec eux leur religion, leur langue et leur écriture; ensuite vinrent les Gaulois et les Phéniciens. Au reste, si l'on en croit Quintilien (L. I. Ch. VII.), il n'existait d'abord qu'un petit nombre de lettres, et elles différaient, dans leur forme et leur signification, de celles dont on se servit postérieurement.

88.

Ceux des Grecs qui s'étaient fixés chez les Étrusques, dans l'Italie inférieure, mais qui par la suite s'étaient affranchis entièrement de leur domination, entretinrent toujours des relations et un commerce suivi avec les autres Grecs, et en conservèrent même la langue. Voilà pourquoi la contrée qu'ils habitaient fut nommée la *grande Grèce*. Ce pays n'était séparé de la Sicile que par un très-petit détroit; ce qui fit qu'ils eurent toujours beaucoup de rapports quant à la langue, aux sciences, aux mœurs et à la législation, avec les habitans de cette île. Ces contrées ayant joui des avantages d'une longue paix, n'ayant été que très-tard attaquées par les Romains, et leur union avec les véritables Grecs durant toujours, les arts et les sciences parvinrent chez eux à un état très-florissant. Nous nous bornons à citer ici la célèbre école de *Pythagore*, qui en avait pris le nom d'*italique*, ainsi que la secte *éléatique* à laquelle celle-ci donna naissance, et dont le fondateur fut *Xénophanes*. La grande Grèce, et surtout la Sicile, furent donc la patrie de quantité de grands hommes, renommés encore aujourd'hui par leurs talens, leurs lumières et leurs écrits; par exemple, d'*Archimède*, de *Diodore*, du poète *Théocrite*, de *Moschus* et *Bion*, de l'orateur *Lysias*, de *Gorgias*, et de plusieurs autres.

89.

Mais venons-en aux *Romains*, dont les antiquités et la littérature, dans ces premiers tems, doivent principalement nous occuper ici. Cette première et longue période, qui comprend tout le tems qui s'est écoulé depuis la fondation de Rome jusqu'à la fin de la première guerre punique, fut assez stérile par rapport aux sciences; au moins elle était bien loin d'être aussi abondante et aussi éclairée qu'on aurait dû s'y attendre dans une république qui, par des accroissemens rapides, devint si promptement florissante, et qui était environnée de toute part de voisins aussi civilisés et aussi instruits dans la littérature et les arts. Mais ce fut précisément cet esprit d'agrandissement et cet abus de puissance qui, étant l'unique but de leurs efforts intellectuels et politiques, les entraîna dans des guerres sans fin, et par-là même leur fit négliger la culture des sciences, filles de la paix et du loisir. Toute leur constitution, et par conséquent leur éducation même, ne tendaient qu'à cette fin. La résistance que Caton l'ancien opposa à la réception des philosophes grecs à Rome, en est une preuve évidente. De-là aussi le préjugé qui fit considérer tous les arts et toutes les connaissances, excepté celles qui étaient relatives à l'agriculture et à la tactique, comme funestes ou honteuses pour des hommes libres, et propres seulement aux esclaves.

90.

Cependant, il se trouva à Rome, même à cette époque, quelques faibles traces de lumières. On en juge par le soin que, peu après l'expulsion de Tarquin-le-Superbe, le jurisconsulte *Papirius* mit à faire une *collection de lois ;* et par l'ambassade députée à Athènes au commencement du quatrième siècle après la fondation de Rome, concernant la législation, dont le résultat fut les lois des douze tables; la conservation de l'histoire nationale dans des livres des pontifes qui étaient en partie écrits en vers, et que l'on chantait dans les jours solemnels; enfin, l'introduction, à la fin du quatrième siècle de la fondation de Rome, des spectacles étrusques, qui se bornaient à des chants, accompagnés de gesticulations.

91.

Aussi la *langue romaine* fut-elle abandonnée, pendant cette première période, à l'arbitraire; elle n'offrait qu'un mélange bizarre de tous les idiomes de cette foule d'étrangers qui formèrent la première population de Rome. Sans doute que la langue grecque influa considérablement sur la formation et la perfection de l'idiôme latin ; mais elle dut être encore plus grande aux premiers tems de la république, où l'on mit par écrit les lois des douze tables, et les hymnes des prêtres Saliens ; productions qui devinrent étrangères et inintelligibles aux Romains d'une époque postérieure, et qui l'étaient bien davantage dans l'âge d'or de leur littérature. On rencontre encore des restes de cet ancien langage dans les fragmens des plus anciens poètes romains, et dans les comédies de *Plaute*. Au surplus, ceux même des Romains qui s'adonnèrent à l'étude de la langue ne s'étant occupés que très-tard, c'est-à-dire, au commencement du sixième siècle après la fondation de Rome, de la fixation et de l'amélioration de leur idiôme, et les bons écrivains n'ayant donné que plus tard encore des exemples et des modèles de stile, la langue fut longtems sujette à des variations continuelles.

92.

Les anciens grammairiens ne s'accordent pas tout-à-fait sur la nature et le nombre des premiers *caractères* romains. *Marius Victorinus* compte les suivans : A, B, C, D, E, I, K, L, M, N, O, P, Q, R, S, T ; mais parmi ces caractères, le Q est certainement d'une origine postérieure. On s'en servait autrefois à la place du C, et on n'avait vraisemblablement dans l'origine qu'un très-petit nombre de lettres, et seulement les plus essentielles. Le V, pris comme consonne et comme voyelle, est aussi de nouvelle date. Dans le premier cas, on employait anciennement l'I et l'O ; dans le second du digamme éolien, l'F, dont on fit par la suite une lettre particulière : aussi l'H, G, X, Y et Z appartiennent aux lettres latines de date postérieure.

93.

L'*orthographe* ancienne différait d'autant plus de celle des tems plus récens, qu'elle s'éloignait beaucoup de la prononciation alors très-différente des tems postérieurs. Pour s'en faire une idée claire, il suffit de comparer, avec l'orthographe plus récente, l'original de ce qui nous reste d'un Sénatus-consulte, touchant les Bacchanales, qui est un des plus anciens monumens de l'écriture romaine, écrit vers l'an 566 de Rome. Le voici : NEVE. POSTHAC. INTER. SED. CONIOVRASE. NEVE. COMVOVISE. NEVE. CONSPONDISE. NEVE. CONPROMESISE. VELET. NEVE. QVISQVAM. FIDEM. INTER. SED. DEDISE. VELET. SACRA. IN. DQVOLTOD. NE. QVISQVAM. FECISE. VELET. NEVE. IN. POBLICOD. NEVE. IN. PREIVATOD. NEVE. EXTRAD. URBEM. SACRA. QVISQVAM. FECISE. VELET. C'est-à-dire : *Neve post hac inter se conjurasse, neve convovisse, neve conspondisse, neve compromisisse vellet, neve quisquam fidem inter se dedisse vellet, sacra in occulto ne quisquam facere vellet, neve in publico neve in privato neve, extra urbem sacra quisquam fecisse vellet.*

94.

Non-seulement dans ces anciens tems, mais même dans les tems postérieurs et déja florissans de leur littérature, les Romains n'écrivaient qu'en lettres majuscules. Les petits caractères romains, ainsi que les grecs, sont une invention plus récente des tachygraphes du moyen âge, ou au moins ce n'est qu'à cette époque qu'elles ont été en usage. Chez les Romains, lorsque les copistes écrivaient des discours prononcés, ou lorsqu'ils voulaient cotter quelque chose à la marge, se servaient d'abréviations (*notœ*) moyennant les lettres initiales où quelques unes des principales qui forment les mots, ou en désignant les syllabes les plus habituelles par des traits particuliers qui n'avaient aucun rapport aux lettres ordinaires Les signes de ce genre les plus remarquables qu'on rencontre dans plusieurs manuscrits latins, sont ceux dont l'invention est attribuée à *Tiron*, affranchi de Cicéron, et à *Annœus Seneca*, c'est de ce *Tiron* qu'on les a nommés *notœ tironianœ*. *Gruter* et *Carpentier* les ont rassemblés, et ont tâché de les expliquer. Il est même très-vraisemblable que nos petits caractères numériques doivent leur origine à ces traits, et ne sont point, comme on le prétend ordinairement, une invention des Arabes et des Sarrazins.

95.

Les *livres* des Romains, tant les anciens que ceux d'une époque postérieure, ressemblaient parfaitement, quant à la forme et à la matière sur laquelle ils étaient écrits, aux livres des Grecs, dont nous avons parlé aux paragraphes 40 et 44. Ces rouleaux se nommaient, chez les Romains, *volumina*; les feuillets qui les composaient, *paginæ*, du mot *pangere* (lier ensemble); les bâtons autour desquels on les roulait, *cylindri*; leurs boutons, *umbilici* ou *cornua*; leurs tranches, ou les deux côtés qui résultaient du roulement, *frontes*. Pour jeter ses premières idées pour les comptes et pour les lettres, on se servait ordinairement de tablettes enduites de cire (*tabulæ ceratæ, ceræ.*) Il y avait cependant aussi chez eux des livres faits et pliés comme les nôtres, en feuillets quarrés de vélin ou de papyrus, qu'on nommait *codices*. Quant aux *instrumens* dont on se servait pour écrire, on employait le burin (*stylus*), les roseaux (*calamus*), et plusieurs sortes de couleur ou d'encre. Quant aux autres accessoires dont on ornait le texte, tout était presque comme chez les Grecs.

96.

Lorsqu'enfin la soif des conquêtes qui dévorait les Romains, se fut assouvie, et qu'ils eurent subjugué toute l'Italie, ils commencèrent à s'appliquer davantage aux sciences et aux arts, et à leur faire un accueil plus favorable. Il existait alors en Italie et dans le voisinage de Rome trois nations chez lesquelles ils avaient déja trouvé, depuis longtems, une protection signalée ; savoir, les habitans de l'Étrurie, ceux de la grande Grèce, et ceux de la Sicile. Ces pays furent soumis aux Romains vers la fin du cinquième siècle de Rome, et dès-lors leurs conquérans commencèrent à avoir avec eux plus de relation. Un grand nombre de leurs poètes, de leurs orateurs et grammairiens passèrent à Rome, et inspirèrent enfin à cette ville guerrière l'amour du savoir et des lettres; mais l'effet total de cette influence fut encore retardé par la première guerre punique, qui commença l'an 489 de Rome, et finit à l'an 512.

97.

C'est à cette époque que la littérature romaine fit des progrès remarquables et rapides. Alors les Romains commencèrent à rechercher plus attentivement et à estimer la poésie, surtout la poésie dramatique, et à étudier avec plus de soin les principes de leur *langue.* Ils se familiarisèrent aussi avec la *philosophie* des Grecs. Ce qui y contribua beaucoup, ce fut le séjour que firent chez eux, vers l'an 598, trois philosophes grecs, *Carnéades, Diogène* et *Critolaus*, à l'occasion d'une ambassade; et malgré les efforts de Caton pour abréger leur séjour et empêcher qu'ils n'enseignassent leur doctrine, ils éveillèrent dans Rome le goût de la philosophie. On commença aussi à priser davantage l'*art oratoire*; on s'appliqua à discuter avec plus d'attention les faits historiques, et à en embellir le récit; enfin, on ne tarda pas à regarder l'étude de la *jurisprudence* comme un moyen favorable pour fonder le bonheur politique. Dans la suite, après la prise de Carthage, et surtout après l'asservissement de la Grèce, Rome jouit du repos le plus profond, avec tous les avantages qu'elle s'était procurés par ses conquêtes : de là le règne des sciences et des beaux-arts dans cette ville, et ce siècle brillant qu'on nomme l'*âge d'or* de la littérature romaine.

II. *Antiquités de la Littérature romaine depuis son époque la plus brillante jusqu'à sa décadence.*

98.

La *période* la plus brillante de la littérature romaine commence, comme on vient de dire, à la prise de Carthage, l'an de Rome 607, et continue jusqu'à la mort d'Auguste, leur premier empereur, l'an de Rome 766. Elle comprend, par conséquent, un espace de 159 ans. A cette époque, les progrès des Romains, dans les sciences et les arts, furent si grands et si remarquables, qu'ils ont excité la plus juste admiration de la postérité, et qu'ils leur ont mérité, parmi les peuples éclairés de l'antiquité, le premier rang après les Grecs. Il faut attribuer les causes de ce changement favorable à leur tranquillité intérieure, à la grandeur de leur empire, à leur habitude d'imiter les meilleurs modèles grecs, à plusieurs variations dans leur constitution politique, surtout par rapport aux arts et aux sciences, auxquels alors ils accordèrent non-seulement un accès et de la tolérance, mais encore la protection, la plus grande considération, et les encouragemens les plus flatteurs.

99.

C'est par là que l'esprit humain et les productions du génie arrivèrent à la plus grande perfection, que le stile s'enrichit, que la poésie prit des formes nouvelles et brillantes, surtout sous le règne d'Auguste. L'*art oratoire* s'ouvrit un champ plus vaste et occupa un rang supérieur ; *l'histoire* montra plus de dignité et d'intérêt ; la *philosophie* adopta presque dans toutes ses sectes les méthodes d'enseignement des Grecs ; elle reçut l'encouragement et l'accueil le plus distingué ; les *mathématiques*, qui jusques-là étaient presque bornées à l'arithmétique et la géométrie simple, acquirent plus d'étendue, de clarté et de perfection ; la *médecine* et la *jurisprudence*, plus de solidité et de justesse dans leur application. Tous ces progrès furent d'autant plus rapides et plus universels, que ces connaissances se répandirent dans toutes les conditions, et que les Romains des rangs les plus élevés, et même les gouvernans, s'occupaient des lettres, ou au moins mettaient leur gloire à les favoriser et à les encourager.

100.

Bientôt le progrès des lumières eut l'influence la plus marquée et la plus favorable sur l'*éducation* ; elle ne se borna plus uniquement au physique et à l'art de la guerre. Toutes les facultés de l'ame se développèrent chez les Romains comme chez les Grecs qui avaient été leurs premiers maîtres et leurs modèles. Communément la première instruction des Romains était dirigée par des instituteurs grecs, et la connaissance des arts et de la littérature grecque était leur principale étude : de là, dans les productions des Romains, cette imitation visible des

Grecs qu'ils ne copiaient cependant pas servilement, mais ils y mêlaient leur propre esprit et leur génie. A l'instar de leurs maîtres, les Romains eurent aussi leurs *combats* oratoires, poétiques et musicaux, leurs *lectures* publiques, leurs *lecteurs*, leurs *doctes banquets* ; et non plus que chez les Grecs, les sciences ne se bornaient point à des professions expresses. Les connaissances qu'on réputait convenables à tous les états, et dignes d'un homme bien né, bien instruit et bien élevé, s'appelaient par excellence : *artes liberales, studia humanitatis*.

101.

Il faut ajouter à ces études l'instruction que donnaient les *grammairiens* et les *rhéteurs*, qui se nommaient aussi *professores*, *litterati* et *litteratores*. Ceux-ci n'enseignaient pas seulement les élémens de la *langue romaine* et *grecque*, mais encore les principes de la *poésie* et de l'*art oratoire* dont ils analysaient et expliquaient les principaux ouvrages. Non-seulement les jeunes gens et les adolescens, mais même les hommes faits et instruits, assistaient à ces exercices. Outre cet encouragement, les instituteurs recevaient encore des récompenses et des avantages qui allaient quelquefois jusqu'à les faire revêtir des dignitésles plus brillantes de l'état. Le premier *grammairien* qui enseigna à Rome avec éclat, fut le grec *Crates* de *Mallos*. Dans la suite, *L. Plotius* devint un des plus célèbres de cette profession, et il fut le premier qui enseigna l'art oratoire en langue latine.

102.

Le nombre de ces grammairiens qui, dès l'origine de la monarchie, s'était tellement accru, que beaucoup furent obligés de quitter Rome et de se répandre dans l'Italie supérieure, donna lieu à l'établissement de quantité d'*écoles publiques* (*scholæ*, *ludi*, *pergulæ magistrales*); entr'autres l'*Athenæum*, qui cependant ne fut institué qu'à une époque postérieure par l'empereur Adrien. C'était le plus renommé de tous. Il consistait en un édifice considérable, destiné en partie à des lectures et à des déclamations publiques, et il se soutint sous le nom de *schola romana* jusqu'au tems des premiers empereurs chrétiens. Il y avait de plus un établissement de ce genre au *Capitole*. Outre cela, quelques temples, comme celui d'Apollon, formaient des salles d'assemblées. D'ailleurs, dans les *Gymnases*, on ne s'occupait pas seulement des exercices du corps, mais encore de ceux de l'esprit. La méthode d'enseignement, surtout relativement à la philosophie, ressemblait entièrement à celle des Grecs, dont nous avons parlé au paragraphe 60.

103.

Les *collections de livres* étaient aussi très-nombreuses à Rome. On cite comme la première bibliothèque particulière, celle que *Paul Émile* fonda l'an de Rome 585, immédiatement après la guerre de Macédoine ; mais à cette époque, elle ne pouvait être très-considérable. Il n'en est pas ainsi de la riche collection que *Sylla* apporta avec lui lors de la prise d'Athènes. Cependant, elle n'égalait pas la magnificence de la fameuse bibliothèque de *Lucullus*. Outre celles-ci, il existait encore plusieurs autres collections particulières très-renommées. La première *bibliothèque publique* fut fondée par *Asinius Pollion*, dans le péristile du temple de la Liberté; et une des plus célèbres fut celle qu'Auguste établit dans le superbe temple d'Apollon, sur le mont Palatin. En général, les bibliothèques formaient une des parties principales des édifices et des palais des Romains. On les plaçait ordinairement du côté de l'Orient; on les ornait de tableaux et de bustes des grands écrivains. On leur donnait pour conservateurs des grammairiens et des esclaves ou des affranchis grecs : par exemple, la bibliothèque d'Auguste était dirigée par *Pompée Macer*, *Hygin*, *Mélissus*, et autres.

104.

A ces divers établissemens littéraires, il faut ajouter les voyages, au moyen desquels non-seulement les gens de lettres de profession, mais encore les personnages les plus distingués par le rang et les dignités, multipliaient leurs connaissances et perfectionnaient leur goût. Alors l'éducation, ainsi que les lumières, ne furent plus circonscrites dans leurs foyers comme auparavant; les Romains commencèrent de jour en jour à apprécier les avantages et le mérite des étrangers, et à en tirer parti. Voilà pourquoi ils se rendaient à Athènes, qui était le siège des lumières de la Grèce. Ils allaient aussi à *Lacédémone, Rhode, Eleusine, Alexandrie, Mytilène,* etc. *Cicéron*, entr'autres, *Salluste, Vitruve, Virgile; Properce*, etc., firent de ces voyages intéressans.

105.

Cependant, la littérature romaine commença, dès la dernière moitié du premier siècle après la naissance de J. C., à décheoir d'une manière très-sensible de ce haut faîte de gloire et de perfection. Cette décadence, par un concours de plusieurs causes, devint plus rapide que ne l'avaient été ses acroissemens et ses progrès. Il en faut regarder comme les principales, la perte de la liberté et l'empire du despotisme. Le peu d'encouragement

gement qu'après Auguste les empereurs donnèrent aux lettres. Le luxe allant toujours en augmentant, et la dépravation des mœurs qu'il entraîna à sa suite, tarit les sources les plus abondantes des lumières, et paralysa chez les Romains ces ressorts puissans qui, dans l'époque de leur véritable énergie, avaient tant contribué à donner à l'esprit public cet élan qui alors ne pouvait plus se concilier avec la subversion totale du régime républicain et la manière généreuse de penser, de sentir et d'agir des premiers tems. Avec la république se corrompit et se perdit insensiblement le vrai goût et le sentiment du beau; on commença à n'estimer qu'une vaine parure et des beautés factices et de convention; la nature fut remplacée par un art affecté; la saine philosophie, par les subtilités oiseuses des sophistes, jusqu'à ce qu'enfin les irruptions des barbares et les troubles toujours croissans dans l'intérieur, les dissentions religieuses, nées du conflit des dogmes du christianisme et de ses différentes sectes avec les superstitions du paganisme; le partage de l'empire et la translation du siège impérial à Constan-

H

tinople, produisirent, en éteignant les lumières, la décadence totale qu'avaient préparée tant de causes réunies. (*Voy*. l'Histoire de la décadence des mœurs et de la constitution des Romains, par M. *Meiners*. Leipsic. 1782. in-8°. ('en allemand.)

III. *Restes et monumens de la Littérature romaine.*

106.

Pris en général, les restes encore existans de la littérature romaine sont plus nombreux que ceux de la littérature grecque, et leur importance, ainsi que leur utilité, ne le cèdent guères aux premiers. On retire le plus grand fruit des *inscriptions* et des *monnaies romaines* pour l'explication de l'histoire, des antiquités, de la chronologie, de la géographie, etc.; et les *manuscrits* offrent des ressources immenses pour la philologie, la critique, et tout ce qui a rapport au goût et aux connaissances scientifiques. Les observations que nous avons faites ci-dessus, sur ce qui concerne les monumens et les écrits des Grecs (paragraphe 37 et suivans), peuvent s'appliquer à ceux des Romains, sur lesquels nous donnerons ici quelques détails, en nous référant toujours à ces mêmes observations générales.

1.) *Inscriptions.*

107.

L'usage des Grecs, de conserver la mémoire des évènemens mémorables par de courtes inscriptions sur la pierre ou l'airain, et d'en orner les temples, les tombeaux, les statues et les autels, existait chez les Romains, et il nous reste encore une foule de ces inscriptions antiques qui ont été recueillies et expliquées par quantité de savans. L'ouvrage le plus étendu et le plus complet en ce genre, est :

Jani Gruteri Inscriptiones Antiquæ totius Orbis Romani, notis *Marquardi Gudii* emendata, cura *Jo. G. Grævii.* Amstel. 1707. fol.

Outre cette collection, les ouvrages les plus marquans sur cet objet, sont :

J. P. Donii Inscriptiones Antiquæ, nunc primum

editæ notisque illustratæ et XXVII. Indicibus auctæ, ab *Ant. Franc. Gorio.* Florent. 1731. fol.

Inscriptiones Antiquæ in urbibus Hetruriæ c. obss. *Salvinii et Gorii.* Flor. 1743. 3 vol. fol.

L. A. Muratori Novus Thesaurus veterum Inscriptionum in præcipuis earundem collectionibus hactenus prætermissarum. Mediol. 1739. — 42. 4. vol. fol.

Ad novum Thesaurum veterum inscriptionum Cl. Viri *L. A. Muratorii*, supplementa, à *Seb. Donato*, Luccæ. 1764. fol.

Il y faut encore rapporter :

J. C. Hagenbuchii Epistolæ Epigraphicæ — in quibus plurimæ antiquæ inscriptiones græcæ et latinæ. imprimis Thesauri Muratoriani emendantur et explicantur. Tiguri. 1747. in-4°.

Parmi les recueils moins considérables, les principaux et les plus instructifs sont:

Guil. Fleetwood Inscriptionum antiquarum Sylloge. Lond. 1691. in-8°.

Romanarum Inscriptionum Fasciculus, cum explicatione notarum, in usum inventutis. (aut. Comite *Polcastro*.) Patav. 1775. in-4°.

108.

Pour ce qui concerne les inscriptions romaines, dont quelques-unes appartiennent aux plus anciens monumens de leur ancienne langue, et à leur première écriture, il faut beaucoup de connaissances pour pouvoir juger de leur contenu; il faut surtout être très-versé dans la science des abréviations, dont ils faisaient alors un usage fréquent, et qui consistaient, soit en lettres détachées, avec lesquelles ils exprimaient des prénoms ou des formules sacrées, soit dans la position des principales lettres d'un mot et l'omission des autres; soit en monogrammes, par la contraction de plusieurs lettres en une seule figure; soit par la prolongation d'une voyelle finale, en ne faisant qu'un trait de deux voyelles égales; soit enfin par le retranchement de quelques lettres dans le milieu d'un mot, etc. Les livres qui traitent de cette matière sont :

Sertorii Vrsati de Notis Romanorum Commentarius, Pataw. 1672. fol. — Voyez aussi dans *Grævii* Thes. Ant. Rom. t. XI. p. 508. — Joh. Nic. Dissert. de Siglis veterum Lugd. Bat. 1706. in-4°.

109.

Les inscriptions romaines étant bien plus communes que les grecques, il ne sera point inutile d'en citer ici quelques-unes, dont nous donnerons en même tems la signification :

A. AN. Aulus, Annus, Aedilis — A. L. F. Animo Lubens Fecit — A. P. Aedilitia Potestate — A. S. S. A. Sacris Scriniis. — AN. V. P. M. Annos Vixit Plus Minus. — AVSP. S. Auspicante Sacrum.

B. D. D. Bonis Deabus — BB. Bene Bene, i. e. Optime — B. D. S. M. Bene De Se Merenti — B. G. P. Biga Gratis Posita.

C. Caius, Ciuis, Cohors, Coniux — C. C. S. Curatum Communi Sumtu. — C. F. Caii Filius, Carissima Femina. — C. R. Curauit Refici. — C. V. P. V. D. D. Communi Voluntate Publice Votum Dedicarunt CVNC. Coniux.

D. Decuria, Domo. D. D. Dono Dedit, Dedicavit. — D. L. Dedit Liberis. — D. M. V. Dis Manibus Votum. — D. S. P. F. C. De Sua Pecunia Faciendum Curavit. — DP. Depositus.

E. Ergo, Erexit, Expressum. — E. C. Erigendum Curavit. — E. F. Egregia Femina. — E. M. V. Egregiæ Memoriæ Virgo. — E. S.

E. Suo. — EX. PR. Ex Præcepto. — EX. TT. SS. Ex Testamentis Suprascriptorum.

F. Flamen, Filius, Filia, Fecit. — F. H. F. Fieri Haeredes Fecerunt. — F. I. Fieri Iussit. — F. V. S. Fecit Voto Suscepto. — FR. D. Frumenti Dandi.

H. Haeres, Habet, Honorem.—H. A. F. C. Hanc Aram Faciendam Curavit. — H. Q. Hic Quiescit.—H. I. I. Haeredes Iussu Illorum.— H. S. E. Hic Situs Est.

I. Imperatori. — I. L. F. Illius Liberta Fecit. — I. L. H. Ius Liberorum Habens.— I. O. M. D. Iovi Optimo Maximo Dedicatum. — I. H. L. S. In Hac Lege Scriptum. — INH. In Honorem.

K. Caius. Candidatus, Calendæ, Casa.

L. Legio, Lustrum.— L. A. Libenti Animo. — L. C. Locus Concessus. — L. H. L. D. Locus Hic Liber Datus. — LP. Locus Publicus. — L. S. M. C. Locum Sibi Monumento Cepit. — LEG. Legatus.

M. Magister, Mater, Monumentum. — M. A. G. S. Memor Animo Grato Solvit.— MM. Memoriæ. — MIL. IN. COH. Militavit In Cohorte.

N. Nepos, Natione, Natus, Numero. — N. P. C. Nomine Proprio Curavit.

O. D. S. M. Optime De Se Merito. — O. H. S. S. Ossa Hic Sita Sunt. — OB. AN. Obiit Anno.

P. Patria, Pater, Pontifex, Puer, Posuit. — P. C. Ponendum Curavit, Patrono Corporis, Patrono Coloniarum. — P. E. Publice Erexerunt. — P. I. S. Publica Impensa Sepultus. — P. S. P. Q. P. Pro Se Proque Patria. — PR. SEN. Pro Sententia.

Q. Quintus, Quæstori, Qui. — Q. A. Quæstor Aedilis. — Q. V. Qui. Vixit. — Q. D. S. S. Qui Dederunt Supra Scripta. — Q. F. Quod Factum. — Q. V. A. Qui Vixit Annos.

R. Recta, Retro. — R. G. C. Rei Gerundæ Caussa.

S. Solvit. Sepulcrum, Stipendiorum. — S. C. Senatusconsulto. — S. C. D. S. Sibi Curavit De Suo. — S. E. T. L. Sit Ei Terra Leuis. — S. L. M. Solvit Libens Merito. — S. P. Q. S. Sibi Posterisque Suis. — SVB. A. D. Sub Ascia Dedicavit. — S. S. Suo Sumtu.

T. Titus, Tribunus, Tunc. — T. C. Testamenti Caussa. — T. F. Testamento Fecit,

Titulum Fecit. — T. P. Titulum Posuit. — TR. PL. DESS. Tribuni Plebis. Designati.

V. Vixit, Veteranus. — V. A. F. Vivus Aram Fecit. — V. C. Vivus Curauit, Vir Consularis. — V. DD. Voto Dedicatum. — V. F. F. Vivus Fieri Fecit. — V. M. S. Voto Merito Suscepto. — V. E. Vir Egregius. — V. S. I. F. Voto Suscepto Iussit Fieri.

X. ER. Decimæ Erogator. — XV. VIR. SAC. FAC. Quindecimvir Sacris Faciundis.

110.

Outre les nombreux avantages que l'on vient de citer, et qu'on peut retirer des inscriptions romaines, cette étude met encore à portée de pouvoir composer sur leur modèle les inscriptions qu'on veut écrire sur des monumens modernes dans le goût antique; comme aussi de se former au *stile lapidaire* qui se distingue principalement par la brièveté, la simplicité et une certaine combinaison peu périodique des mots. Souvent même, dans ces sortes de compositions, on préfère la langue romaine aux langues modernes, soit à cause de son laconisme, soit par d'autres qualités qui la rendent plus propre à la forme de ces monumens, dont l'ensemble et les ornemens accessoires sont modelés sur l'antique. Il est superflu de dire qu'alors il faut aussi conserver les lettres majuscules. Un traité très-utile pour l'étude des inscriptions romaines, est :

F. A. Zaccaria Istituzione Antiquario-lapidariæ, sia Introduzzione allo studio delle antiche latine Iscrizioni. Roma. 1770. in-4°.

III.

Le nombre presqu'infini d'*inscriptions* romaines qu'on a tirées des décombres de l'antiquité, diffèrent, à la vérité, beaucoup entr'elles, quant à leur importance et leur utilité. On sent aisément qu'à cet égard, les inscriptions publiques sont de beaucoup préférables aux particulières et aux épitaphes que l'on rencontre fréquemment. Quant à leur mérite en philologie, on considère surtout leur antiquité. Les inscriptions de ce genre sont :

1.) L'inscription au piédestal de la *columna rostrata*, qui fut érigée en l'honneur du consul *Duilius*, après la victoire navale qu'il remporta l'an de Rome 494, sur les Carthaginois. (Cf. *Flor.* Hist. Rom. II. 2. *Tacitus.* Annal. II. 2.) A l'époque de la seconde guerre punique, cette colonne fut renversée par la foudre; elle resta longtems ensevelie sous les décombres, jusqu'à ce qu'enfin elle fut retrouvée et relevée l'an 1565, avec son piédestal, où se lit l'inscription dont nous parlons. Cette inscription a été publiée et expliquée par plusieurs savans. Comme elle est très-mutilée et presque réduite au tiers, *Lipsius* a cherché à en remplir en partie les lacunes; ce que *Ciacconi* a fait en entier. Il serait possible que cette inscription ne fût pas totalement l'ancienne, mais seulement restaurée et changée par les écrivains du siècle qui en font mention. (*Voy. Ciacconii* in Column. Rostralæ inscriptionem a se conjectura suppletam Explicatio. Rom. 1608. 8. Et dans *Grævii* Thes. Ant. Rom. t. IV. p. 1810. — *Gruteri* Corp. Inscript. CCCCIV. 1.) On la trouve aussi dans les éditions de *Flore*, par *Grævius* et *Ducker*.

2.) Le *Senatus consultum de Bacchana-*

libus, rédigé l'an 566 de Rome, et dont Tite-Live rapporte l'occasion et le contenu, L. XXXIX ch. 8—18. Par certains passages de cet auteur sur cet édit, l'originalité de ce monument se trouve confirmée. Il est gravé sur une table de bronze qu'on découvrit en 1640 à Tirioli, dans la province d'Abruzzo, en creusant les fondemens d'une maison seigneuriale, et il contient la prohibition de la célébration nocturne des mystères de Bacchus dans toute la domination romaine. La table où sont quelques fractures et quelques lacunes, a à-peu-près un pied quarré, et se trouve aujourd'hui dans la collection impériale de Vienne (*Voy. Scti* de Bacchanalibus Explicatio, auctore *Matheo Aegyptio* (*Egizio.*) Neap. 1729. fol. — Cette dissertation a été réimprimée dans le huitième volume de l'édition de Tite-Live, par *Drachenborch* ; et on lit le *Senatus consultum* même dans l'édition de cet auteur, par *Gesner* et *Ernesti*.)

3.) Une inscription plus ancienne encore, mais moins célèbre, est celle sur *L. Scipion*, fils de *Scipion Barbatus*. Elle n'a été écrite qu'une année après la colonne de Duilius, et elle a été trouvée il y a à-peu-près trois cents ans. (*Voy. Grævii* Thes. Ant. Rom. T. IV. p. 1835., et son édition de *Flore*.)

4.) Ce que l'on appelle *Monumentum Ancyranum*, sur lequel sont tracés les faits de l'empereur Auguste ; une table de marbre, que *Busbeck* découvrit l'an 1553. (*Voy. Gruteri* Thes. Inscript. CCXX. — *Chishulli* Ant. Asiat. p. 156, et l'édition de *Suétone* faite par *Burmann*. — *J. G. Baieri* Marmoris Ancyrani Historia. Jen. 1703. in-4°., et les Remarques sur le monument d'Ancyre, dans la Biblioth. Choisie. t. VIII. p. 327.)

5.) Les *Fasti Capitolini*, ou des fragmens de tables anciennement placées au Capitole, sur lesquelles étaient écrits les noms des consuls romains et d'autres magistrats, d'après lesquelles on peut rectifier la chronologie romaine. (*Voy*. Fasti Magistratuum Romanorum a. u. c. ad tempora Vespasiani. Aug. A *Pighio*, suppletis *Capitolinis* Fragmentis restituti. in *Pighii* Annalibus Romanis. Antw. 1615. fol. Et en *Grævii* Thes. Antt. Rom. t. XI. p. 173.)

2.) *Écriture sur Monnaies.*

112.

Sans entrer ici dans une histoire complette de la *Numismatique romaine*, nous nous bornons à observer que les premières monnaies à Rome ont vraisemblablement été frappées sous le roi *Servius Tullius*; que ces anciennes monnaies étaient pour la plupart d'airain ou de cuivre; que celles d'argent ne furent introduites que l'an 484 de Rome, et celles d'or en 546. Outre les monnaies qui avaient cours, on avait aussi beaucoup de médailles et pièces mémoratives (*missilia*, *nummismata maximi moduli*), qu'on distingue des autres en ce que les lettres S. C., qui se trouvent ordinairement sur toutes les monnaies romaines, surtout sur celles de cuivre, n'y sont pas. Quant aux monnaies romaines d'or et d'argent, où ces lettres ne se trouvent que rarement, elles ne semblent pas tant indiquer la permission donnée par le sénat de les frapper, que la permission d'ériger les statues ou les arcs de triomphe figurés sur le revers de ces médailles. Les deux divisions principales des monnaies romaines sont en *monnaies consulaires*, frappées du tems de la liberté, et en *monnaies des empereurs*. Souvent aussi les premières s'appellent *monnaies des familles romaines*. La série des dernières comprend depuis les médailles de *Jules César* jusqu'à l'empereur *Héraclius*.

113.

Les *caractères* qu'on trouve sur les monnaies romaines forment ou ce qu'on nomme la *légende* ou l'*inscription*. Ils sont sur le côté principal; souvent aux deux côtés, ou avec plus d'étendue sur le revers. Le contenu de la légende est ordinairement une indication de la dignité ou de la personne dont l'image est empreinte sur la face principale; souvent aussi l'abrégé de ses exploits et de ses mérites, qui en même tems forment le sujet de l'inscription, est sur le revers; quelquefois l'époque où la monnaie a été frappée y est marquée, soit par des mots entiers ou avec des lettres, ou seulement des chiffres. On y lit aussi le nom des villes où elles ont été frappées, de même que celui de l'artiste et l'indication de leur prix, surtout sur les monnaies consulaires. Pour lire comme il faut et comprendre toutes ces sortes d'écritures, il est nécessaire de se familiariser avec les abréviations qui leur sont propres. On trouve un traité succint sur cette matière dans *J. C. Rasche* Lexicon Abruptionum quæ nummismatibus Romanorum occurrunt. Norimb. 1777. in-8°.

114.

Ainsi que pour les monnaies grecques, il faut beaucoup d'attention et de circonspection, relativement aux monnaies romaines, pour pouvoir distinguer les bonnes des apocryphes, qui sont en très-grand nombre et de différentes espèces. Plusieurs que l'on donne pour antiques ont été frappées dans les tems modernes avec l'ancien costume; d'autres ont été parfaitement imitées et frappées d'après le coin d'anciennes monnaies, parmi lesquelles il faut surtout compter celles que l'on appelle *paduane*, si renommées et si estimées à cause de leur superbe empreinte;

empreinte; d'autres ont été calquées et fondues d'après des monnaies antiques; on les distingue par une plus grande dureté du ton et par des traces de la fonte. D'autres forment des compositions de deux monnaies antiques, pour obtenir des pièces rares et uniques : alors, par un examen attentif de leur bord, on découvre quelquefois la fraude. D'autres sont véritablement antiques, mais changées dans leur empreinte; quelquefois les lacunes et inégalités produites par le ratissage du métal, sont artificieusement remplies par une matière étrangère. Ces altérations et changemens concernent souvent l'écriture des monnaies aussi bien que l'empreinte proprement dite. (*Voy.* la manière de discerner les vraies médailles antiques de celles qui sont contrefaites, par M. *Beauvais*. Par. 1759. in-4°.)

115.

Les monnaies qui nous sont restées des Romains, appartenant aux plus anciens monumens de leur écriture, il faut observer à cet égard tout ce que nous avons dit en général, au paragraphe 93, de la première orthographe des Romains. Il est à remarquer que ce ne sont point des fautes, mais des manières d'écrire d'alors, lorsqu'on rencontre, par exemple, sur des monnaies anciennes des différences avec l'orthographe nouvelle, comme celles-ci : V au lieu de B, dans le mot Danvvivs; O au lieu de V, dans Volcanus, Divos; EE au lieu de E, dans Feelix, ou II au lieu de I, dans Viirtvs; S et M. supprimées à la fin des mots : par exemple, Albinu, Captu; XS au lieu de X, dans Maxsumus ; F au lieu de PH, dans Triumtus, et autres.

116.

Outre les ouvrages cités au paragraphe 75, lesquels, ou donnent une connaissance élémentaire des monnaies antiques, ou en contiennent des figures et des explications, nous citerons encore ici les suivans, qui se bornent principalement aux monnaies romaines :

Introduction à l'histoire par la connaissance des médailles, par *Charles Patin*. Par. 1665. in-12.

Histoire des Médailles, ou Introduction à la connaissance de cette science, par *Charles Patin*. Par. 1695. in-12.

Fulv. Ursini Familiæ Romanæ in antiquis nummis ; matibus, ab urbe condita ad tempora Divi Augusti ; ed. *Charles Patin*. Par. 1663. fol.

J. Foy-Vaillant Nummi antiqui Familiarum Romanorum. Amst. 1703. 12 vol. fol.

Ejusdem Numismata Imperat. Romanor. præstantiora, ed. *Baldino*. Rom. 1743. 3 vol. in-4°.

Thesaurus *Morellianus* s. Familiarum Romanarum Numismata omnia — c. comm. *Sigeb. Havercampii*. Amst. 1734. 2 vol. fol.

Ans. Bandurii Numismata Imperatorum Romanorum a Trajano Decio ad Palæologos Augustos. Par. 1718. 2 vol. fol.

Car. Patini Romanor. Numismata. Argentor. 1671 fol.

Jo. Jac. Gesneri Numismata Antiqua Imperatorum Romanorum latina et græca. Tiguri. 1748. fol.

117.

Les collections les plus considérables où l'on conserve aujourd'hui des monnaies antiques, sont : à *Paris*, la bibliothèque nationale et celle de l'église de Ste-Geneviève ; à *Rome*, le Vatican, et la collection de la reine de Suède, Christine, (maintenant au duc de Bracciano) ; à *Londres*, le Muséum Britannique ; la collection impériale de *Vienne* ; celle du roi, à *Berlin* ; les collections des ducs de Gotha et de Wirtemberg; la bibliothèque royale à *Copenhague*, et autres. On possède des catalogues considérables et précieux de plusieurs de ces collections publiques de monnaies. On peut voir aussi ce qui les concerne dans le *Dictionnaire des Artistes*, publié par *Meusel*.

3.) *Manuscrits.*

118.

Ce que nous avons dit au paragraphe 76 et dans les suivans, du prix intrinsèque, du mérite de l'antiquité, de la conservation, connaissance et application des manuscrits grecs, a lieu aussi par rapport aux monnaies romaines : ainsi, il est inutile de le rappeler ici. On sait que les ouvrages de beaucoup d'écrivains latins, tant de l'époque la plus florissante de la littérature romaine, que d'une époque postérieure du moyen âge, se sont conservés et sont parvenus jusqu'à nous, moyennant les copies qui en ont été faites. Aussi ces manuscrits ne sont pas tous contemporains; au moins les classiques, ainsi que les manuscrits grecs, ne remontent guères qu'au sixième siècle après la naissance de J. C.; on regarde avec raison, comme les plus anciens, ceux dont l'écriture se rapproche le plus des caractères qu'on trouve sur les monnaies et les inscriptions. Cependant, cette écriture n'est pas tout-à-fait décisive, parce que dans les tems postérieurs on s'attachait presque davantage à figurer servilement les monnaies romaines qu'à les copier. (*Voy*. la Dissertation de *Gatterer*, sur la méthode de déterminer l'âge des manuscrits, an VIIIme. Vol. des Commentaires de la société de Göttingue.

119.

Il faut rapporter à une origine postérieure la petite écriture romaine, la ponctuation, et la contraction des diphtongues; attendu qu'anciennement on écrivait *ae*, *oe*, non pas *æ*, *œ*, et que l'on marquait l'*y* avec un ou deux points. On écrivait, à la fin du douzième siècle, l'*i* sans point; après, il prit l'accent suivant *ì*, jusqu'à ce que cet accent se changea en point dans le quinzième siècle. De la petite écriture romaine naquirent les écritures *gothique* et *lombarde*, telles que celles des Francs et des Anglo-Saxons, en altérant leurs traits (dont la connaissance est surtout importante pour la diplomatique); car la plupart de ces peuples apprirent à écrire en Italie. C'est de cet âge que sont la majeure partie des plus anciens manuscrits latins qui nous restent. Aux neuvième et dixième siècles, on mettait plus de soin à la beauté et à la pureté des traits d'écriture; dans le onzième siècle, on introduisit des lettres plus grosses et plus d'abréviations, qui se multiplièrent encore dans la suite, et qui, par l'allongement des lettres et leur surcharge de traits accessoires et oiseux, défigurèrent de plus en plus l'écriture. On trouvera des échantillons de l'écriture des manuscrits latins, d'après les changemens des différens âges, chez : *Mabillon* de re diplomatica, pag. 345-373. (*Voy.* aussi *Waltheri* Lexicon Diplomaticum, cum speciminibus Alphabethorum et Scripturarum. Götting. 1745. 3 vol. in-fol.)

120.

Depuis le rétablissement des sciences, qui fut facilité et produit par la découverte et la connaissance plus générale des manuscrits classiques, on a soigneusement recueilli, comparé, décrit et publié ces manuscrits. C'est ainsi que *Pétrarque* avait jadis compulsé, dans ce dessein, plus de deux cents bibliothèques, et par là propagé rapidement la connaissance de la littérature romaine, d'abord en Italie, et ensuite dans plusieurs autres contrées. Nous avons la même obligation à *Gasparini, Poggius, Beatus Rhenanus, Aloysius Mocœnicus, Grynœus, Sichard* et autres. Sans doute il existe encore beaucoup de trésors enfouis de ce genre, surtout dans les manuscrits du moyen âge, qui, au moins pour le style, sont très-importans pour l'histoire, la critique et la littérature. — Les mêmes bibliothèques que nous avons citées au paragraphe 84, comme les dépôts les plus riches en manuscrits grecs, contiennent une collection encore plus considérable de manuscrits latins, et celles dont on a imprimé les catalogues (*voy.* paragraphe 85) donnent aussi des notices de ces manuscrits.

121.

Pour ce qui concerne les manuscrits en langue latine, les plus anciens que nous ayons sont : l'*Évangile de Saint Marc*, dans l'eglise patriarchale de Venise : il remonte très-haut, mais il n'est point (comme on le prétend) écrit par l'évangéliste lui-même, et se réduit à quelques feuillets; le *Virgile de Florence*, ou le *Codex Medicæus*, que *Foggini* a fait imprimer exactement d'après le manuscrit in-4°., l'an 1741, à Rome; le *Virgile* de la bibliothèque du Vatican, que *Bottari* a fait paraître tout gravé l'an 1741, et qui semble appartenir au 5me siècle; le *Térence* du Vatican, écrit en lettres quarrées, et enrichi d'un grand nombre de masques antiques, imprimé à Urbino. 1736. fol. et à Rome 1767. fol.; le manuscrit florentin des *Pandectes*, dont *Brenckman* a donné la description détaillée dans son Historia Pandectarum, 1722 in-4°. — On trouvera beaucoup de lumières sur les manuscrits dans l'Introduction pour des Bibliothécaires et Archivistes, par *J. G. Schellhorn*. Ulm. 1788. Chap. IV. p. 187 et suiv. (en allemand.)

SECONDE PARTIE.

ARCHÉOLOGIE
DE
L'ART.

Observations préliminaires sur l'Art, sur l'histoire de l'Art, et sur ce qui concerne les Antiques.

122.

On se sert du terme d'*art*, tantôt *subjectivement*, tantôt *objectivement*. On entend par là la faculté ou l'habileté de produire, au moyen de l'exercice, un objet d'après certaines règles et dans certaines vues; quelquefois le mot *art* désigne l'ensemble de ces règles ou principes relatifs à l'exécution, qui tendent à obtenir un but æsthétique, et à produire un objet. On met en opposition l'*art* et la *nature* ; et alors on entend par *nature*, tous les objets imités, et par *art*, la facilité d'imiter ces objets. On distingue la *science* de l'*art*, et l'on désigne par la première, la connaissance et la possession de tout ce que l'art fait et enseigne.

123.

Ordinairement, on divise les arts en *arts mécaniques* et en *beaux-arts*. On appelle *arts mécaniques* ceux qui se bornent à produire et à modifier les objets qui appartiennent aux besoins et aux commodités de la vie commune. De ce genre sont toutes les professions et métiers. Les *beaux-arts* sont ceux qui ont pour but principal le *plaisir*, quoique souvent l'*utilité* y entre aussi, tantôt comme accessoire, et tantôt comme but en dernière analyse. Tels sont ceux qui s'occupent à imiter et à représenter la perfection physique, et dont l'effet se rapporte à l'imagination et au sentiment ; savoir, la *musique*, la *danse*, la *représentation théâtrale*, la *peinture*, la *gravure au burin*, la *gravure en pierres*, la *sculpture* et l'*architecture*. Cette dernière comprend encore l'art de faire des jardins, ou l'*hortolage*.

124.

Tous ces beaux-arts, il est vrai, agissent sur les sens et sur l'imagination; mais tous n'opèrent pas de la même manière et par les mêmes moyens. Ceux d'entr'eux qui frappent par une représentation sensuelle et une figure qui imite les objets physiques, s'appellent *arts plastiques* (*bildende Künste.*) Ici se rapportent tous les arts dont nous venons de parler, si l'on en excepte la *musique*, l'*art de la danse* et l'*art mimique*, ou la *représentation théâtrale*. Ces différens arts ont bien des manières d'imiter et de figurer les objets; ils le font, soit en bosse-ronde, soit seulement en bosse-demi-ronde (*bas-relief*), ou en creux sur un plan. Il faut regarder le *dessin* comme la bâse et le fondement de tous ces arts, parce qu'en général ils s'occupent à imiter les formes et les figures, ainsi que les effets des objets visibles, qui se distinguent ou par leur régularité, ou par une grâce naïve, ou par une certaine force morale qui se joint à ces deux qualités, et qui par cela même les rend plus dignes de l'imitation de l'artiste.

Voilà pourquoi on les a appelés les *arts du dessin*.

125.

L'impression que produisent ces formes ne se borne pas, comme nous venons de le dire, aux sens; souvent l'art emploie cette représentation physique comme un moyen d'exprimer des idées et des conceptions transcendantes et purement morales. On y parvient en partie par l'expression de l'ame dans les gestes et les attitudes, et en partie par les compositions qu'on nomme *symboliques* ou *allégoriques*. Sous ce rapport, les arts plastiques acquièrent beaucoup d'élévation, et s'étendent au-delà de leurs limites ordinaires. La clarté, la justesse de l'application, la chaleur, la grâce, la noblesse, la convenance, la concinnité, sont les qualités principales que ce genre exige.

126.

Pour produire et apprécier ces sortes d'ouvrages, on demande, tant à l'artiste qu'au connaisseur, le *goût de l'art*. Cette qualité ne consiste que dans un sentiment vif et exquis de la beauté et de la concinnité, devenu habituel par une longue étude et un fréquent exercice, ou l'application constante des règles; il suppose, par conséquent, une *heureuse organisation*, en même tems qu'il exige l'*habitude de juger* avec sûreté, précision et justesse. Sentiment du beau, délicatesse pour le goûter, justesse pour le juger, voilà les principales qualités que l'artiste doit unir au *génie*, et cultiver à la fois.

127.

Celui-là seul mérite le titre de *connaisseur*, qui sait examiner, juger et apprécier les arts selon leur véritable mérite, qui peut en rendre compte et raisonner sur les différens degrés de leur excellence. On exige par conséquent, dans un connaisseur, des lumières non-seulement superficielles et empruntées, mais solides et profondes, sur la *nature* et l'*essence* des arts; il doit en posséder les *règles mécaniques* et *œsthétiques*, être versé dans leur *histoire*, et en connaître les *meilleurs ouvrages* de tout genre. Quant au simple *amateur*, il n'a besoin que d'un *sentiment sain* pour recevoir les *impressions* que l'art fait sur lui, et juger d'après elles du mérite de ses productious.

128.

L'étude de l'*histoire des arts* est d'une grande utilité, tant pour l'*artiste* que pour le *connaisseur*; elle nous apprend la première naissance de l'art chez les nations de la plus haute antiquité, leurs progrès et leur perfection chez les Grecs, les Étrusques et les Romains; leur décadence avec celle de ces nations; leur abandon dans le moyen âge; leur rétablissement et leur gloire dans les tems modernes. Cette même perfection rend l'étude des beaux-arts et leur histoire utiles et nécessaires à tous ceux qui s'occupent de la littérature et de ses connaissances fécondes en résultats pour la vie commune. On trouve par-tout occasion d'appliquer ces lumières, et de profiter des jouissances que procure l'instruction, et des avantages qu'elle nous offre.

129.

Quand nous nous bornons à ne considérer des arts plastiques que ceux qui nous restent de l'antiquité, nous les comprenons ordinairement sous la dénomination d'*Antique*, quoique par ce terme, auquel on joint ordinairement l'idée accessoire de *perfection classique*, on désigne le plus souvent les anciens ouvrages de l'art qui datent des meilleures époques chez les anciens. On admire surtout dans ces productions la beauté des formes, la vérité et l'exacte représentation de la figure humaine, et principalement des têtes ; la dignité, l'énergie et la chaleur de l'expression, unie aux grâces les plus touchantes. En général, les artistes de l'antiquité travaillaient moins immédiatement d'après la nature réelle que d'après l'idéal, c'est-à-dire, d'après le type de la nature embellie. Sous ce rapport, l'étude assidue de l'Antique est nécessaire et très-instructive à l'artiste, ainsi qu'au connaisseur. Elle l'est surtout lorsqu'elle est jointe à la science des *Antiquités*, et préparée par la connaissance accessoire, mais indispensable, des langues anciennes, de l'histoire, de la mythologie, et de tout ce qui concerne l'antiquité en général.

130.

La plupart des ouvrages qui nous restent de l'antiquité consistent au moins, jusqu'à ce jour, en monumens qui dans l'origine étaient destinés à nous conserver la mémoire de personnages, de faits et d'évènemens célèbres, ou qui au moins peuvent nous servir à cette fin. Les connaissances accessoires indiquées ci-dessus sont de toute nécessité pour pouvoir juger de ces productions selon leur juste point de vue, pour en comprendre la signification, et en sentir pleinement les beautés. Il faut y ajouter l'histoire de l'art, de ses différentes périodes, des changemens que ces ouvrages ont éprouvés, de la manière de concevoir et du faire des anciens artistes. Toute cette étude n'en deviendra que plus avantageuse et plus féconde encore, si on s'occupe en même tems des beautés æsthétiques, soit comme représentation parfaite des objets, soit comme agissant sur le goût et sur le sentiment.

131.

C'est à cette instruction élémentaire des objets les plus généraux et les plus remarquables de l'art, que se borne notre plan, et voilà le but de cet *Abrégé d'Archéologie*. Nous n'y traiterons que des arts *plastiques*, à l'exclusion de l'art du graveur au burin et du jardiniste, attendu que le premier de ces arts était entièrement inconnu aux anciens, et que le dernier n'a été mis au rang des beaux-arts que par les artistes et théoriciens modernes. Nous donnerons sur chacun de ces arts, savoir : la *sculpture*, la *gravure en pierres*, la *peinture* et l'*architecture*, un tableau où nous exposerons succinctement ce qu'ils ont été, surtout chez les Grecs et les Romains, en faisant connaître les principaux artistes de chaque âge et en indiquant les ouvrages marquans, même sous le rapport mécanique et æsthétique ; enfin, en y joignant, sur ce qui concerne l'*antiquité*, les observations les plus remarquables, pour en faciliter l'intelligence.

1.) *Sculpture.*

132.

Le mot de *sculpture* s'étend beaucoup plus loin que ne le porte l'étymologie de sa dénomination, c'est-à-dire qu'il comprend l'imitation d'objets visibles, figurés non-seulement en matières dures, avec le ciseau ou le burin, mais encore en matières molles par la pression, et en métaux par le moyen de la fonte. Pour parler avec plus de précision, on n'appelle proprement *sculpture* (*glyptice, sculptura*) que la première manière; la seconde se nomme *formation* (*plastice, figlina*); et la troisième, *fonderie* (*toreutice, statuaria.*) La dénomination la plus convenable pour embrasser toutes ces espèces de sculpture, serait le mot *Bildnerey* (*figuration*) (1), qui comprendrait même l'art de la *gravure*. Les productions de cet art se forment, ou d'après la première idée, figurée par la na-

―――――――

(1) Ancien mot allemand qu'on retrouve dans la version de la Bible, par *Luther*. I. 2. Paralipom. III. 10.

ture en *bosse ronde*, de manière que les objets puissent être vus de tous les côtés (περιφανῆ), ou bien ces objets ne sortent que d'un côté hors de la superficie du plan (πρόστυπα, αναγλυφα.) Ces premières figures s'appellent *statues*, et ces dernières *bas-reliefs*, ou ouvrages en *demi-bosse-ronde*.

133.

Sans répéter ce que nous avons dit dans notre introduction de la naissance des arts en général et de ce qui y a donné lieu, nous nous contenterons d'observer ici que *l'origine de la sculpture* se perd dans les tems les plus reculés, et qu'il faut la placer, selon toute apparence, après l'architecture, qui alors encore n'était que mécanique, et qui est le plus ancien de tous; car, quoique le *dessin* forme aussi la base et le soutien de cette dernière, il est vraisemblable cependant qu'elle naquit plus tard que la sculpture, parce qu'il fallait une plus grande abstraction d'esprit et plus de méditation pour tracer sur un plan un contour qui n'y existe pas d'une manière fixe, que pour figurer les formes telles qu'elles se présentent aux yeux. Le hasard, peut-être même un jeu de la nature, qui quelquefois offree des figures dans les arbres, les pierres, etc., pouvait conduire les hommes à l'invention de la sculpture, qui vraisemblablement commença par imiter la figure humaine.

154.

Nous n'avons aucune notion historique et certaine concernant les circonstances précises de son origine. On ne peut donc indiquer, avec quelque fondement, ni l'inventeur de cet art, ni la nation chez laquelle il naquit, ni le premier ouvrage qu'il produisit. On peut cependant conjecturer, par la marche ordinaire de l'entendement humain, et d'après l'histoire des autres inventions, que la sculpture, comme les autres arts, a été du plus facile au plus difficile, et que par conséquent elle aura d'abord employé de préférence des matières molles, comme l'argile et d'autres terres, avant de travailler les plus dures, telles que le bois, la pierre et les métaux. Au reste, l'origine de cet art remonte aux tems les plus reculés, comme on le voit par différens passages de la Bible ; par exemple,

Genèse. XXXI. 19. 30. *Deuteronome.* XXIX. 16. 17.

135.

Les premiers ouvrages de sculpture étaient sans doute *très-grossiers* et *très-imparfaits*, parce que les artistes d'alors ne devaient avoir ni dessin, ni connaissance de la main-d'œuvre, et qu'ils manquaient d'instrumens nécessaires. Aussi voyons-nous, dans l'histoire de l'art, que les figures les plus anciennes de dieux et d'hommes étaient des simples colonnes ou des blocs, dont par la suite on se contentait d'arrondir l'extrémité en guise de tête. De ce genre était l'ancienne image de *Cybèle*, transportée de Phrygie à Rome. Peu à peu, on commença à indiquer aussi d'autres parties principales de la figure humaine, surtout les bras et les jambes, par des lignes, puis à les séparer; cependant, on ne marquait encore aucune attitude ou action, si ce n'est d'une manière gauche, ridicule et forcée. Ce premier progrès, que les Grecs attribuèrent à Dédale, lui mérita la réputation fabuleuse d'avoir donné la vie à ses figures.

136.

Avant de suivre les autres progrès de la sculpture chez les anciens, il ne sera pas hors de propos d'examiner quelques circonstances relatives au *matériel de l'art* et des différentes méthodes dont les anciens faisaient usage. Ils employaient à cet art bien des matières différentes. Comme nous l'avons déja dit, les matières les plus ductiles semblent avoir servi les premières pour figurer en *bosse* des images. Peut-être même la sculpture sera-t-elle née d'abord de la profession vulgaire du *potier de terre* (*ars figulina*), à laquelle on a pu parvenir en enduisant des vases de cuisine de limon et de terre, et les durcissant au feu. L'*argile*, le *plâtre* et la *cire* étaient les principales matières molles qu'on employait, non-seulement dans les premiers tems de l'art, mais même dans leur époque la plus florissante, chez les Grecs, les Étrusques et les Romains, soit pour faire des statues entières, des bustes, des bas-reliefs, ou bien des modèles (κινναβοὶ, προτυποὶ) dont les artistes se servaient comme de types, pour exécuter ensuite leurs ouvrages avec une matière plus dure.

137.

Parmi les matières dures dont se servait la sculpture, le *bois*, l'*ivoire*, le *marbre* et le *bronze* étaient les principales. A ce qu'il paraît, on préféra d'abord le bois, comme plus facile à travailler, pour faire des figures plus ou moins grandes, des meubles et des décorations de toute espèce. Dans le choix du bois, on avait égard à sa solidité, à sa durée et à sa couleur. On prenait de préférence l'*ébène*, le *cyprès* et le *cèdre*. On employait cependant aussi le *citronier*, l'*acanthe*, l'*érable*, le *buis*, le *peuplier* et le *chêne*, et même un bois plus commun encore. Quelquefois ce choix, comme dans la suite celui du marbre blanc ou noir, était déterminé par une convenance relative à la divinité même qu'on voulait représenter. Par exemple, il était d'usage de choisir, pour figurer Pluton et les autres divinités des enfers, le marbre noir ou l'ébène.

138.

Les plus célèbres sculpteurs anciens employaient très-souvent l'*ivoire*, à cause de sa blancheur et de son poli, non-seulement pour de petites statues, mais même pour des figures colossales, qu'on faisait plus d'une fois en ivoire et en or. Telle était la statue la plus célèbre de l'antiquité, celle du *Jupiter Olympien* de *Phidias*. On faisait aussi en ivoire des bas-reliefs et quantité de meubles, exécutés en entier avec cette matière ou conjointement avec une autre qu'on y entremêlait. Les artistes se servaient rarement du tour, mais seulement du ciseau, et ils travaillaient librement à la main. Dans les grandes statues, la partie intérieure ou le noyau était d'un bois sec et compacte, autour duquel on appliquait des plaques d'ivoire taillées en pentagones. Peu d'ouvrages de ce genre nous ont été conservés, parce que l'ivoire se calcine promptement dans la terre et se détruit. (*Voyez* la dissertation de M. *Heyne*, sur l'ivoire des anciens et les figures faites de cette matière, dans la Nouvelle Bibliothèque des Beaux-Arts. Vol. XV.)

139.

Le *marbre* était une des matières les plus nobles et le plus ordinairement employées dans la sculpture antique. Il y en avait de différentes sortes, tant pour la couleur que pour la solidité et l'éclat. Les plus célèbres espèces étaient les marbres *parien*, *penthelien*, *alabandien*, *lydien*, le *porphyre*, l'*onychite*, etc. On se servait du *basalte* et du *granit* pour les ouvrages de l'art surtout en Égypte. Le marbre n'était pas toujours poli par l'artiste ; cela avait lieu très-rarement, et seulement pour les statues majeures de la seconde époque, et faites dans le grand stile de l'art grec. Souvent aussi ces dernières étaient composées de plusieurs parties, comme la célèbre *Minerve* de Phidias. Quelquefois même, après qu'elles étaient achevées, on couvrait les statues d'un vernis transparent, pour en augmenter le poli, et les défendre des injures de l'air. Le mastic avec lequel on joignait les différens morceaux de marbre, s'appelait chez les Grecs λιθοκόλλα. (*Voy. Blasii Caryophili* de antiquis marmoribus opusculum, Vindebonæ,

1738. in-4°.; et sur les dénominations actuelles des différentes sortes de marbres antiques et les autres objets qui y sont relatifs, les Lettres d'Italie, par M. *Ferber.* Prague. 1783. 8. Lettre XVI. p. 248. seqq. (en allemand.)

140.

L'*airain* ou le *bronze* qu'on employait pour les statues grecques, consistait en un mélange de plusieurs métaux, dans des rapports donnés, et qui n'étaient pas toujours les mêmes. Le métal dominant était le cuivre; on en mêlait ordinairement cent livres avec un huitième de plomb ou d'étain. Dans le mélange, on regardait quelquefois à la convenance de l'objet qu'on voulait figurer, et à son costume. Les meilleures espèces d'airain étaient celles de *Délos* et d'*Égine*. Une des plus nobles était le *Orichalkon*, surtout la production naturelle de ce nom, qui nous est maintenant inconnue. Nous ne savons guères la manière dont on traitait le bronze dans la fonte, et comment on exécutait ces espèces de travaux, qui ne se bornaient pas à la fonte, mais qu'on perfectionnaît encore au ciseau. Plusieurs statues d'airain étaient d'une grandeur démesurée et colossale, quoique les descriptions à cet égard tiennent quelquefois du fabuleux. On peut citer en exemple le célèbre *colosse* représentant le *dieu du soleil*, qui était placé à l'entrée du port de *Rhodes:* les écrivains anciens lui donnaient cent cinquante pieds de haut. Quelquefois on dorait les statues d'airain, soit en entier, soit en partie, et ordinairement on les revêtait d'un léger vernis, pour les préserver contre l'air et la rouille. Quelquefois aussi les anciens faisaient des statues entières avec les plus riches métaux, tels que l'*or* et l'*argent:* l'intérieur en était vide, comme dans celles de bronze.

141.

Quant à la *grandeur*, le *costume* et les *attitudes*, les statues offraient plusieurs divisions, et avaient plusieurs dénominations. Les plus grandes se nommaient *colosses*, ou *figures colossales;* elles surpassaient de beaucoup la mesure ordinaire de l'homme. Après celles-ci venaient les statues des *dieux* et des *héros*, qui allaient de six à huit pieds ; ensuite celles de grandeur ordinaire (ἀγάλματα εἰκονικὰ, ἰσομέτρητα, *statuæ iconicæ*) ; et enfin les plus petites, moins grandes que nature, qui, lorsqu'elles étaient très-petites, se nommaient *sigilla*. Ces dernières étaient ordinairement d'*airain*, de *bois* ou d'*ivoire*. — A l'égard du *vêtement*, celles avec le costume grec s'appelaient chez les Romains *statuæ palliatæ ;* avec le costume romain, *togatæ ;* avec le costume guerrier, *paludatæ, chlamydatæ, loricatæ;* et celles qui étaient voilées, *velatæ*. Quant à l'*attitude*, elles offraient encore plus de variété. Il y en avait de droites, de couchées, d'assises ; d'autres en repos, et d'autres en action, etc. On distingue encore les statues *simples* des *composées* ou des *groupes*. Lorsque ces dernières étaient entrelacées, comme par exemple les athlètes, les anciens les nommaient *symplegmata*.

142.

Outre les statues, les anciens faisaient souvent ce qu'ils appelaient des *bustes*, qui se nommaient chez les Grecs Προτομαι; et chez les Romains, *imagines*, quelquefois *thoraces*. On les érigeait pour éterniser la mémoire des dieux, des héros, des philosophes et autres hommes de mérite, sur les places publiques, dans les théâtres, prytanées, gymnases, galleries, bibliothèques, etc.; ils variaient en grandeur, ainsi que les statues entières; mais on ne s'en servait que pour représenter des personnes qui n'étaient plus. C'est ainsi qu'à Rome les Patriciens avaient dans leurs salles, souvent même en cire, les portraits de leurs ancêtres. La forme de ces bustes différait en ce qu'on n'exécutait quelquefois qu'une partie des épaules, quelquefois toute la poitrine, et quelquefois seulement la tête. On ajoutait des attributs aux *piédestaux*. On figurait encore ces bustes en bas-relief sur des boucliers, et on les appelait alors *imagines clypeatæ*.

143.

Il y avait une espèce particulière de bustes qu'on nommait *hermes*, dont on ne faisait que la tête ou la poitrine, ou tout au plus la tête et le *thorax*, la partie supérieure du corps. Le reste de la statue formait une espèce de colonne quarrée ou terminée en pointe, qui tenait lieu de piédestal. On leur donnait le nom de *Hermes*, ou à cause de ces piédestaux quarrés (au moins *Suidas* explique les mots ἑρμαῖος λιθος par τετραγονος), ou à cause du dieu *Hermes* (*Mercure*), dont les images sont le plus ordinairement dans ce genre, quoique les *Hermes* ne représentaient point exclusivement cette divinité. En Grèce et à Rome, on les mettait sur les chemins, sur les grandes routes, dans les jardins, et souvent même devant les portes des temples et des maisons. Quelquefois on représentait aussi de cette manière des figures d'hommes; surtout celles des dieux des jardins et des champs, parce que les Romains s'en servaient comme de bornes; et par cette raison, on le nommait *termini* ou *termites*. On y ajoutait, en outre, les attributs de ces Dieux; quelquefois des inscriptions, dont cependant quelques-unes de celles qui nous restent passent pour être apocriphes. Très-rarement ces statues sont costumées. La tête et le piédestal n'étaient pas toujours de la même matière;

quelquefois on joignait deux têtes ensemble. Telles étaient les *Hermathœnæ*, qui avaient la tête de *Minerve* avec celle de *Mercure*; les *Hemeraclæ*, qui offraient la tête de *Mercure* et d'*Hercule*; les *Herinœrotæ*, et autres. (*Voyez* : Essai de la connaissance des Bustes, par M. *Gurlitt*. Magdeb. 1800. (en allemand.)

144.

Les anciens faisaient aussi un grand nombre de *bas-reliefs*, ou de *sculptures en demi-bosse-ronde* (ἔκτυπα, πρόστυπα, ἀνάγλυφα.) Ces ouvrages tiennent, en quelque sorte, le milieu entre la *sculpture* et la *peinture*, en ce qu'ils ont pour base un plan dont, moyennant le ciseau ou la fonte, sortent à demi des figures, et souvent même plus qu'à demi. La matière la plus ordinaire de ces ouvrages était le *marbre* et l'*airain* ; les Étrusques y employaient quelquefois aussi l'*argile* durci au feu. Les sujets en étaient tirés de la mythologie, de l'histoire, de l'allégorie, et souvent de l'imagination ou du caprice de l'artiste. La destination en était très-variée ; on les disposait le plus souvent sur des tables isolées; on en mettait sur des boucliers, des casques, des trépieds; sur des autels, des vases destinés à boire ou d'autres usages ; sur des tombeaux, des urnes, des lampes funéraires, des sarcophages, des colonnes, des arcs de triomphe. En général, ils servaient d'accessoires et d'embellissemens aux édifices, et on en ornait leurs frontons. Il faut bien de la circonspection pour en expliquer les sujets; cela demande beaucoup de lumières secondaires dans la littérature et dans l'histoire de l'art. La difficulté vient de ce qu'on trouve quelquefois ces ouvrages de l'art morcelés, de manière qu'une figure principale a été faite avec une figure accessoire, ou quelquefois même d'une tête ou d'un torse réunis.

145.

Aux différens genres de sculpture chez les anciens appartient encore ce qu'on nomme la *mosaïque* (*opus musivum, tesselatum, vermiculatum*), qui dans l'antiquité était singulièrement en usage, et portée au plus haut degré de perfection. Ce travail consistait

en

en figures artistement encadrées, et composées de plusieurs lames ou morceaux de diverses couleurs, d'argile, de verre, de marbre, et même de pierres précieuses et de perles, dont on avait coutume d'orner les parquets ou les murs. On en faisait aussi des encadremens isolés en formes de tableaux. Ces morceaux sont quelquefois si minces, que l'on en compte jusqu'à cent cinquante dans l'espace d'un pouce quarré. Cette sorte de travail était très en vogue sous l'empereur Claude. Un des auteurs les plus célèbres en ce genre était *Sosus*. (*Voy. Jo. Ciampini* Vetera Monumenta in quibus præcipue Opera *Musiva* illustrantur. Rom. 1690-99. 2 Vol. fol. — *Furietti* Liber de Musivis. Rom. 1752. in-4°. — *Gurlitt*, sur la Mosaïque. Magdebourg. 1798. in-4°. (en allemand.) — Mémoire sur la Mosaïque, lu à l'Institut le 15 Vendémiaire, par le Cit. *Gibelin*. Décade Philosoph. an X. N°. 3.)

146.

Parmi les ouvrages anciens de *sculpture*, quelques-uns offrent des *inscriptions* qui contiennent le nom de l'artiste ou des personnes et des objets qu'ils représentent. Ainsi, par exemple, on voit sous la statue de l'*Hercule Farnèse* les mots : ΓΛΥΚωΝ ΑΘΗΝΑΙΟC ΕΠΟΙΕΙ; et sous le *Gladiateur* de la villa *Borghèse*, ΑΓΑCΙΑC ΔΟCΙΛΕΟΥ ΕΦΕCΙΟC ΕΠΟΙΕΙ, sur une statue romaine de l'*Espérance :* Q. AQVILIVS. DIONYSIVS. ET. FAUSTINA. SPEM. RESTITVERVNT. Cependant, comme ces inscriptions ne sont pas toujours avérées, mais souvent d'une origine apocriphe, douteuse et moderne, il faut, en les jugeant, employer non-seulement la critique antiquaire en général, mais encore examiner les diverses circonstances, le costume, le tems, l'âge, le caractère, et y appliquer d'autres connaissances historiques, chronologiques et mythologiques. On trouvera un exemple de cette critique dans le *Laocoon* de Lessing, page 274 et suivantes (1)

---

(1) Ouvrage du plus grand mérite, dont la lecture et la méditation assidue est indispensable à tous ceux qui étudient les arts et la littérature, et dont l'existence est demeurée presque quarante ans ignorée en France. Le Cit. *Vanderbourg* vient enfin d'en donner une excellente traduction.

147.

Quoique, comme il a déja été dit ci-dessus, nous ayons peu de notions historiques sur *l'origine* de la sculpture, on s'accorde cependant à croire que les *Égyptiens* cultivèrent cet art de très-bonne heure. Quelques anciens auteurs leur en attribuèrent même l'invention. Ils exécutèrent assez heureusement la partie mécanique de la sculpture. Cependant, toute leur manière de voir et de sentir, le goût qui dominait chez eux, peut-être même la modification particulière de leur gouvernement, et surtout l'austérité de leurs dogmes religieux, opposaient les obstacles les plus puissans à sa perfection. Voilà pourquoi on rencontre, tant dans leur dessin que dans tout le reste de leur faire, une uniformité et une sécheresse qui sort tout-à-fait de l'imitation de la nature. Comme le culte des animaux dominait en Egypte, les figures qui les représentent, dont leur *Memnon* est la plus connue, se trouvent fréquemment très-bien exécutées par leurs artistes. — (*Voyez* Ricerche sopra la Scultura presso gli Egiziani, di *Giambatista Brocchi*. Venez. 1792. in-4º.)

148.

Dans l'histoire de l'art chez les Égyptiens, il faut distinguer le *stile ancien* de celui qui est *moderne*. Celui-là se trouve dans leurs premiers ouvrages de sculpture, jusqu'à la conquête de l'Égypte par Cambyse, 524 ans avant la naissance de J. C. Il faut y comprendre encore les ouvrages du tems suivant, lorsque cette nation tomba sous la domination des Perses et des Grecs. L'uniformité et la roideur de ce stile frappe et choque davantage dans leurs anciens ouvrages; mais leurs sculptures, même des tems postérieurs, manquent de beauté et de grace, soit dans le nud, soit dans les draperies et les costumes. Indépendamment de ceux-ci, il existe encore différens ouvrages dans le goût égyptien, qui n'appartiennent pas à cette nation, mais qui ont été exécutés à Rome par les Grecs, dans un âge postérieur, surtout sous l'empereur *Adrien*. Au reste, une grande exactitude et un fini précieux distinguent la plupart des monumens de l'art chez les Égyptiens. La plus grande partie de ceux qui nous restent est de *granit* et de *basalte*.

149.

Chez les autres peuples les plus anciens du Midi et de l'Orient, la *sculpture* reçut un accueil bien moins favorable, et nous connaissons plus leur habileté à cet égard par les notions que l'histoire nous a conservées, que par les monumens qui nous en restent. La sculpture sans doute était en honneur chez les *Hébreux*, mais en général davantage comme un art accessoire à l'architecture ; son emploi dans la construction du temple de Salomon, dont la plupart des artistes étaient Phéniciens, nous en offre une preuve ; mais de ces mêmes *Phéniciens*, dont le commerce et les richesses alimentaient les arts, ainsi que des *Perses* et des *Parthes* qui se distinguaient par une grande civilisation, il ne nous est resté aucune statue originale. Ajoutez que chez eux la représentation des figures nues était contre leurs idées reçues de décence. Leurs autres monumens qui nous sont parvenus ne nous laissent que des regrets sur ceux que nous avons perdus.

150.

Les peuples les plus intéressans pour l'histoire de l'art, ce sont les *Étruriens* ou les *Étrusques* qui, dans les tems les plus reculés de l'antiquité, habitaient la partie supérieure de l'Italie, et chez lesquels la *sculpture* fut cultivée de très-bonne heure. Selon toute vraisemblance, son origine était chez eux indigène, et ne leur avait pas été communiquée ou introduite par les Égyptiens; quoique la connaissance qu'ils firent avec eux et avec les Grecs, dans les tems postérieurs, puisse avoir beaucoup contribué à leur faire prendre plus d'essor, et à favoriser les progrès qu'ils y firent. On peut distinguer chez eux *cinq époques*, dont la *première* comprend les ouvrages d'un tems où l'art était encore grossier et imparfait; la *seconde*, les ouvrages de sculpture dans le stile grec et pélasgien; la *troisième*, les compositions où l'on aperçoit le goût grec et égyptien; la *quatrième*, les productions qui montrent un plus haut degré de culture, mais qui s'occupent encore des anciennes fables grecques; et la *cinquième*, qui porte le caractère de la plus haute perfection de l'art, d'après les modèles des Grecs et de leur mythologie épurée. (*Voy.* l'Essai pour déterminer plus exactement les classes et les époques des ouvrages de l'art chez les Étrusques, par M. *Heyne*, dans la nouvelle Bibliothèque des Beaux-arts. Vol. XIX. — L'ouvrage le plus instructif sur ce peuple célèbre, sur sa langue et ses connaissances dans les arts, c'est le Saggio di Lingua Etrusca e di altre antiche d'Italia, per servire alla storia dei popoli, delle lingue, e delle belle arti (da *L. Lanzi.*) Roma 1789. 3 vol. in-8°. — *Voy.* aussi les Lettres sur les monumens étrusques dans les *Propylées* I. 1. p. 166. (en allemand), par M. *Gœthe*.

151.

Il nous est resté des Égyptiens des monumens très-considérables, quoique leur ressemblance avec les sculptures des Grecs nous rende souvent leur origine très-douteuse. Outre une infinité de statues tant grandes que petites, en bronze et en marbre, il existe encore beaucoup de bas-reliefs, mais surtout une quantité de vases et d'ustensiles étrusques, surtout de la Campanie qui, à cause de la beauté et l'élégance de leurs formes, ainsi que des peintures qui les accompagnent, sont très-importantes pour l'art. Plusieurs savans et amateurs se sont fait beaucoup d'honneur en rassemblant et en faisant graver et décrire ces monumens. La plus belle collection en ce genre est celle que le ministre d'Angleterre à Naples, *Guillaume Hamilton*, a publiée avec le chevalier d'*Hancarville* : A Collection of Etruscian, Greek and Roman Antiquities etc. Naples. 1766-75. 4 Vol. fol. max. — Une collection plus récente encore, est le Recueil de gravures des vases antiques tirées du cabinet de M. le chevalier *Hamilton*, gravées par *Tischbein* (1). Naples 1793. 4 Vol. fol. max.

---

(1) C'est le même artiste qui vient de donner au public la collection précieuse des *Monumens Homériques*, d'après les dessins des sujets que les anciens artistes ont puisé dans *Homère*, enrichie d'explications de M. *Heyne*, à Göttingue, dont il paraît à présent

(On fait maintenant des copies de ces vases à Weimar, accompagnées des observations archéologiques très-instructives de M. *Bœttiger*, dont depuis 1793 il a paru trois cahiers.) — Outre cela, il faut aussi citer *A. F. Gorii* Musæum Etruscum. Flor. 1737. 2 Vol. fol.; et *Jo. Bapt. Passerti* Picturæ Etruscorum in vasculis, etc. Rom. 1667-75. 3 Vol. fol. max. — Deux artistes anglais, *Wedgwood* et *Bentley*, ont très-heureusement copié, dans les dernières années, un grand nombre de ces vases étrusques et quelques vases grecs en terre cuite, parmi lesquels celui nommé le *Barberin*, et dont actuellement le duc de *Portland* est possesseur, est un des plus mémorables. (Voy. *Wedgwood's* Description of the Portland vase. Lond. 1790. in-4°.: — et Dissertation sur le vase Barberini, à présent Portland, par M. le comte de *Veltheim*. Helmstadt. 1791. 8. (en allemand.)

---

une traduction faite par le Cit. *Villers*, chez *Collignon* à Metz. et dont on trouve une analyse détaillée au N°. 24 du Moniteur de l'an X.   *C. F. Cr.*

152.

C'est sans contredit aux *Grecs* qu'appartient le premier rang dans l'histoire de l'art parmi les anciens. Ils reçurent sans doute les premières idées de sculpture des autres peuples, et plus particulièrement des Égyptiens que des Phéniciens ; peut-être aussi de ces deux nations ensemble. Au reste, l'opinion que les Grecs en furent redevables aux Egyptiens, s'accorde avec tout leur système de mythologie, qui est la source principale de l'art, et avec la manière même dont ils exécutaient leurs plus anciens ouvrages. Mais ensuite ils l'emportèrent de beaucoup sur toutes les autres nations. Pour porter la sculpture à sa perfection, y avait en Grèce la réunion de plusieurs avantages ; telle que l'influence bienfaisante d'un ciel pur et serein sur toute leur éducation physique et morale, l'excellence de leur constitution civile, la forme de leur gouvernement, la grande considération dont jouissaient chez eux les artistes, les récompenses qui animaient leurs travaux, et l'usage fréquent et multiplié qu'ils faisaient de la sculpture, sans parler du concours des autres arts, ainsi que des lettres, qui fleurissaient dans cette contrée.

153.

Le véritable *tems de la naissance* de cet art parmi les Grecs ne saurait se déterminer exactement, non plus que le nom de l'artiste qui l'introduisit le premier chez eux. Cependant, quelques-uns regardent *Dibutades*, d'autres *Rhœcus* et *Théodore*, comme les inventeurs de la *plastique*. On nomme aussi *Dédale*, qui vivait trois siècles avant la guerre de Troye, comme un des premiers créateurs de la sculpture chez les Grecs. Il est hors de doute qu'on s'appliqua à cet art de très-bonne heure, et que dès le tems de la guerre de Troyes, ou au moins dès celui d'Homère, il avait atteint à un assez grand degré de perfection. On pourrait citer en preuve la description du bouclier d'Achille dans l'*Iliade*, si, selon les conjectures de quelques philologues, ce morceau n'avait été intercalé dans l'*Iliade* par ceux qui, dans des tems postérieurs, ont rédigé et co-ordonné en corps de poëme les différentes rapsodies de cet ancien troubadour de l'Ionie. Au reste, les premiers essais, même chez les Grecs, ont dû se ressentir de la barbarie des anciens tems, et être encore éloignée de la perfection. (*Voy*. le parag. 135.)

154.

Pour déterminer historiquement les progrès de cet art et les changemens qu'il a éprouvés chez les Grecs, par rapport à son caractère, et pour faire connaître en même tems les plus célèbres Antiques en ce genre, on a adopté quatre différentes périodes, dont la *première* comprend l'époque du *plus ancien stile*, et qui va jusqu'à *Phidias*, lequel vivait à-peu-près quatre cent cinquante ans avant la naissance de J. C.; la *seconde*, à partir de cet artiste jusqu'au tems d'Alexandre le Grand (trois cent cinquante ans avant J. C.), qui est celle du *stile grand* et *élevé*; la *troisième*, et la plus florissante époque du stile grec, ou celle du *beau stile*, commence à *Praxitèle*, et va jusqu'à la naissance de la monarchie romaine; enfin, la *quatrième* comprend les productions de l'art sous les empereurs romains, c'est-à-dire, le tems de sa *décadence*. Il y a cependant trop de vague et d'arbitraire dans cette division. En effet, la recension principale qui sert de donnée à ces époques de l'art, n'est ni assez juste, ni assez décisive. (*Voyez* les dissertations de *Heyne* sur les époques données par *Pline*, dans sa Collection d'Articles sur l'art de l'antiquaire, cahier I. p. 165; et les éclaircissemens et additions à l'Histoire de l'art, par M. *Winkelmann*, du même auteur, qui sont dans les écrits allemands de la société de Göttingue. Vol. I. p. 207.

155.

Le *caractère* du premier âge de la sculpture grecque était au commencement l'imperfection même, et le manque de grâce dans le dessin et l'exécution dont il a été parlé ci-dessus. Dans la suite, on fit entrer plus de vérité et de justesse dans les contours; mais il y resta néanmoins toujours une certaine dureté, contraire à la beauté et à l'expression. Nous avons plusieurs monumens qui passent pour être de cette époque, et quelques-uns avec fondement; mais il est difficile de distinguer parmi les ouvrages de tel ou tel artiste médiocre, celui qui a pu vivre plus tard et même dans la meilleure époque. *Smilus*, *Dipœnus*, *Agélades*, *Dionyse d'Argos* et *Mys*, sont les sculpteurs les plus connus de cette première époque.

156.

Avec la prospérité et les accroissemens des divers états de la Grèce, les différens arts, et surtout celui de la *sculpture*, devinrent aussi de plus en plus florissans. Parmi les moyens qui en favorisèrent et accélérèrent les progrès, on met aussi les *écoles de l'art* qui furent établies à *Sicyon*, à *Corinthe* et à *Egine*, pour former les jeunes artistes, soit dans la *sculpture*, soit dans la *peinture*. La première de ces écoles était la plus célèbre et la plus ancienne : on dit qu'elle fut instituée par *Dipœnus* et *Scyllis*. C'est d'elle que sortirent *Aristocle* et d'autres sculpteurs et peintres qui, par la suite, se firent de la réputation. *Corinthe*, par sa situation favorable, devint de très-bonne heure une des plus puissantes villes : *Cléanthe* est un

de ses plus anciens artistes. L'école d'*Égine*
était aussi très-ancienne; quoiqu'on ne soit
pas d'accord sur la vérité de son existence,
au moins sa manière était renommée dans
toute la Grèce. En général, l'état florissant
de ces villes donna, au moyen du commerce
et de la navigation, occasion de fonder ces
d'écoles.

157.

Voilà pourquoi la sculpture grecque atteignit, dès la *seconde époque*, c'est-à-dire depuis *Phidias* jusqu'à *Praxitèle*, ou jusqu'au tems d'*Alexandre*, à un bien plus haut degré de perfection que chez tous les autres peuples. Le caractère de cette époque était l'*élévation*, la *dignité* et la *grandeur dans les formes*; mais elle retenait cependant encore des tems précédens je ne sais quoi de dur et de roide dans ses contours, et montrait une servitude trop exacte et trop rigoureuse dans les proportions. L'expression des gestes et des attitudes avait plus de force, d'élévation et de vérité que d'intérêt et de charmes. *Phidias* fut le premier et le principal sculpteur de cette époque; sa *Mi-*

nerve et son *Jupiter Olympien* sont au rang des ouvrages les plus illustres de l'antiquité, quoiqu'ils ne nous soient connus que par l'éloge unanime qu'en ont fait plusieurs écrivains. Après lui, *Alcamene*, *Agoracritus*, *Polyclete*, *Myron* et *Scopas*, sont les artistes les plus célèbres en ce genre. Le dernier, cependant, appartient davantage à l'époque suivante.

158.

La sculpture grecque arriva au plus haut degré de sa perfection, conjointement avec la littérature et les autres arts, vers le tems d'Alexandre le Grand ; on nomme cette époque celle du *beau stile*, où l'on joignit aux autres qualités, c'est-à-dire à la justesse et à la noblesse de l'expression, cette *grâce* qui résultait d'un dessin plus spirituel et plus moëlleux, ainsi qu'une heureuse aménité dans les gestes, les attitudes et l'action. Au demeurant, il faut distinguer la grâce majestueuse de l'art, qui alors se signala surtout dans les images des dieux, de celle qui se borne à nous intéresser, et celle-ci de l'autre, qui appartient à un genre inférieur;

savoir,

savoir, la *grâce naïve* et *plaisante*. *Praxitèle*, *Lysippe*, *Chares* et *Laches*, furent les plus célèbres sculpteurs de cette époque.

159.

Mais peu à peu l'art déchut de ce haut degré de perfection, et finit par une décadence totale. Les principales causes en furent le luxe excessif, la corruption des mœurs et celle du goût qui en fut la suite, les guerres, les bouleversemens et les troubles intérieurs; la diminution de l'ancienne liberté civile, et enfin son anéantissement, quand la Grèce fut entièrement asservie aux Romains. Cependant, dans cette même époque, il y eut encore plusieurs habiles sculpteurs; par exemple, *Arcesilaus*, *Pasitèles* et *Cléomène*, et les arts *plastiques* fleurissaient encore dans plusieurs villes de l'Asie et de la Sicile.

160.

Après la conquête de la Grèce par les Romains, les beaux-arts passèrent aussi à Rome; mais ils y furent plutôt étrangers que naturalisés. On occupa les artistes, et l'art fut délaissé. Dès les premiers tems de la république, on récompensa à Rome les talens et le mérite, en leur érigeant des statues. Après la première guerre punique, on transporta des villes conquises à Rome une infinité d'ouvrages excellens de sculpture, surtout de *Syracuse*, de *Capoue*, de *Corinthe*, de *Carthage*, de l'*Égypte* et de l'*Étrurie*, etc. Avec la richesse et le luxe toujours croissant s'augmenta pareillement la pompe des temples et des édifices publics et particuliers; les Romains embellirent leurs jardins et leurs maisons de campagne par les plus beaux ouvrages de sculpture, et cette dépense fut poussée jusqu'à la prodigalité la plus outrée. (Voy. *Edni. Figrelii* de Statuis illustrium Romanorum Liber singularis. Holmiæ. 1756. in-8°. — *J. Lipsii* Admiranda, s. de Magnitudine Romana Libri. IV. Antw. 1637. fol. — *Ryckii* de Capitolio Rom. Commentarius, L. B. 1696. in-8°.

161.

Le Capitole, et surtout la partie appelée *Cella Jovis*, l'*Area Capitolina*, le *Comitium* et les *Rostra*, étaient ornés d'une foule de statues. Il y avait des surveillans (*tutelarii*, et dans quelques autres *œditui*) pour empêcher qu'on ne les prît ou qu'on ne les dégradât; et dans la suite, on créa un magistrat exprès pour les garder. Au reste, il n'y avait que le sénat qui eût le droit de faire ériger des statues, et les censeurs mêmes finirent par s'élever contre l'abus qui s'était introduit à cet égard. Voilà pourquoi l'on trouve quelquefois sur les statues romaines les inscriptions : *Ex Senatus Decreto , E Decurionum Decreto*. On en érigeait aussi dans les colonies et dans les villes d'Asie. La grande quantité de statues qui représentaient des dieux, faisait dire à *Pétrone* qu'il y avait dans Rome plus de dieux que d'hommes. Les différens empereurs décorèrent les édifices et les places de cette ville d'une multitude de sculptures; mais elles étaient presque toutes, sans exception, exécutées par des artistes grecs.

162.

Dans la dernière moitié du second siècle, le bon goût en sculpture s'altéra d'une manière sensible; et bientôt après la moitié du troisième, elle tomba entièrement dans une décadence qui fut produite par un concours d'évènemens et de circonstances diverses. La considération que l'on avait pour l'art et pour ses productions se perdit de plus en plus ; ce qui, joint à plusieurs autres raisons, fut cause que la plupart des meilleurs ouvrages furent mutilés, enfouis ou tout-à-fait détruits. Il faut attribuer cette perte à la fureur guerrière des nations barbares qui inondèrent et saccagèrent l'Italie, à la rapacité et aux concussions de plusieurs empereurs, aux tremblemens de terre et aux incendies, aux diverses prises et à la destruction de Rome et de Constantinople ; enfin, au zèle fanatique des premiers chrétiens contre les idoles et les monumens des païens.

163.

Malgré toutes ces destructions, il nous est parvenu un grand nombre d'excellens ouvrages de sculpture antique ; ouvrages que depuis le rétablissement des beaux-arts en Italie, où ils ont repris naissance, l'on n'a cessé de rechercher, de recueillir, d'utiliser et de décrire; mais la plupart de ces ouvrages ayant beaucoup souffert, soit par le tems, soit par mille autres raisons, un très-petit nombre seulement s'est conservé en entier. On a tâché de leur donner quelqu'éclat en les restaurant ou en les rétablissant; par malheur, cela ne s'est pas fait avec les lumières et l'habileté nécessaires; car dans cette espèce de travail, il ne suffisait pas d'une habileté purement mécanique; mais il fallait un sentiment très-délicat sur ce qui concerne le vrai caractère et la conception de l'artiste, avec le génie de savoir s'adapter aux sujets qu'il traitait. Aucun de nos sculpteurs modernes n'a été plus heureux dans des travaux de ce genre que *Cavaceppi*. (*Voyez* la Raccolta d'antiche statue etc. ristaurate. Roma. 1768-69. 2 Vol. in-folio; et la Dissertation sur la restauration des ouvrages de l'art dans les Propylées (de M. *Goethe*.) N°. II. p. 92. (en allemand.)

164.

Parmi l'infinité de monumens précieux de sculpture antique, nous n'indiquerons ici que les plus célèbres et les plus distingués; savoir :

1.) Le superbe groupe de *Laocoon*, autrefois au Belvedère du Vatican à Rome, maintenant à Paris. Il est plus grand que nature, de marbre blanc, et n'est pas tout-à-fait fini par derrière. (*Voy*. Virgile. Aen. II. 201, seqq.; et Pline, Hist. Nat. XXXVI. 4.) Ce groupe offre trois figures principales : Laocoon père et ses deux enfans entortillés de deux grands serpens. Il a été trouvé l'an 1506 dans les ruines des bains de l'empereur Titus, et il est probablement du tems des premiers empereurs. L'extrême douleur s'y peint autant dans les traits de la figure que dans la crispation des muscles du corps; surtout dans la figure de Laocoon, qui fait de vains efforts pour se dégager des serpens qui l'embrassent; sa bouche s'ouvre pour exhaler ses tourmens en cris douloureux. On est pareillement attendri par les regards souffrans de ses fils, qui implorent l'auteur de leurs jours. L'expression la plus forte de la douleur, unie à la plus grande noblesse dans les formes, fait le mérite extraordinaire de ce chef-d'œuvre de l'art. (*Voy*. le livre de M. *Lessing* dont nous avons parlé ci-dessus; l'Examen de quelques notices et observations à ce sujet dans la collection d'Articles sur les Antiques, de M. *Heyne*, Cahier II. p. 1.; et la Dissertation de M. *Gœthe*, sur ce groupe, dans ses *Propylées*, N°. I.

2.) Le groupe de *Niobé*, avec ses enfans, qui moururent tous à la fois sous les flèches de Diane, et dont la perte douloureuse fut cause que leur mère fut métamorphosée en pierre. (Ovide. Métamorph. L. VI. v. 148-312. Pline. XXXVI. 4.) Cet ouvrage est du plus grand stile de l'art: on le croit de *Scopas*. Il était jadis composé de cinquante figures, et fut découvert en 1583. Il est maintenant dans la gallerie de Florence, où l'on s'est contenté de placer seulement les figures les unes à côté des autres, attendu que leur véritable situation en groupe est difficile à deviner. Toutes ces différentes statues ont une expression forte, grandiose et tragique, et beaucoup de variété dans leur composition. (Voy. *Angelo Fabroni* Dissert. sulle statue appartenenti alla favola di Niobe, Firenze. 1779. fol.; et les *Propylées*. N°. II. p. 48.

3.) Le *Taureau Farnèse* (*Il Toro Far-*

nese), le plus considérable en grandeur de tous les groupes antiques. Il est composé d'un taureau, de deux jeunes gens plus grands que nature; savoir, *Zethus* et *Amphion*, avec trois figures accessoires, toutes placées sur un rocher. Le rocher et les figures ont douze pieds de haut sur neuf pieds et demi de large. Il a été trouvé vers le milieu du seizième siècle, et placé sous un hangard dans la cour du palais Farnèse à Rome : il est maintenant à Naples. Beaucoup de parties sont modernes ; cela en gâte l'expression et l'ordonnance. (*Voy*. la collection d'Articles sur l'Antique de M. *Heyne*. Cahier II. p. 182.)

4.) *L'Apollon du Vatican*. C'est une des statues antiques les plus célèbres pour la perfection de l'art ; elle représente un dieu dans toute la beauté d'une jeunesse mâle et céleste, et paraît offrir l'*Apollon Pythien*, dont la flèche vient de frapper le serpent *Python*. Son regard exprime moins la joie que la fierté ou plutôt la certitude de son triomphe. Cette statue a été trouvée à Antium sur la fin du quatorzième siècle. Le pape Jules II l'avait achetée étant encore cardinal, et l'avait mise au Vatican dans la partie appelée *Bel-*

vedère, d'où elle a pris son nom. Elle a été enlevée de là le 8 avril 1797, par les soins des citoyens Moite, Berthelemy, Tinet et Monge, commissaires du gouvernement français, et sous la direction du sieur Valadier, architecte romain, qui en a dirigé l'encaissement. Elle est arrivée à Paris le 2 thermidor de l'an IX. Elle a sept pieds, y compris trois pouces de plinthe. Le marbre ressemble bien plus au panthélique, dont le grain est un peu gros, qu'à tout autre; il approche beaucoup du *greghetto*. Il est très-beau, et sans aucune tache dans la partie supérieure; mais dans le bras, il s'en trouve quelques-unes où l'on distingue la calcédoine mêlée de parties métalliques; taches que l'on rencontre ordinairement dans le marbre de *Luni*. Au reste, ces taches sont peu apparentes, et ne font pas d'effet désagréable à l'œil. Cette statue est totalement antique, à l'exception de l'avant-bras droit et du poignet gauche. Elle est parfaitement conservée, et elle a encore la fermeté et la franchise du ciseau créateur. Elle n'a été cassée qu'aux genoux et à l'avant-bras. Les jambes seules ont été mutilées, surtout la droite sur laquelle elle porte. Comme elle avait été restaurée dans un tems où ce genre de travail était peu en usage, aucune des pièces remises ne se trouvait à sa place. Elles ont été rétablies à Paris avec beaucoup d'art, et l'on ne s'aperçoit plus aujourd'hui des défauts qui en altéraient jadis les contours. Cette statue a considérablement gagné à son déplacement, en ce qu'elle est mieux éclairée qu'au Vatican. (Voyez *Winkelmann*, Histoire de l'Art, p. 392., de l'édition ancienne allemande.)

5.) La *Vénus de Médicis*. Elle est d'un superbe marbre blanc, et se trouve dans la *Tribuna* de la gallerie du roi d'Étrurie. Elle n'a guères que cinq pieds. L'inscription du piédestal porte le nom de *Cléomènes;* mais cette inscription est de nouvelle date. Il paraît que l'idée de l'artiste a été de nous représenter la déesse de l'amour au sortir du bain, dans le moment où elle reprend ses vêtemens, et cache d'une main sa gorge avec l'expression la plus délicate de la pudeur virginale. (Voyez *Winkelmann*, Hist. de l'Art, p. 364. — Articles d'Antiques de M. *Heyne*, Cahier I. p. 117.

6.) L'*Hercule Farnèse*, jadis à Rome, actuellement à Naples, statue colossale, presque trois fois plus grande que nature, de beau marbre de *Paros*. Les piéds qui lui manquaient furent refaits par *della Porta*, et avec tant d'art, que lorsqu'après coup on trouva les véritables, on se contenta de les mettre à côté de la statue. L'artiste *Glycon*, que nomme l'inscription, n'a été cité par aucun écrivain ancien. On admire dans cette statue la vigueur du corps, qui est musculeux et robuste. Sa tête est très-petite. D'après l'idéal de l'artiste, le dieu est représenté en repos, s'appuyant sur sa massue. (*Voy.* l'excellente description qu'en a faite *Dupaty*, dans ses voyages d'Italie.)

7.) L'antique appelé *il Torso*. C'est un corps de marbre blanc, jadis au Belvedère de Rome, maintenant à Paris. Il est supérieurement fait. A cause de sa forme musculeuse et de sa force, on le croit communément le torse d'*Hercule*. On l'appelle aussi le *Torse de Michel Ange*, parce que cet artiste l'admirait et l'étudiait de préférence à tout autre.

8.) Le *Gladiateur de Borghese*, dans la ville Borghese à Rome. C'est plutôt la représentation d'un héros ou d'un guerrier qui semble appartenir à un autre groupe, et qui a l'air de se défendre contre un cavalier. C'est une composition noble, un beau corps de jeune homme figuré en athlète, avec des muscles tendus, mais sans exagération. (*Voy.* sur cette stature le Laocoon de *Lessing;* les Lettres critiques de M. *Herder,* nommées : *Critische Wælder,* Vol. I.; et les Articles d'Antique de *Heyne,* Cahier II. p. 227.

9.) La statue appelée le *Gladiateur mourant* (*Gladiator deficiens*), jadis à Rome, maintenant à Paris. Il est représenté renversé sur son bouclier, s'appuyant sur la main droite, ayant autour du col une corde, avec l'air de rappeler ses dernières forces pour se relever. La tête et le col semblent modernes; le reste offre l'image d'un guerrier prêt à expirer sous les armes. (*Voy.* les articles d'Antique de *Heyne,* Cahier II. p. 230.)

10.) *Antinoüs,* belle statue d'homme, au muséum de Paris, connue sous le nom du favori de l'empereur *Adrien,* et dont on admire surtout la tête. *Winkelmann* croit que c'est un *Méléagre*, ou quelqu'autre héros dans sa jeunesse.

11.) Une *Flore*, jadis au palais Farnèse à Rome, maintenant à Naples. Elle est connue sous le nom de *Flore Farnèse*. Il n'y a que le corps qui soit antique; tout le reste est moderne, et l'ouvrage de *della Porta*. Son principal mérite est dans la draperie, qu'on regarde comme la plus belle de toutes les draperies antiques. Elle est presque aussi grande que l'*Hercule Farnèse*, et cependant ses formes expriment les contours et toute la délicatesse du beau sexe.

12.) *Marc Aurèle*, statue équestre de bronze doré, sur la place du Capitole moderne. Elle est plus grande que nature, et n'a plus que de légères traces de dorure. Au reste, elle est très-bien conservée. Le piédestal sur lequel elle a été placée par *Michel Ange*, contribue beaucoup à son effet; on admire surtout le cheval, qui semble marcher et se mouvoir, et dont les proportions, si l'on en excepte la tête, sont très-belles. (*Voy*. Observations sur la statue de *Marc Aurèle*, par *Falconet*. Amst. 1771. in-12.)

165.

Il y a aussi de très-précieux restes de l'antiquité en fait de *Hermes* et de *bustes*, qui, outre les beautés de l'art qui y sont prodiguées, nous offrent encore l'avantage de nous familiariser avec les véritables traits d'une foule de personnes illustres et recommandables de l'antiquité. La vérité de ces portraits n'est cependant pas toujours sûre, surtout à cause des restaures qui y ont été faits dans diverses parties par les modernes, et qui leur ont fait perdre beaucoup de leur ressemblance. Plusieurs n'ont aucun attribut pour les faire reconnaître, et par là n'offrent rien de déterminé sur les personnes que l'on prétend qu'ils représentent. Ajoutez à cela, comme nous venons de dire, l'incertitude où l'on est sur leurs inscriptions. Quelquefois même la tête et le piédestal ne se conviennent point. Souvent aussi ces bustes n'ont été dans l'origine que de pures imaginations de l'artiste. Parmi les plus beaux et les plus ressemblans de ces bustes, on cite ceux d'*Homère*, de *Platon*, de *Socrate*, d'*Antonin*, d'*Alexandre-le-Grand*, d'*Auguste*, de *Scipion*, de *Jules César* et autres, dont on trouve les bustes dans les collections que nous citerons ci-après. La plus nombreuse est à Rome, au Capitole, dont le premier volume du *Musæum Capitolinum* offre des gravures.

166.

Il nous reste de même une foule d'ouvrages *en relief*, soit en entier, soit en fragmens, sur des édifices, des colonnes, des boucliers, des casques, des trépieds, des tombeaux, des autels, etc. On trouve aussi dans ces collections beaucoup de vases destinés à boire, des urnes et des lampes funéraires. La plupart de ces objets sont précieux par l'excellence de l'art; mais comme il serait trop long d'en citer même les principaux, nous ne parlerons ici que des *arcs de triomphe* encore existans à Rome, et érigés sous les empereurs *Titus*, *Septime Sévère*, *Gallien*, *Constantin*, et des colonnes environnées de bas-reliefs en l'honneur de l'empereur *Trajan* et de *Marc Antonin* le philosophe.—Parmi les ouvrages de mosaïque, le plus beau qui reste est celui qui fut trouvé à *Tivoli*, représentant quatre colombes au bord d'un vase à boire, maintenant au Capitole; mais la plus grande *mosaïque* est celle de *Preneste*, qui formait autrefois le parquet du temple de la *Fortune*, dans la ville de ce nom. Elle représente une fête égyptienne, et se trouve dans le palais appartenant à la maison *Barberini*, bâti sur les ruines de ce temple dans la ville ci-dessus, aujourd'hui appelée *Palestrina*.

167.

Vu la riche provision de statues et d'autres sculptures antiques dont les fouilles et les découvertes augmentent chaque jour le nombre, on a pensé depuis longtems à en faire des collections, dont, parmi celles qui ont été publiées, nous allons nommer les principales :

C'est en *Italie* que sont les plus belles collections d'antiques, surtout à *Rome*, au *Vatican*, le *Musæum Clementinum*; celle du *Capitole*, dans le palais et la *villa Giustiniani* ; au palais *Farnèse*, aux palais *Barberini* et *Albani*; et surtout dans la villa ci-devant au cardinal de ce nom, dans les palais *Massimi*, *Mattei* et *Rondanini*, dans les

les villes *Mathei*, *Borghese*, *Pamfili* et *Medici*. — A *Florence*, dans la gallerie du ci-devant grand-duc, et au palais *Pitti*. — A *Portici*, où sont les fouilles d'*Herculanum*, et de *Pompeja* et *Stabiœ*. — Et à *Venise*, à la bibliothèque de *San Marco*.

En *France*, les collections les plus considérables de ce genre étaient à *Versailles* et au *Port-Royal*. Toutes ces antiques, réunies à celles qui ont été transportés de *Rome*, et qui proviennent du *Vatican* et du *Capitole*, sont aujourd'hui rassemblées au *Museum du Louvre*. Il s'en trouve encore quelques-unes aux *Petits-Augustins*, parmi les monumens du moyen âge dont on a formé la plus intéressante collection.

En *Angleterre*, on trouve beaucoup d'excellens ouvrages antiques dans les collections particulières de personnes riches, dont celle du duc de *Pembrock* est une des plus considérables. On voit aussi des restes de superbes *bas-reliefs* dans la collection publique *Arundelienne* à *Oxford*.

En *Allemagne* : à *Vienne*, dans le Musée de l'Empereur, qui est très-riche, surtout en vases. — A *Munich*, dans le château de l'électeur, surtout dans le salon que par cette raison on nomme l'*Antiquarius*. — A *Dresde*, une ample et superbe collection qui occupe les quatre pavillons du palais de l'Électeur.—A *Charlottenbourg*, dans la maison royale de plaisance près de *Berlin* ; et surtout à *Sansouci*, ci-devant séjour ordinaire de Frédéric le Grand, dans un édifice qu'il a fait construire sous le nom de *Temple des Antiques*.

On peut puiser des détails plus circonstanciés concernant ces collections dans les bonnes topographies et voyages d'Italie, comme celles de *Keyssler*, de M. *Volkman*, avec les additions de M. *Bernoulli*, du comte *Fr. Léopold de Stolberg* (toutes écrites en allemand); dans le voyage pittoresque d'Italie par *Cochin*, dans les lettres de *Dupaty* sur l'Italie, et dans plusieurs autres ouvrages français. Un ouvrage très-instructif pour se former le goût en général, c'est celui de M. de *Ramdohr*, intitulé : De la Peinture et de la Sculpture à Rome, en faveur des amateurs du beau relativement aux beaux-arts. A Leipsic. 1787. 3 Vol. grand in-8°.

168.

Pour donner une idée sensible de ces ouvrages à ceux qui ne peuvent pas parvenir à voir immédiatement les antiques, on en a gravé les dessins en taille-douce, qui se trouvent souvent accompagnés d'explications et d'une excellente critique. Nous nous bornerons à indiquer les principales :

Raccolta die Statue antiche et moderne da *Domenico de' Rossi*, colle sposizioni di *Paolo Alessandro Maffei*. Roma. 1704. fol. m.

Il Museo Capitolino—*Museum Capitolinum* (ed. *Bottari* et *Foggini*.) Roma. 1747-55. 4 Vol. fol.

Museum Florentinum, c. obss. *A. F. Gorii*, Flor. 1731-42. 11 Vol. fol. — *Gorii* Museum Etruscum. Flor. 1737. 3 Vol. fol.

Statue di Venezia. — da *A. M. Zannetti*. Venez. 1740-43. 2 Vol. fol.

Begeri Thesaurus Brandeburgicus Selectus. Colon. March. 1691-1701. 3 Vol. fol.

Veterum illustrium Philosophorum. Poetarum, Rhetorum et Oratorum Imagines, a *I. P. Bellorii* expositione illustratæ. Rom. 1699. fol.

Admiranda Romanarum Antiquitatum ac veteris Sculpturæ vestigia, a *Petro Sancto Bartolo* delineata, e. n. *I. P. Bellorii*. Rom. 1699. fol.

Recueil des Antiquités égyptiennes, étrusques, grecques et romaines., par M. le comte de *Caylus*.

Monumenti antichi inediti, spiegati et illustrati da *Giov. Winkelmann*. Roma. 1767. 2 Vol. fol. m.

Il Museo Pio-Clementino, descritto da *Giambatista Visconti*. T. I. II. Rom. 1782-84. 2 Vol. gr. fol.

Parmi les collections moins importantes, une des meilleures est:

J. Just. Preisleri Statuæ antiquæ aervi incisæ, delineatæ ab *Edm. Bouchardon*. Norimb. 1732. fol.

2.) *Gravure sur Pierres.*

169.

Une manière particulière de traiter la *sculpture* est *l'art de graver les pierres* (*Glyptice, Diaglyptice, Scalptura.*) Cette manière consiste à produire des figures sur plusieurs matières, comme sur des *métaux*, sur l'*ivoire*, sur des *coquilles*, du *crystal*, des *pierres précieuses*, et à les représenter par des parties saillantes sur une surface, ou rentrantes en creux dans un plan. Parmi les matières qu'on emploie, les pierres précieuses (λιθοι, *gemmæ*) sont les principales et les plus ordinaires. La variété des objets que traite cet art, la beauté et la perfection de leur exécution, et leur usage étendu dans la littérature, donne à cet art un mérite particulier.

170.

On parvint d'assez bonne heure, et peut-être dès les premiers tems du monde, à la connaissance des *pierres précieuses*, et probablement de la même manière à celle des *métaux*, par un éboulement ou abluvion fortuit du sol qui les enveloppait. Même l'espèce d'éclat qu'ont les pierres précieuses dans leur état brut, pouvait fixer l'attention de l'homme, et le hasard sans doute fournit la première occasion de rehausser cet éclat en les polissant. On n'avait besoin que de voir une fois des pierres brutes, brisées ou fendues en deux, pour découvrir qu'en enlevant leur surface extérieure, elles devenaient encore plus belles et plus brillantes. On y réussit peut-être d'abord en frottant deux pierres ensemble, attendu que la plupart, comme on sait, peuvent se polir avec leur propre poussière. Nous en donnerons plus bas des preuves.

171.

Une plus grande connaissance de la *nature*, de la *formation* et de la *division* des pierres précieuses appartient proprement au naturaliste; cependant, elle est aussi du ressort de l'artiste; et l'amateur des arts ne saurait absolument s'en passer, s'il veut juger, comme il faut de la matière des *gemmes* (1), indépendamment de l'ouvrage qui en fait l'objet principal. Quant à leur nature et à leur caractère distinctif, il suffit d'observer ici qu'elles tiennent ou de la nature du *quarz*, ou de la pierre de *roche cornée*, et qu'elles appartiennent ou aux *cailloux*, ou aux *crystaux*. Dans leurs divisions, les systêmes mi-

---

(1) On trouve tout ce qui est nécessaire sur cette matière dans le Traité sur les pierres précieuses. par M. *N. F. Brückmann*, Brunswic 1773; et les Additions à ce traité, *ibid*. 1778 et 1784. in-8°. — *Voy*. aussi l'édition nouvelle de l'Archeologia Litteraria de Ernesti, par *Martini*. p. 142. et seqq.

néralogiques diffèrent entr'eux, et prennent pour fondement ou la dissemblance de leurs parties élémentaires, ou les différens degrés de solidité, de transparence, ou la diversité de leurs couleurs. Ces deux dernières bases ne sont cependant pas exactes ni satisfaisantes, parce qu'elles ne déterminent pas les différences d'après des caractères essentiels et exclusifs. Au reste, la dureté, l'éclat, la transparence et la belle couleur sont les principales qualités qui distinguent les *pierres précieuses*.

172.

Nous n'entrerons point ici dans une *classification* complète et détaillée pour donner la nomenclature de toutes les pierres précieuses ; mais nous nous bornerons aux principales, eu égard à l'usage fréquent que la gravure en fait :

Chez les Romains, le *Diamant* (*adamas*), à cause de son éclat, de sa dureté et de sa transparence, tenait le premier rang parmi les pierres précieuses. Il est cependant très-incertain qu'ils aient su le tailler ; l'art même de le polir semble leur avoir été inconnu, ou au moins cet art s'est perdu, et ne fut retrouvé que l'an 1476 par *Louis de Berguen* de Brixen.

Le *Rubis* (*carbunculus*), par sa dureté, approche du diamant, et le surpasse souvent par son feu et son brillant. Les Grecs l'appelaient *pyropus*; et quelques espèces de rubis chez les Romains se nommaient *rubacellus, palassius, spinellus*. Quelques-uns croient aussi que le *lychnites* des anciens est un rubis.

L'*Éméraude* tirait aussi son nom de son brillant (de σμαρασσειν, *scintiller.*) On aimait à la tailler à cause de sa belle couleur verte, qui était plutôt favorable que nuisible à la vue de ceux qui le travaillaient. Le *smaragolites*, qui souvent se nomme aussi *smaragdus*, est une espèce de marbre vert que l'on doit distinguer de l'éméraude.

Le *Saphir*, dont la belle couleur est bleu céleste, était estimé presqu'à l'égal du diamant. Celui où se trouvent des points d'or s'appelait χρυσοπρασος.

Le *Beril* était la dénomination que les anciens donnaient à toutes les pierres d'une couleur verdâtre ou vert-de-mer. Le *chrysoberil* tire plus sur le jaune.

Le *Jacinthe* (υακινθος) était d'un rouge prononcé, souvent aussi couleur d'orange. La pierre de couleur violette, que les anciens appelaient aussi du même nom, semble plutôt avoir été une espèce d'*amétiste*.

L'*Amétiste*, de couleur violette dans des différentes nuances, était très-recherché par les graveurs anciens, qui le nommaient *paderotes* et *anterotes*.

Les *Agates*, très-différentes en transparence et en couleur, tiraient leur nom du fleuve *Achates* en Sicile, où on les trouva d'abord. L'*agate-onyx*, avec une surface blanche et un fond d'une autre couleur, se rencontre souvent parmi les pierres gravées. Il y en avait de différentes sortes; par exemple, le *sardagate*, le *pasagate*, le *ceragate*, le *hamagate*, et autres.

La *Cornaline* prit son nom de la couleur de chair. C'est proprement une *agate*. On l'employait souvent chez les anciens comme chez nous, à cause de la facilité que l'on a à la travailler.

La *Sardoine* est aussi une pierre de couleur rouge, et du même genre que la *cornaline*. On en faisait souvent des cachets, parce qu'elle se détache plus aisément de la cire que toute autre pierre.

Les *Opales* sont ordinairement blanches; mais elles prennent plusieurs couleurs. Elles étaient très-estimées chez les anciens.

Le *Jaspe* varie dans ses couleurs ; il est rouge, vert, brun, gris, etc. Ces couleurs sont tantôt entremêlées, tantôt simples. Pour le tailler, on choisissait ordinairement la dernière espèce, ou celle avec des taches rouges sur un fond vert, qui s'appelaient aussi *heliotropia*. Une autre espèce de jaspe était le *borcas*.

L'*Onyx* tirait son nom de la couleur blanche et rougeâtre de l'ongle, et celui qui avait des veines rouges s'appelait *sardoine*. On nommait aussi une espèce de marbre d'une couleur pareille *onychytes*, ou encore *alabastrites*.

Le *Crystal* tirait son nom de la glace, de κρυος (*glace*), et τελλειν (*se contracter*), à laquelle il ressemble. Les anciens artistes s'en servaient beaucoup, tant pour y graver des figures que pour en faire des vases destinés à boire, où l'on ajoutait des sculptures.

En général, il ne faut point perdre de vue, en lisant les notices et descriptions que nous donnent les anciens écrivains, concernant les *pierres précieuses*, surtout *Pline*, dont le trente-sixième livre est tout entier sur cette matière, l'observation que les noms et caractères qu'on y trouve, ne s'accordent pas toujours avec les pierres, auxquelles les naturalistes donnent aujourd'hui les mêmes dénominations, mais qu'elles ont des caractères tout-à-fait différens; et qu'ainsi beaucoup de pierres précieuses, chez les anciens, doivent avoir été différentes des modernes qui portent le même nom.

173.

Sur ces pierres, on gravait des figures en *creux* ou en *bas-relief.* Celles du premier genre s'appelaient, chez les anciens, *gemmæ diaglyphicæ, insculptæ*, ce que les Italiens appellent *intagli.* Celles du second genre se nommaient chez les anciens *gemmæ ectypæ anaglypticæ, exscalptæ ;* elles se nomment chez les Italiens *camei* ; chez les Français, *camayeux* ou *camées* ; et chez les Allemands, *gammenhü's*, quoiqu'ils se servent aussi du nom *camées*. Vraisemblablement, ce mot est une contraction de *gemma onychia*, puisqu'autrefois on ne se servait que de pareils *onyx*, qui ont deux couches de couleur différente, et dont la supérieure sert à former le relief de la figure, et l'inférieure le plan ou le champ. Dans la première, l'enfoncement a plusieurs degrés, selon la perspective. Il y a quelques gemmes qui ont une bosse en formes de bouclier ; cela donnait à l'artiste l'avantage d'exprimer les parties éminentes avec plus de naturel et sans employer le raccourci, et le mettait en état de mieux rendre la vérité de la perspective.

174.

Les objets qu'on représentait sur les pierres gravées étaient aussi de différens genres. On cherchait à y transmettre et conserver la mémoire des grands personnages, des évènemens mémorables, ou des rits et usages religieux ; quelquefois l'artiste s'abandonnait aux caprices de sa fantaisie pour composer et représenter des objets de mythologie, d'allégorie, et mille autres idées que lui suggérait son imagination. On y voit souvent des têtes de dieux, de héros et autres personsages mémorables, seuls ou à côté les uns des autres, ou en file (*capita jugata*), ou tournés les uns en face des autres (*adversa*), ou adossés ensemble (*aversa*). Ordinairement, ces têtes sont dessinées de profil. Pour les expliquer, il faut les comparer avec des monnaies ou plusieurs autres gemmes.

175.

Sur beaucoup de *gemmes*, on trouve des figures entières, ou seules, ou groupées, et réunies pour exprimer divers sujets. Aussi l'on y trouve très-souvent des divinités debout avec différens attributs, costumes et accessoires. Plusieurs de ces sujets appartiennent à l'histoire et aux antiquités; plusieurs offrent seulement des indications de simples circonstances. Beaucoup représentent des fêtes religieuses, des sacrifices, des Bacchanales, des chasses, des animaux, etc.

Il y a des gemmes qui ont des *inscriptions*, avec et sans *figures*, lesquelles contiennent ordinairement le nom du graveur avec plus ou moins de certitude, ces inscriptions étant quelquefois d'une origine postérieure à la figure. Souvent aussi on y lit en lettres majuscules le nom de celui qui avait fait graver la gemme. Quelquefois, quoique cela soit assez rare, on y voit une formule *solemnelle* ou *votive*; mais presque jamais l'indication ou l'explication du sujet représenté.

176.

L'*histoire* de cet *art* a différentes époques qui lui sont communes avec la *sculpture*, d'après les principaux changemens que cette dernière a éprouvés. Elle suit son origine, ses progrès, sa décadence, et l'on y distingue de même le *stile grossier*, le *stile élevé* et le *beau stile*. Cette ressemblance est d'autant plus naturelle, que la *gravure*, comme art plastique, tient absolument au *dessin*, et qu'ainsi les mêmes circonstances ont dû influer sur ses progrès et sa décadence. Leur première origine se perd dans la nuit des tems, et il est vraisemblable que peu après la connaissance qu'on a acquise des pierres précieuses, on aura commencé peut-être à y graver d'abord des caractères, et par la suite des figures. Dans l'histoire sacrée, nous en trouvons, Exode XXVIII. 17.-22. XXXI. 5. XXXIX. 14., la preuve la plus ancienne dans le *Urim et Thummim* du souverain pontife et les deux *onyx* de sa tunique, où l'on avait gravé les noms des douze tribus. Il y est encore fait mention de plusieurs pierres précieuses dans une époque encore plus ancienne : *Genèse.* II. 12. *Job.* XXVIII. 6. 16-19.

177.

Sans doute les Israélites apprirent cet art des Égyptiens, où il était déja connu depuis longtems, et chez lesquels il était favorisé par leurs dogmes sur la vertu miraculeuse de ces pierres pour la conservation de la santé. On les chargeait dans cette idée de figures hiéroglyphiques, et l'on s'en servait comme de talismans ou amulettes, que l'on trouve encore en grand nombre; surtout des convexes en forme de scarabées, dont cependant quelques-unes ont pu être faites plus tard, au tems des premiers chrétiens. Mais ainsi que les autres arts plastiques, par la réunion des mêmes obstacles (*Voy*. le paragraphe 147), cet art n'atteignit jamais la perfection chez les Égyptiens, chez qui cette espèce de sculpture était beaucoup plus rare que chez les Grecs et les Romains, où en général un plus grand luxe favorisait beaucoup ses progrès.

178.

Dans les tems anciens, cet art n'a pas dû être non plus étranger chez les *Éthiopiens*, les *Perses* et les autres peuples de l'Asie, car il en est fait mention chez les anciens écrivains romains et grecs; et d'ailleurs nous possédons encore aujourd'hui plusieurs gemmes persannes. Les Étrusques sont plus célèbres à cet égard; ils avaient appris des Égyptiens l'art de graver les pierres, ou ils l'avaient créé. A leur exemple, ils savaient aussi tailler des pierres dures en forme de scarabées. Par la suite, ils y réussirent mieux encore que les Égyptiens. Cependant, ils n'arrivèrent jamais jusqu'à la perfection des Grecs.

Grecs. Aussi ne nous reste-t-il qu'un très-petit nombre de gemmes étrusques; et parmi ceux qu'on donne pour telles, beaucoup sont probablement d'origine grecque; au moins ce qu'on dit pour prouver qu'elles sont étrusques, n'est rien moins que satisfaisant.

179.

Il est aussi difficile de déterminer, avec quelque certitude historique, si les Grecs ont reçu la première connaissance de cet art des Égyptiens, que d'indiquer l'époque précise où ils ont commencé à s'y exercer. Les Égyptiens incontestablement s'y sont appliqués les premiers; mais il ne s'ensuit point que les Grecs aient dû l'apprendre des Égyptiens. Vraisemblablement il naquit chez eux en même tems que la *sculpture*. Ils semblent l'avoir connu dès le tems de la guerre de Troyes, quoique *Pline* révoque cela en doute. Cet écrivain, ainsi que d'autres, citent l'anneau qui servait de cachet à *Polycrate*, roi de Samos, comme la gemme la plus ancienne et la plus remarquable de l'antiquité. C'était une *émeraude* ou une *sardoine*, sur laquelle était gravée une lyre. Si l'on en croit la tradition, ce prince ayant jeté cet anneau dans la mer pour éviter un accident dont il était menacé, le retrouva dans un poisson qu'on servit sur sa table. On attribuait le travail de cette pierre à *Théodore de Samos*, qui vivait vers le milieu du trente-cinquième siècle depuis la création du monde. L'art d'alors devait être encore fort imparfait; il fit par la suite des progrès rapides, et parvint, vers le tems d'Alexandre-le-Grand, au plus haut degré de perfection.

180.

Il n'y avait point, dans cette heureuse époque de l'art, de graveur en pierres qui égalât en habileté et en célébrité *Pyrgoteles*; il est le seul à qui Alexandre permit de graver sa figure, comme le seul *Appelle* eut la faculté de le peindre, et *Lysippe* celle de faire sa statue. Dans la même époque vivait *Sostrate*, au nom duquel sont marquées quelques-unes des plus belles gemmes qui nous restent. Nous avons moins de certitude sur les tems où vécurent les célèbres graveurs *Apollonides* et *Kronius* qui ne le cèdent point aux premiers en habileté. Outre ceux-ci, les anciens écrivains et beaucoup de gemmes nous offrent les noms de quantité d'autres artistes grecs de ce genre; mais nous sommes dans le doute sur l'époque où ils ont vécu. Voici quelques-uns de ces noms : *Agathangelus, Agathopus, Sosius Aulus, Alphée, Areton, Epitynchanus, Albius, Evodus, Mycon, Admon, Aëtion, Anterotus, Gœus, Pamphilus, Philemon, Sosocles, Tryphon*, et autres.

181.

Les Romains transportèrent cet art chez eux, lorsqu'ils se rendirent les maîtres de la Grèce. Les *pierres gravées* étaient très-estimées à Rome, on les y payait avec la prodigalité la plus magnifique. Cependant, les Romains ne se firent aucun nom dans la Glyphique; car tous ceux qui s'y distinguaient chez eux, étaient des Grecs; et les plus célèbres entre ceux-ci, furent *Dioscorides* et *Solon*, qui vivaient sous Auguste. Le prix de ces gemmes gravées dans le *faire* romain, et que l'on reconnaît surtout au costume des figures, est bien moindre que celui des grecques. Au reste, cet art tomba en même tems et par les mêmes causes que tous les autres arts.

182.

La *destination* des pierres gravées chez les Romains était double : on s'en servait ou comme *cachets* ou comme *ornemens*. En l'un et l'autre cas, on les enchâssait et l'on en faisait des anneaux. L'origine très-ancienne de cet usage se confirme par les passages ci-dessus de la Bible. Pour les cachets, on employait communément des pierres gravées en creux ; ceux en bas-relief servaient le plus souvent d'ornemens. Même chez les anciens, on faisait déja des collections de gemmes, qu'on appelait *dactyliothèques*, de δακτύλιον (*anneau*), ce qui fit donner aux graveurs qui s'en occupaient le nom de δακτυλιογλύφοι. *Pline* (L. XXXVII. Chap. 5.) fait mention de plusieurs collections de ce genre ; entr'autres de celle de *Mithridate*, qui fut ensuite transportée par *Pompée* au Capitole. *César* forma aussi six de ces dactyliothèques dans le temple de

Venus Genitrix ; et *Marcellus*, le fils d'*Octavie*, en fit une dans le temple d'*Apollon*. Il est cependant vraisemblable que ces collections, au moins en grande partie, consistaient en pierres précieuses non gravées.

183.

Nous ne sommes pas très-instruits sur le procédé et la *manière mécanique* de traiter cet art chez les anciens. En général, il doit avoir eu beaucoup de rapport avec celui des modernes, quoique les anciens semblent avoir eu à cet égard des moyens et des secrets que nous ignorons, pour donner à leurs ouvrages cette élégance et ce haut degré de délicatesse et de fini; car les gemmes antiques joignent l'excellence du travail à la perfection du dessin, à l'ordonnance la plus noble et la mieux entendue, à la variété la plus agréable dans le choix comme dans la représentation du sujet; enfin, à l'expression la plus vraie et la plus frappante des caractères. Elles se distinguent en outre par la pureté, la profondeur, la liberté des contours, et un poli achevé. Au reste, les signes auxquels on peut distinguer les gemmes antiques d'avec les modernes, et reconnaître celles qui sont authentiques, ne peuvent se déterminer avec certitude, parce que quelques graveurs modernes (par exemple *Pichler* et *Veder*) ont tellement approché de l'ancienne perfection de l'art, qu'ils ont réellement surpassé les anciens graveurs du second ordre. Le jugement et le coup-d'œil en ceci se forme davantage par l'exercice que par le moyen des règles et des caractères généraux, en prenant en considération, par exemple, la matière des gemmes, leur faire, leur stile, et en les comparant avec plusieurs autres circonstances qui appartiennent à la chronologie et à l'antiquité.

184.

L'étude des gemmes antiques est récompensée par des *avantages multipliés*. Outre l'instruction qu'elles procurent pour se former le goût et pour la littérature, (ce qui leur est commun avec les monumens des arts plastiques en général), elles offrent de plus la supériorité du nombre, celui de la variété, et une meilleure conservation. En cela, elles l'emportent sur les monnaies dont l'empreinte, malgré toute sa beauté, n'égale point le travail des belles gemmes grecques. L'habitude de les voir sert beaucoup à donner le vrai sentiment de leur beauté, et à nous accoutumer à en juger avec justesse, à enrichir l'imagination du poète et de l'artiste, à épurer notre goût sur tout ce qui tient à l'antiquité, et à nous familiariser avec son génie.

185.

Ces ouvrages de l'art ancien reçoivent encore plus de prix et d'utilité par une extrême facilité de les multiplier au moyen des *pâtes* ou *empreintes*. Celles en *verre* méritent la préférence, attendu que par la couleur, l'éclat et la transparence elles imitent si bien les véritables pierres, que souvent au premier coup-d'œil on pourrait les confondre. Ce qui en approchait le plus, c'était le *vitrum obsidianum* des anciens. Les pâtes en *soufre* et en *cire à cacheter* sont moins estimées : les dernières offrent cependant l'avantage d'une facilité plus grande. Mais une des plus agréables inventions en ce genre, ce sont les pâtes que l'Allemagne doit aux soins du professeur *Lippert* à Dresde. Il y en a d'une autre espèce encore qui sont faites d'une composition noirâtre basaltique, mêlée à une terre de porcelaine, invention faite en Angleterre par les deux artistes *Wedgwood* et *Bentley*. Les pâtes de *Lippert* se montent à environ trois mille, dont chaque millier se vend séparément, et pour lesquelles les savans MM. *Christ* et *Heyne* ont fait exprès des catalogues écrits en latin. *Lippert* lui-même publia une liste plus ample encore, en allemand, dans sa *Dactyliothèque*, Leipsic. 1767. 2 Vol. in-4°., et à laquelle il a paru un supplément à Leipsic en 1776. — On a donné en 1779, à Londres, le catalogue des pâtes faites par *Wedgwood* et *Bentley*; et un autre des belles pâtes en verre, par *Tassie* : A descriptive Catalogue of a General Collection of antient and modern engraved Gems, arranged and described by *R. E. Raspe*. Lond. 1790. grand in-4°.

186.

Parmi la grande quantité de gemmes antiques qui se sont conservées, nous nous contentons d'en indiquer ici quelques-unes qui, à cause de leur beauté et de leur fini, sont les plus estimées et les plus célèbres. De ce nombre sont ce qu'on appelle le *cachet de Michel Ange*, maintenant dans la collection du Musée national de Paris; une cornaline sur laquelle on voit une *fête athénienne*, qui représente, selon l'opinion de quelques antiquaires, l'*éducation de Bacchus*, faite avec un art et une délicatesse extraordinaire; une très-belle *tête de Méduse* sur une calcédoine, dans la collection *Strozzi* à Rome; la tête de *Socrate* sur une cornaline, dans la collection de *Mark* à Harlem; *Bacchus et Ariadne* sur un jaspe rouge, dans la collection du ci-devant grand-duc de Florence; des têtes d'*Auguste*, de *Mécène*, de *Diomède* et d'*Hercule*, toutes avec le nom de *Dioscoride*; une tête d'*Alexandre* en camayeu sur une sardoine, avec l'inscription peu authentique de *Pyrgotèles*, et autres.

187.

Les principales collections actuelles où l'on trouve les plus nombreuses et les plus belles gemmes antiques, sont : celle de *Florence*, qui renferme treize cents pièces; celle des familles *Barberini* et *Odescalchi* à Rome, dont la dernière a appartenu à la reine *Christine* de Suède; la collection du ci-devant *duc d'Orléans* à Paris; quelques *collections particulières* à Londres, surtout celles du duc de *Devonshire* et du comte de *Carlisle* ; la collection de la *trésorerie impériale de Vienne* ; et la collection du *roi de Prusse* dans le *Temple des Antiques*, proche le nouveau palais, dans le voisinage de *Sansouci*, dont la ci-devant collection *Stosch* forme la plus grande partie.

188.

Une invention qui ressemble aux pâtes et aux empreintes, mais qui offre moins de ressources dans l'étude des anciennes gemmes pour suppléer au défaut des originaux, c'est celle des gravures où sont représentées toutes les principales pièces des grandes collections, et où elles sont expliquées par des observations savantes et critiques. Les collections suivantes sont les plus importantes:

Gemme antiche figurate, date in luce da *Domenico de' Rossi*, colle sposizione del Cav. *Paolo Alessandro Maffei*. Roma. 1707-1709. 4 Vol.

A. F. Gorii Museum Florentinum. Flor. 1731. 32. fol. T. I. II.

Abr. Gorlaei Dactyliotheca, c. n. *Iac. Gronovii*. L. B. 1695-1707. 2 Vol. 4.

Gemmæ antiquæ cælatæ, sculptorum nominibus insignitæ — delineatæ et æri incisæ per *Bern. Picart*. —— Selegit et commentario illustravit. *Phil. de Stosch*. Amst. 1724. fol.

Recueil des Pierres antiques (de la collection de M. de *Gravelle*), par M. *Mariette*. Par. 1732-1737. 2 Vol. 4.

Recueil des Pierres gravées (en creux) du cabinet du Roi, publié par M. *Mariette*. Par. 1750. 2 Vol. fol.

Description des Pierres gravées du feu M. le baron de *Stosch*, par M. l'abbé *Winkelmann*. Flor. 1760. 4.

Description des principales Pierres gravées du Cabinet de Mgr. le duc d'*Orléans*, par les abbés *de la Chau* et le *Blond*. Par. 1780-1784. 2 Vol. fol. — Un extrait de ce livre a paru à Zurich. 1763. fol., avec des notes de *J. G. Jacobi*.

Amadutii Novus Thesaurus Gemmarum veterum. Rom. 1753. fol.

Les ouvrages *théoriques* sur cet art, son histoire, ses procédés, et ce qu'il exige, sont :

Theophrasti Eresii περὶ λίθων βιβλίον, dans ses Opuscules ex ed. *Dan. Heinsii.* L. B. 1613. fol. Aussi *Jo. de Laet* de Gemmis et lapidibus, Libri II. L. B. 1647. in-8°. (Traduit en allemand, avec les observations du traducteur anglais *Hill*, et une Dissertation sur l'art du graveur en pierres chez les Anciens, de M. *Baumgærtner.* Nuremb. 1770. in-8°.)

Il faut y ajouter :

Le cinquième volume des six livres de *Dioscoride* περὶ ὑλησιατρικῆς, et le Livre XXXVII°. de *Pline.*

Jc. Kirchmanni de Annulis Liber singularis. L. B. 1672. in-12.

Anselmi Boëtii (*de Boot*) Gemmarum et lapidum Historia, aucta ab. *Adr. Tollio.* L. B. 1638. 8.

Traité des Pierres gravées par *P. J. Mariette.* Par. 1750. 2 Vol. fol.

Traité de la méthode antique de graver en pierres fines, par *L. Natter.* Lond. 1754. fol.

Dissertation du comte *Caylus* sur les pierres gravées, dans ses Dissertations relatives à l'histoire et à l'art.

Histoire et principes de Littérature et Beaux-Arts, par *A. F. Busching*, seconde partie. Hamb. 1774. in-8°.

Introduction à l'Étude des Pierres gravées, par *A. L. Millin.* Par. 1796. 8.

Gurlitt sur la connaissance des Gemmes. Magdeb. 1798. in-4°,

3.) *Peinture.*

189.

Le mot *peinture*, pris en général, est l'imitation et la représentation d'objets sensibles sur un plan par le moyen du *dessin* et des *couleurs*. Cependant, la peinture ne se borne pas uniquement à l'imitation de formes physiques; mais elle s'efforce encore, par l'emploi de tous ses moyens, de représenter aussi la nature transcendante et invisible dans tout ce qu'elle offre d'intelligible dans les phénomènes visibles, l'expression du visage, les gestes, les attitudes; et même à la faire parler par le secours de l'allégorie. Le fondement de la *peinture*, comme de la *sculpture*, est le dessin ou la représentation figurée des objets sur un plan par des traits et des contours. Ce sont surtout les progrès que le dessin a faits, quant à la justesse, à la dignité et à la beauté, qui ont élevé à cet art au plus grand degré de perfection.

190.

Nous avons déja dit ci-dessus (paragraphe 133) que quoique le *dessin* soit le moyen auxiliaire de tous les arts plastiques, il n'est probablement né que bien après ces mêmes arts; de même l'art d'employer les couleurs, ou *l'art du teinturier*, était certainement d'une origine bien antérieure à la peinture proprement dite, ou à l'art de remplir les contours d'un dessin de couleurs adaptées et convenables. En effet, on trouve fréquemment des traces de la teinture chez les écrivains sacrés et profanes. Quoiqu'il en soit, l'origine du dessin et de la peinture proprement dite, remonte évidemment aux premiers tems de l'antiquité, bien que ni l'époque précise ni la nation où elle a été inventée, ne sauraient se déterminer avec exactitude. On met encore en doute qu'elle ait été connue en Grèce à l'époque de la guerre de Troyes; et on penche, avec beaucoup de probabilité, pour la négative, quoiqu'on ne puisse rien conclure contre son existence en d'autres contrées.

191.

Sans doute les *Egyptiens* s'adonnèrent à cet art avant les *Grecs*, quoique moins longtems avant eux, qu'ils ne le prétendaient au rapport de *Pline* (XXXV. 3.) Le dessin semble avoir été répandu chez eux de très-bonne heure. On en a la preuve même dans leurs caractères hiéroglyphiques. Mais cet art resta chez eux imparfait comme la *sculpture*, et ils employèrent les couleurs (comme font encore aujourd'hui les Chinois) toutes crues, sans nuances, sans ombres ni contraste. Quelques tableaux d'un meilleur stile, trouvés en Égypte, semblent faire une exception à ce que nous avançons ; mais ces ouvrages ont probablement pour auteurs des artistes grecs au tems des *Ptolomées*. On voit que la *peinture*, ou au moins la *teinture*, a été connue des *Chaldéens* d'assez bonne heure, par le passage d'*Ezechiel*. (XXIII. 14.)

192.

D'après la tradition commune de l'antiquité, qui prend beaucoup de vraisemblance de la nature de la chose même, ce qui donna la première occasion à l'invention de la *peinture*, ou plutôt du *dessin*, ce fut l'observation de l'ombre sur un mur, où on marqua les contours avec du charbon ou du crayon rouge. *Ardices* de Corinthe et *Thelephon* de Sicyon furent, dit-on, les premiers qui, figurant par des hachures les parties intérieures, présentèrent autre chose que les contours, et indiquèrent l'ombre et la lumière. C'est pour cela que les premiers tableaux grecs ne furent d'abord que d'une seule couleur, et s'appelaient pour cette raison μονοχρώματα; on y employait préférablement le *rouge*, peut-être parce que cette couleur semblait se rapprocher davantage de la carnation. *Bularchus* paraît avoir été le premier qui se soit servi de plusieurs couleurs; il vivait à-peu-près sept cent trente ans avant la naissance de J. C., au tems de *Candaules*, roi de Lydie.

193.

Les peintres grecs qui vinrent ensuite ne se servaient que de quatre couleurs principales,

pales, du *blanc*, du *jaune*, du *rouge* et du *noir*, qui étaient, selon *Pline* (XXXV. 7.), *melinum*, *atticum*, *sinopis pontica* et *atramentum*. Au reste, on ne sait rien de certain sur la véritable nature de ces couleurs, leur mélange, et sur les moyens qu'on avait pour les conserver. Les couleurs à l'huile ne semblent pas avoir été connues des anciens; ils se servaient toujours de couleurs en détrempe, auxquelles quelquefois, et surtout à la couleur *noire*, ils ajoutaient du vinaigre. Aussi se servaient-ils, surtout dans leurs tableaux *a fresco*, d'un vernis de cire pour en augmenter l'éclat, et leur donner plus de consistance et de durée. *Apelles* obtenait ces deux effets avec un vernis noir et très-léger que personne ne pouvait imiter. (*Voyez Pline*. Hist. Nat. XXXV. 10.)

194.

Les tableaux étaient ordinairement sur bois; c'est pour cela que les Romains les appelaient *tabulæ*. On prenait de préférence le bois de mélèze (*larix*), à cause de sa durée, et parce qu'il n'était guères sujet à se déjeter ou à bomber. On peignait rarement sur toile. De ce genre était le tableau colossal de *Néron* dont *Pline* fait mention. La peinture la plus ordinaire était celle sur chaux, que nous nommons *a fresco ;* elle se faisait sur un fond humide, mais le plus souvent sec. Dans cette dernière manière de traiter les couleurs, elles étaient probablement préparées avec une eau de colle particulière; et elles se sont si bien conservées dans plusieurs tableaux de ce genre, que l'on peut passer dessus une éponge ou un linge sans craindre de les effacer. Avant de les peindre, on couvrait les murs d'un double enduit qu'on polissait avec soin à la superficie. — Les tableaux sur *marbre* et sur *ivoire* étaient plus rares.

195.

Une manière de peindre particulière à l'antiquité, était celle qu'on appelait l'*encaustique* que nous connaissons par la description incomplète de *Pline* (L. XXXVI. Chap. 11.), qui en distingue trois sortes. La première consistait, à ce qu'il paraît, dans un mélange de cire avec des couleurs, et leur application se faisait au moyen du feu et de certains instrumens qu'on nommait *cauteria*. On employait la seconde sur l'*ivoire*; elle s'appelait κέςρωσις, parce qu'avec une pointe de fer (κέςρον, *veruculum*) on gravait les contours sur l'ivoire, sur lequel on appliquait ensuite la couleur. Dans la troisième, il paraît que l'on mettait de la cire fondue avec le pinceau. C'est aussi ce procédé qu'on employait dans la construction des vaisseaux pour leur donner plus de solidité. Plusieurs savans et artistes modernes ont cherché à découvrir ces procédés, et à remettre cet art en honneur. (*Voy.* Saggi sul ristabilimento dell' antica arte de' Greci et de' Romani pittori — da *Don Vicenzo Requeno*. Parma. 1787. 2 Vol. in-8°.). — Dans la *mosaïque* dont nous avons parlé ci-dessus, on employait aussi ces mêmes procédés, et ces sortes d'ouvrages se nommaient par conséquent *peinture mosaïque*. — Nous savons très-peu de chose de la manière avec laquelle les anciens peignaient sur verre, qui était assez en usage chez eux.

196.

En général, nous ne connaissons guères le *mérite* des anciens dans la *peinture* que par les éloges unanimes que lui donnent leurs écrivains ; nous en jugeons par induction d'après leur grande supériorité dans les autres arts plastiques qui ont rapport avec la peinture. Nous trouvons en outre, de quoi confirmer cette idée, dans le petit nombre de peintures assez imparfaites qui nous sont restées de l'antiquité ; mais cependant on est dans le doute sur plusieurs points qui concernent l'habileté des peintres de ce tems dans différentes parties de leur art, entr'autres la perspective. Ils semblent probablement s'être occupés du coloris; car c'est surtout sur cela que roulent les éloges qui leur ont été prodigués.

197.

Ainsi que la *sculpture*, la *peinture grecque* avait aussi ses *écoles ;* les quatre les plus célèbres étaient à *Sicyon*, *Corinthe*, *Rhodes* et *Athènes*. De-là provenaient sans doute leurs manières différentes ; on distinguait le goût *asiatique* et *helladique*, le goût *ionien*, *sicyonien* et *attique;* mais les trois derniers n'étaient que des modifications des deux premiers. On regardait surtout Sicyon comme la patrie et la pépinière des meilleurs peintres. Cet art était, au tems d'Alexandre, dans sa plus florissante époque. Ce fut alors que vécurent les maîtres les plus célèbres: *Zeuxis*, *Timanthes*, *Eupompe*, *Parrhase*, *Apelle*, *Protogone*, *Pamphile* et *Polygnote*.

198.

En *Italie*, la *peinture* fut portée de très-bonne heure à sa perfection, comme on le voit par les superbes vases dont il a été parlé ci-dessus. Il faut observer ici que le remplissage des figures, pour la plupart du tems en noir ou en rouge, forme proprement le fond de ces vases, et que la couleur du champ a été appliquée après. A Rome, il y avait dès les premiers tems plusieurs tableaux, mais dont ensuite le mérite et le nombre augmentèrent considérablement après la conquête et l'asservissement des provinces grecques. Au reste, les Romains ne cherchaient pas à s'acquérir dans cet art un mérite qui leur fût propre; ils se contentaient de la possession des plus beaux tableaux des Grecs, dont plusieurs artistes habitaient Rome, surtout au tems des premiers empereurs. *Pline* nous a laissé les noms des peintres de sa nation, tels que *Pacuve*, *Fabius*, *Turpilius* et *Quintus Pedius*.

199.

Mais bientôt aussi la *peinture*, comme les autres arts en rapport avec elle, commença à décliner; elle tomba enfin entièrement en *décadence:* ce qui arriva par les mêmes causes qui avaient influé sur les autres arts. La peinture, à la vérité, ne se perdit pas totalement; mais elle était languissante à cause du mauvais goût qui dominait, et qui contribua plus que toute autre chose à la faire négliger et mépriser.

200.

Comme depuis le rétablissement des beaux-arts, on est devenu plus curieux des *monumens de l'ancienne peinture*, on en a cherché plusieurs, ou qui étaient ensevelis dans les ruines des édifices, des tombeaux et des villes saccagées, ou qui au moins étaient ignorés et négligés; et par les gravures qu'on en a faites, on les a communiquées aux amateurs éloignés de ces contrées. Parmi ces monumens sont les tableaux trouvés dans la pyramide de *C. Cestius*, qui date du tems d'Auguste; quelques peintures trouvées sur les murs du palais et des bains de l'empereur *Titus*, dont on conserve quelques-unes à l'Escurial, près de Madrid; et quelques autres qui sont à Rome, dans les palais *Massimi*, *Barberini*, *Rospiglioni*, *Aldobrandini*, et autres; mais les plus remarquables sont celles qui ont été découvertes l'an 1675 dans le tombeau des *Nasons*, que *Bartoli* et *Bellori* ont fait graver, et ont publiées avec plusieurs autres : *Picturæ antiquæ Cyptarum Romanarum et Sepulcri Nasonum. Romæ* 1758. *fol.*; et antérieurement en italien : Pitture antiche delle Grotte di Roma, etc. Roma. 1706. fol. (*Voy.* aussi *Grævii* Thes. Ant. Rom. T. XII. p. 1021.) — Une autre collection très-estimable, mais très-rare à cause du petit nombre d'exemplaires qui en ont été tirés, c'est celle des tableaux antiques, faite par le comte de *Caylus*, sous ce titre : Recueil des peintures antiques, imitées fidellement pour les contours et pour le dessin, d'après les dessins faits par *P. L. Bartoli*. Paris. 1757. fol.

201.

Le nombre de peintures qui nous restent de l'antiquité, a été considérablement augmenté par celles qu'on a découvertes dans les villes ensevelies d'*Herculanum*, *Pompeja* et *Stabiœ*, et qui maintenant se trouvent dans le Muséum d'Antiquités à *Portici*. Elles se montent à plus de mille, la plupart sur plâtre sec (*a tempera*), et quelques-unes seulement sur un fond humide et proprement *a fresco*. A la vérité plusieurs, étant exposées au jour, ont beaucoup perdu de leur coloris; d'autres ont été mutilées et dégradées par le peu d'adresse à les détacher des murs où elles étaient, jusqu'à ce que l'on parvint à éviter ces inconvéniens par de meilleurs procédés. On a sur ces peintures l'ouvrage célèbre intitulé : Le Pitture antiche d'Hercolano — con qualche Spiegazioni (di *Pasquale Carcani*), Neap. 1737, et années suivantes (jusqu'à présent six volumes en grand in-folio.) Il a paru en Allemagne une contrefaçon de cet ouvrage, par M. *Kilian*, avec des éclaircissemens de M. *Murr*, qui a été commencée à Augsbourg en 1777, in-fol., et qui se continue.

202.

En finissant cette section, nous citerons encore quelques écrits sur la peinture des anciens :

Franc. Junii de Pictura Veterum. Libri III. Roterod. 1694. fol., (traduit en allemand, mais sans le catalogue des principaux artistes qui se trouve dans l'édition originale à Breslau. 1777. in-4°.)

Histoire de la peinture ancienne, extraite de l'histoire naturelle de Pline, L. XXXV. (par M. *Durand*.) Lond. 1725. fol.

Geo. Turnbull Treatise on ancient Painting. Lond. 1740. in-fol. On y trouve cinquante gravures d'anciens tableaux.

Histoire de la Peinture des Grecs, (dans l'Essai d'une Histoire pragmatique de la Littérature), par M. *Rambach*. Halle. 1770. gr. in-8°. p. 61. (en allem.)

4.) *Architecture.*

203.

On peut considérer *l'architecture* sous deux différens points de vue; sous le rapport *mécanique*, ou sous celui des *beaux-arts*. Nous n'en parlerons ici que sous ce dernier rapport, c'est-à-dire en tant que les règles générales du goût et de la perfection æsthétique lui sont applicables, et qu'elle a pour but, non-seulement l'utilité, la commodité et la durée, mais encore l'agrément et la beauté. Ordre, harmonie, noble simplicité, belles proportions et formes agréables, sont les propriétés principales par lesquelles un édifice peut devenir un ouvrage de l'art, et sur quoi l'artiste ou l'homme de goût doit porter son attention.

204.

Dans sa *première origine*, l'architecture n'était au fond qu'un art mécanique, et peut-être ne méritait-elle pas même ce titre. Cette origine remonte au berceau de la société, et on la trouve chez tous les anciens peuples de l'antiquité, d'autant plus que les besoins qui la créèrent furent plus impérieux, l'homme ayant senti de bonne heure la nécessité de se faire un abri contre les injures de l'air et des saisons, contre les ardeurs du soleil et la férocité des animaux. Nous en trouvons les premières traces dans la Bible, *Genèse* IV. 17. et XI. 4.; toutefois il ne faut prendre que dans un sens symbolique et comme une espèce d'hiéroglyphe mise en action, tout ce qui a rapport à la tour de *Babel*, dans la plaine de *Sinéar*. Les premières habitations des hommes et des familles qui alors vivaient isolément et dispersées sur la surface de la terre, étaient d'abord des antres ou cavernes, ensuite des huttes et des cabannes, que l'on ne construisait même que très-grossièrement, d'après le sol, le climat et le différent génie des peuples, de roseaux, de branches et d'écorce d'arbres; de limon, d'argile, et d'autres matières semblables.

205.

Il paraît que l'on faisait alors beaucoup d'usage du *bois* pour la construction;

cependant, du bois la coupe suppose déja l'invention de plusieurs outils qui probablement, dans ces premiers tems, étaient plutôt de pierres que de métal. Ce ne fut que dans la suite qu'on commença à élever des bâtimens en *pierre*, dont la taille exigeait des connaissances plus étendues. On voit que les briques cuites au feu, étaient déja en usage en Égypte du tems de Moïse. *Exode* 1, 14. V, 7. L'époque précise où l'on a commencé à se servir de pierres, de chaux, de mortier et de plâtre pour la construction, ne saurait se déterminer. Cela nécessitait plusieurs moyens auxiliaires, tels que des machines pour transporter les matériaux et pour travailler les métaux, surtout le *fer*. Au reste, ces édifices, dans l'origine, ont dû être encore très-grossiers et très-informes.

206.

C'est dans les *pays orientaux*, et surtout en *Égypte*, que l'*architecture* fit les premiers progrès, et arriva à un degré remarquable de perfection, qui cependant tenait davantage à la solidité et à la grandeur qu'à l'élégance et à la beauté des formes. Les Égyptiens semblent, dans leurs ouvrages de ce genre les plus démesurés et les plus célèbres, s'être proposé pour but plutôt d'exciter l'étonnement de la postérité la plus reculée, que de flatter le goût du connaisseur. Le défaut de bois aura sans doute occasionné de très-bonne heure en cette contrée l'emploi de la pierre, dont les carrières étaient abondantes, et dont le transport était facilité par leurs canaux. Leur monument le plus fameux était le *labyrinthe*, édifice d'une étendue extraordinaire, situé près du lac *Moeris*, qui était l'ouvrage de douze rois consécutifs. On connaît aussi leurs *pyramides* et leurs *obélisques* ; mais ce n'était guères que des monumens de luxe, et en partie destinés à la sépulture : ils étaient remarquables surtout par leur grandeur et leur solidité.

207.

Nous voyons que dans l'*Asie-Mineure* l'architecture avait fait de grands progrès du tems d'*Homère*. On en a la preuve dans la description des grands édifices et palais qui se trouvent dans les deux poëmes épiques d'*Homère*, même en réduisant tout ce que l'exagération poétique peut avoir ajouté à la vérité. De ce genre est la peinture qu'il fait du palais de Priam à Troye, *Iliade*. VI. 243.; celle du palais de Pâris, au même endroit. VI. 313.; mais surtout celle du palais d'Alcinoüs, roi des Phéaciens, *Odyss*. L. VII. v. 85. et suivans, et du palais d'Ulysse dans plusieurs endroits. La pompe avec laquelle il parle des temples, semble supposer une manière de les construire qui déja n'était pas tout-à-fait grossière.

208.

Cette *architecture* était cependant alors bien éloignée de cette grande perfection à laquelle l'art atteignit par la suite chez les Grecs, et dont on peut placer l'époque la plus florissante, en général, depuis la soixante-quinzième jusqu'à la quatre-vingt-quinzième Olympiade. Pendant cette période, on éleva dans la Grèce, et surtout à Athènes, une infinité de superbes édifices de tout genre, des temples, des palais, des théâtres, des gymnases, des colonnades. La religion, la politique, l'émulation, le luxe, tout s'unit pour encourager et perfectionner l'architecture, et l'élever au rang des beaux-arts. C'était surtout dans leurs édifices publics que les Grecs étaient jaloux de montrer leur luxe et leur magnificence; les habitations particulières, quelquefois même celles de personnes qui appartenaient aux conditions les plus relevées, étaient, dans l'époque la plus remarquable de l'art, la plupart d'une grande simplicité, et dénuées de toute espèce d'ornemens.

209.

Cette foule innombrable de divinités que l'antiquité adorait, nécessitait une multitude proportionnée de *temples* ; et chacune, selon son rang, en avait de plus ou moins nombreux, ou de plus ou moins considérables. En général, ces édifices n'étaient pas tant destinés à recevoir le peuple et à offrir des sacrifices, qu'à former, d'après les dogmes religieux, la demeure même

des dieux. Cette observation sert à expliquer le peu d'étendue qu'ils offrent quelquefois. On les embellissait par toute la pompe et le luxe des arts. On ornait de statues la place qui les environnait ; on les exhaussait par des gradins, et on décorait leur pourtour ou au moins leur façade, de colonnades magnifiques. C'est de-là que les temples reçurent chez les Grecs différentes dénominations ; par exemple, περίπτερος, δίπτερος, πρόσυλος, etc. Le portique, ou le parvis à l'entrée des temples, se nommait πρόαυος. Les portes, chez les Doriens, allaient en se rétrécissant par en haut ; tous, en général, ne recevaient la lumière que par l'entrée ; cependant, on les éclairait en dedans avec des lampes. L'intérieur était décoré non-seulement par l'architecture, mais encore, surtout aux plafonds et aux murs, par tout ce que la sculpture a de plus recherché. Les plus célèbres par leur magnificence et leur grandeur étaient le temple de *Diane* à *Éphèse*, celui d'*Apollon* à *Milet*, et celui de *Jupiter Olympien* à *Athènes*. (*Voyez* là-dessus des détails dans l'ouvrage intitulé :
Temples

Temples anciens et modernes. Paris. 1774. 4 Vol. in-8°.)

210.

Les *théâtres* de l'antiquité étaient des édifices très-vastes et très-considérables; ils étaient quelquefois tout en marbre, et d'une forme un peu prolongée en demi-cercle. Les *amphithéâtres* avaient deux parties semblables qui formaient ensemble un ovale, dont l'une était la *scène* pour les acteurs, et l'autre le *théâtre* proprement ainsi dit (κοιλον, *cavea*) pour les spectateurs, qui s'asseyaient sur des gradins disposés par étages. Entre ces deux parties, il y avait encore une troisième séparation, qui était l'*orchestre* (ορχήςρα), pour les mimes, les danseurs, le chœur et la musique. Le lieu destiné aux spectateurs avait trois compartimens, dont chacun contenait plusieurs sièges et gradins: le plus bas était pour les magistrats et autres personnes distinguées, celui du milieu pour la classe commune, et le plus élevé pour les femmes. Derrière le théâtre proprement dit, on élevait ordinairement des

Q

colonnades. On suivait à-peu-près le même plan dans la construction des *Odées*, ou édifices destinés au chant et aux combats d'émulation, parmi lesquels celui qu'avait fait construire *Périclès*, à Athènes, était le plus considérable.

211.

Les *gymnases*, ou les écoles pour les exercices du corps, dont les premiers furent établis à Lacédémone, devinrent dans la suite communs à plusieurs autres villes grecques, et furent imités par les Romains. Ils consistaient en divers édifices, qu'on combinait pour un même objet. Il y avait des colonnades (ϛοαὶ) auprès desquelles on avait ménagé des édifices destinés aux exercices de l'esprit; la place du combat où la jeunesse (ἐφήβαιον,) se préparait; le salon pour se déshabiller (κωρίκειον, γυμναϛηριον); le lieu où l'on frottait d'huile les athlètes, (ἀλειπτήριον); une arène consacrée aux combats (παλαίϛρα); le *stadium* (pour faire des courses), etc. Les gymnases les plus célèbres d'Athènes étaient l'*Académie*, le *Lycée*, le *Cynosarges* et la *Stoa*.

212.

Les *colonnades* (σοαί, *porticus*) étaient des ouvrages très-ordinaires et très-considérables dans l'architecture grecque et romaine, soit qu'on les employât seules, soit combinées avec d'autres édifices; comme des temples, des théâtres, des bains, des places publiques, etc. Elles offraient en même tems un abri contre la pluie et le soleil; souvent elles servaient de cours ou de promenades publiques, ou de lieu de réunion aux amis; et c'était là que certains philosophes enseignaient leur doctrine, surtout les Aristotéliciens et les Péripatéticiens. L'intervalle entre les colonnes offrait des espaces plus ou moins grands. On y mettait souvent des statues, et on en décorait l'intérieur de peintures. La plus célèbre colonnade était la σοά ποικίλη d'Athènes. Elles n'étaient pas toujours couvertes par en haut, mais le plus souvent longues et spacieuses. Quelques colonnades, à Rome, avaient presque mille pas de longueur, et en avaient pris le nom de *milliaria*.— Nous ne parlerons ici qu'en passant des trois ordres de colonnes en usage chez les Grecs; savoir, l'ordre *dorique*, *ionique* et *corinthien*, dont l'explication ultérieure appartient plus à la théorie de l'art qu'à l'Archéologie de l'architecture. L'ordre *dorique* offre le plus de simplicité et de solidité ; l'ordre *ionien*, des proportions plus agréables et plus belles : l'ordre *corinthien* est le plus orné, et ne servait guères qu'aux grands édifices publics. Les deux autres ordres de colonnes, le *toscan* et le *romain*, ou *composite*, ne sont pas d'origine grecque : le premier est étrusque, et l'autre d'invention moderne.

213.

Dans l'architecture des Romains, il y avait beaucoup d'ornemens, tant intérieurs qu'extérieurs qui, dans la meilleure époque, étaient employés avec un choix, un goût et une économie bien entendue. Dans les tems postérieurs de l'art, on commença à les prodiguer, et leur usage trop fréquent finit par choquer la convenance et le bon goût. Les ornemens extérieurs du meilleur tems consistaient, par exemple, à mettre des statues sur les faîtes des édifices, et des sculptures en bas-reliefs sur l'architrave ; à substituer aux colonnes des figures humaines, comme des *Caryatides*, des *Atlas*, etc.; à varier les chapiteaux des colonnes, et embellir de divers ornemens les portes, les arcs, et autres ouvertures. En dedans, on ornait les plafonds et les parquets d'ouvrages en stuc, de dorures et de peintures en mosaïque. La décoration ordinaire des chambres ou appartemens se réduisait à y peindre les murs, et quelquefois à y ménager plusieurs petits tableaux. Les cavités des plafonds, auxquelles on donnait des formes très-diversifiées, s'appelaient chez les Grecs φατνώματα ; et chez les Romains *tecta, laqueata* ou *lacunaria*.

214.

Les *architectes* les plus célèbres parmi les Grecs étaient : *Dédale*, auquel on attribue un très-grand nombre d'édifices considérables, quoiqu'il y ait dans ces récits beaucoup d'exagération et de fabuleux ; *Ctesiphon* ou *Chersiphon*, célèbre par la construction du temple de Diane à Éphèse ; *Callimaque*, qui était en même tems sculpteur, et auquel on attribue l'invention de l'ordre *corinthien* ; *Dinocrates*, qui vivait au siècle d'Alexandre ; *Sostrates*, favori de Ptolomée Philadelphe, auteur du célèbre fanal de Pharos ; et *Épimaque*, Athénien, connu par une tour de guerre qu'il construisit pour Démétrius Poliorcetes, dans le siège de Rhodes.

215.

La belle architecture fut aussi cultivée de bonne heure en Italie, surtout en Étrurie : l'ordre *toscan* en offre une preuve. Ainsi, dès les premiers tems des Romains, on construisit un grand nombre d'édifices et de temples véritablement nationaux. Mais l'architecture devint par la suite bien plus parfaite à Rome, lorsqu'elle prit celle des Grecs pour modèle, et que plusieurs Grecs s'y distinguèrent dans leur art. A mesure que la puissance, le luxe et le goût se répandirent, on construisit une foule de temples, d'amphithéâtres, de places publiques, de bains, de ponts, d'aqueducs, de palais et de maisons de campagne. Tous ces édifices étaient magnifiques, soit par leur architecture, soit par leurs ornemens extérieurs et intérieurs, auxquels les différens arts plastiques, surtout la sculpture et la peinture, avaient beaucoup de part. Les autres détails relatifs aux dénominations, à l'ordonnance et à la destination de ces édifices, appartiennent à la connaissance de l'antiquité. Ici nous nous contentons de rapporter les noms des architectes romains les plus connus, dont la plupart étaient Grecs, ou au moins élèves et imitateurs des Grecs : *Cossutius, Hermodore, Vitruve, Rabirius, Frontin* et *Apollodore*.

216.

Vu leur extrême solidité, les édifices grecs et romains étaient faits pour passer à la postérité la plus reculée, si les tremblemens de terre, les incendies et les dévastations des barbares ne les eussent anéantis et détruits en grande partie. Cela nous rend d'autant plus précieux les monumens qui nous restent de l'ancienne architecture, surtout en Grèce et en Italie; nous en indiquerons ici les principaux. A *Athènes*, on voit encore les ruines du célèbre temple de *Minerve*, et celles de plusieurs autres à *Éleusine*, *Corinthe*, *Thessalonique*, *Éphèse*, *Priène*, *Antioche*, etc.; les restes des superbes théâtres à *Athènes*, *Smyrne*, en *Troade*, à *Mylasa*, *Hiéropolis*; de palais et de basiliques à *Alabanda*, *Ephese*, *Magnésie*; les décombres magnifiques des villes de *Palmyre*, *Héliopolis* et *Persépolis*; quelques monumens en *France*, comme la célèbre maison de *Nismes*; en *Egypte*, beaucoup de restes d'architecture, soit des premiers tems, soit des tems postérieurs, comme des temples, des obélisques et des pyramides. Les monumens de l'architecture romaine sont encore plus nombreux et mieux conservés. A *Rome*, on a le *Panthéon*, le temple de *Vesta*, plusieurs *colonnades*, le *Colisée* ou l'*Amphithéâtre* de *Vespasien*; les restes des théâtres de *Pompée* et de *Marcellus*, de quelques beaux *aqueducs*, des *bains des empereurs*, des *colonnes* et *arcs de triomphe*, des *portes*, des *ponts*, des *tombeaux*, des *mausolées*, etc., dont on a parlé ci-dessus.

217.

Outre les nombreuses observations des voyageurs modernes sur ces restes précieux de l'antiquité, nous avons plusieurs ouvrages, où l'on trouve des gravures et des explications de ces monumens; par exemple:

Les Ruines des plus beaux monumens de la Grèce. —— par M. *le Roi*. Par. 1796. fol. max.

The Antiquities of Athens, by *Stuart* and *Revett*. Lond. 1758. 87. 93. 3 Vol. fol.

Rob. Sayer's Ruins of Athens. Lond. 1759. fol.

The Ionian Antiquities, bey *Chandler*, *Revett* and *Pars*. Lond. 1769. fol. maj.

The Ruins of Palmyra. Lond. 1753. fol. (Ces deux ouvrages sont des savans voyageurs *Wood* et *Dawkins*.)

Ruins of the palace of the Emperor *Diocletian* at Spalatro in Dalmatia, by *R. Adam*. Roma 1763-66. 3 Vol. in-4°. avec figures.

Voyage pittoresque de la Grèce, par M. le comte de *Choiseul-Gouffier*. Par. 1779. gr. fol., ouvrage célèbre et très-considérable, dont M. *Reichard* à Gotha traduit le texte depuis 1780.

Descrizione topographia e istorica di Roma antica e moderna, dell Abbate *Ridolfino Venuti*. Roma. 1763. 66. 3 Vol. 4.

Le Vedute di Roma da *Piranesi*. (Soixante-dix superbes planches.)

Antichità di Roma, opera di *G. B. Piranesi*. Roma. 1756. 4 Vol. fol.

Raccolta de' Tempi Antichi, Opera di Francesco *Piranesi*. Architetto Romano. Roma. 1780. in-fol.

Le antiche Camere delle Terme di Tito, descritto da *Carletti*. Roma 1776. in-fol.

Les plus beaux monumens de Rome, par *Barbault*. Par. 1763. 2 Vol. fol.

Les édifices antiques de Rome dessinés, — par feu M. *Desgodetz*. Par. 1779. fol.

Veteris Latii Antiquitatum amplissima Collectio (ed. *Rud Venuti*.) Rom. 1769. 2 Vol. fol.

Il faut y ajouter :

Observations de *Winkelmann* sur l'architecture des anciens. Leipsic. 1762. in-$4°$.

Observations sur les édifices des anciens, par M. *le Roi*. Par. 1768. in-$4°$.

Histoire de l'Architecture des Anciens, par *Stieglitz*. Leipsic 1792. in-$4°$. (en allemand).

II.

COURTE NOTICE

SUR

LES AUTEURS CLASSIQUES

DE

L'ANTIQUITÉ GRECQUE ET ROMAINE.

PREMIÈRE PARTIE.

LITTÉRATURE GRECQUE.

I. Introduction.

Aucune nation de l'antiquité n'a été si célèbre dans l'histoire des lettres, que la *Grecque*. Par elle, presque tous les genres de connaissances humaines, qui auparavant étaient éparses et sans liaison, reçurent une combinaison scientifique de formes déterminées, et furent réduites à des principes sûrs et généraux. Aussi cette nation réunissait presque toutes les facilités pour accélérer les progrès des sciences et des arts, ainsi que nous l'avons déja observé : le climat le plus doux, une forme de gouvernement libre et qui secondait le génie, un commerce étendu avec les autres nations du globe alors connu, les occasions que ce commerce fit naître de voyager et de s'enrichir des propriétés intellectuelles des autres pays ; enfin, la grande considération et les récompenses brillantes qu'on accordait au talent et au mérite en tout genre. En général, l'éducation de cette contrée favorisait davantage l'élan de la faculté productrice. Elle marchait plus rapidement à son but, et ne se bornait pas, comme la nôtre, à l'égoïsme des vues individuelles de leurs élèves. Tout s'y rapportait à l'avantage commun de l'état ; c'est ce qui rendait leurs idées et leurs efforts plus utiles, et donnait à leur esprit une tendance bien plus généreuse et plus immédiate vers le bien public. C'est par-là qu'il faut expliquer l'excellence de la plupart des écrivains grecs, et la gloire durable qu'ils se sont acquise. C'est aussi sur cela qu'on doit fonder l'obligation imposée à tout individu qui se livre à la littérature, de se familiariser avec la langue des Grecs et avec les meilleurs écrits qui nous restent d'eux. On exige également cette connaissance du législateur, du jurisconsulte, du médecin, du théologien, du philosophe et de l'historien; mais c'est surtout à l'humaniste, à l'amateur des arts et à l'artiste, que la littérature grecque est tout-à-fait indispensable.

Ce qui, indépendamment de ces raisons, doit engager à étudier cette langue, c'est surtout sa beauté supérieure, et le haut degré de perfection intrinsèque, par laquelle elle l'emporte sur presque tous les autres idiômes, la richesse de ses mots, l'heureuse construction et composition de ses phrases, son élégance dans la formation et l'arrangement de ses expressions, et l'extrême euphonie de ses sons, soit en poésie, soit en prose; avantages précieux par lesquels les meilleurs écrits de cette nation ont un charme inexprimable et particulier, qui va de pair avec le mérite ordinaire à toutes leurs autres productions.

La langue grecque était en partie aborigène, et en partie exotique : *aborigène*, ayant son fond et ses racines dans le premier langage des plus anciens cultivateurs de la Grèce, qu'on croit communément avoir été les *Pélasgiens* : dénomination sous laquelle on semble avoir compris tous les étrangers d'au-delà des mers qui, dans les premiers tems de la Grèce, arrivèrent dans cette contrée; *exotique*, à cause des colonies qui y apportèrent leurs idiômes, et des fréquentes relations commerciales des Grecs avec les autres peuples qui habitaient les côtes de l'Asie, tels que les *Phéniciens*, les *Thraces*, les *Égyptiens*. En effet, on ne saurait disconvenir que dans les anciens monumens de la langue grecque, surtout dans leur idiôme poétique et dans leurs *gnómes* ou proverbes, qui portent le cachet de la plus haute antiquité, il n'y ait un caractère évidemment *oriental*. Mais, avec le tems, cette langue s'enrichit et se forma de plus en plus; elle acquit de jour en jour plus d'originalité; et sa beauté, sa justesse devinrent enfin l'objet général de l'attention, de l'étude et des efforts de leurs meilleurs écrivains, et le désespoir des modernes.

Chaque province différente de la Grèce offrait une variation dans l'idiôme, nommée *dialecte*. Les plus usités étaient: le *dorien*, l'*éolien*, l'*ionien* et l'*attique*. Le dernier était

était beaucoup en honneur dans le tems le plus florissant de la littérature grecque. *Platon*, *Aristote*, *Isocrate*, *Démosthène*, *Aristophane*, et un grand nombre d'autres excellens écrivains l'ont suivi; comme *Pindare* et *Théocrite* le *dorien*; *Sappho* et *Alcée* l'*éolien*; *Homère*, *Hésiode* et *Anacréon* l'*ionien*.

Il est aujourd'hui très-difficile de déterminer au juste la *prononciation* exacte et véritable de la langue grecque, et l'on ne peut la considérer que comme une langue morte. La principale différence qui règne entre les diverses prononciations en usage chez les philologues et grammairiens actuels, roule sur les lettres et les diphtongues η, αι, οι, ει, αυ et ευ, que quelques-uns expriment par *ai*, *aï*, *oï*, *eï*, *aou* et *eü*, et d'autres par *è* ou *ì*, *ì*, *ì*, *of* et *ef*. D'après le nom de leurs divers partisans parmi les savans, on appelle la première *la méthode d'Érasme*, et l'autre celle de *Reuchlin*. Il est plus que probable, cependant, qu'anciennement les différentes provinces de la Grèce même, différaient entr'elles dans la prononciation de leurs voyelles et diphtongues. Aussi la

R

prononciation des modernes, même en suivant les *accens*, est fort éloignée d'être juste; car ces accens sont d'une invention bien postérieure, et ne sont que l'expression de la prononciation corrompue qui était alors en vogue, et qui, sans eux, se serait altérée bien davantage encore. Cela est si vrai, que dans les vers grecs presque toute l'harmonie poétique disparaîtrait, si l'on se prêtait à les lire selon les accens.

Il faut appliquer de bonne heure la jeunesse à l'étude de cette belle langue, en faisant en sorte cependant de lui épargner, autant que possible, la sécheresse d'une méthode qui, par l'ennui dont on semble vouloir l'accabler, devient infructueuse et nuisible. Il est cependant difficile de lui enseigner cette langue par la simple lecture, et sans lui inculquer aucuns principes élémentaires de grammaire. Ainsi, la meilleure méthode et le juste milieu serait d'unir ces deux moyens l'un à l'autre, et de la faire commencer par la lecture des écrivains les plus aisés et les plus intéressans; par exemple, celle d'*Ésope*, de *Théophraste*, de *Xénophon*, de *Paléphatus*, des petites histoires d'*Elien*, et d'autres morceaux faciles, tirés de différens auteurs, tels qu'on les trouve recueillis dans les *Chrestomathies de Gesner* et d'autres savans qui, par ces ouvrages utiles, se sont efforcés de s'accommoder aux besoins de la jeunesse studieuse. Nous citerons ici comme une preuve de ce que nous devons aux Allemands dans ce genre, le livre de lecture grecque de M. *F. Gedike*, Berlin 1787. in-8°., et celui qui a été fait dans la même vue pour les classes inférieures, de *I. C. F. Heinzelmann*, Halle 1787; et chez les Français, les services importans qu'a rendus le Cit. *Gail*, professeur de langue grecque au *Collège de France*, par ses éditions avec des versions interlinéaires; méthode ingénieuse, très-utile, et plus usitée chez nos voisins que chez nous (où il serait à souhaiter qu'on l'introduisît) et qu'on peut varier de plusieurs manières différentes.

Les livres élémentaires et les principales grammaires grecques sont pour l'*Allemagne*: Jac. *Welleri* Grammatica græca, ex. edit. *Fischeri*. Lips. 1756. in-8°. — *I. F. Fischeri* Libelli III. Animadversionum quibus *I. Welleri* Grammatica græca emendatur, suppletur, illustratur. Lips. 1750-52. in-8°. — La grammaire grecque de *Halle*. Halle. 1745. in-8°. — La grammaire grecque de *A. G. Wœhner*. Wolfenbüttel. 1751. — La grammaire grecque de la *Marche Brandenbourg*. Berlin. 1730. — Les élémens de la langue grecque par M. *Neuhauser*. Munic. 1779. in-8°. — La grammaire grecque de M. *Jehne*. Hambourg. 1791. in-8°. — Élémens de langue grecque, par *Trendelenbourg*. Leipsic. 1790. — Grammaire complète de la langue grecque, par *Bernhardi*. Berlin. 1797.; par *Hetzel*, Weissenfels et Leipsic. 1795. 8.; par *Wetzel*, Leipsic. 1798. — Doctrine des formes de la langue grecque, par *Horstel*. Brême. 1800. — Pour la *France*, nous citerons ici la meilleure de ses grammaires, qui est celle de *Port-Royal*. Paris. 1696. (neuvième édition.) — Nous ne parlons point de celles en usage chez les autres nations savantes de l'Europe, où cependant il s'en trouve d'excellentes, surtout en *Hollande* et en *Angleterre*, pour connaître à fond les *idiotismes*, les *particles* et les *ellipses* de cette langue, il y a trois livres principaux : *Fran-*

cisci Vigeri de præcipuis græcæ dictionis Idiotismis. ex. ed. *Zeunii*. Lips. 1777. — Henr. Hogevinii Doctrina particularum linguæ græcæ, ex. ed. *Schutzii*. Lips. 1782. in-8°. — *Lamb. Bosii* de Ellipsibus græcis, cura *Schwebelii*. Norimb. 1763. in-8°.

Parmi les *Dictionnaires* de cette langue, les plus en vogue et les plus usuels, sans parler du grand *Thesaurus* de *Robert Etienne*, nous citerons principalement ceux qui ont paru en Allemagne. Le mérite des savans de cette nation dans cette partie est tellement supérieur, que les Anglais eux-mêmes se sont contentés de réimprimer, avec le luxe qui leur est ordinaire, un des principaux dictionnaires grecs en usage dans les collèges d'Allemagne ; savoir : *Hederici* Lexicon Manuale græcum, cura *J. A. Ernesti*. Lips. 1767. in-8°. major. ; et *Wendleri*. Lips. 1796. in-8°. — (Londini cum Notis et Supplementis *Morelli*.) — Additions et éclaircissemens géographiques au dictionnaire grec manuel, par M. *Vollbeding*. Leipsic. 1787. in-8°. — Supplémens, corrections et rectifications du même Dictionnaire, par le même auteur.

Ibid. 1788. in-8°. — Enfin, dans les dernières années, M^{rs}. *Haas* et *Schneider* ont rempli le vœu qu'avaient depuis long-tems exprimé les nombreux littérateurs grecs de notre pays, en nous donnant les plus amples et les mieux faits de tous les dictionnaires grecs existans à présent, et qui expliquent les mots de cet idiôme en allemand : Dictionnaire complet grec et allemand, par M. *Haas.* Leips. 1796-1800. 2 Vol. gr. in-8°.; et Dictionnaire manuel critique pour la lecture des écrivains grecs profanes, par M. *I. G. Schneider.* Züllichau et Leipsic, chez *T. Fromman.* 1797, 2 Vol. gr. in-8°. — *A Lennep* Etymologicum linguæ græcæ, ex edit. *Scheidii* Traj. ad Rhen. 1799. 2 Vol. in-8°. Il serait à desirer, pour les progrès de l'étude de la langue et littérature grecque en France, qu'oubliant le dictionnaire suranné et défectueux, et même presque le seul dont on se soit servi jusqu'à présent, je veux dire celui de *Schrevelius*, on profitât du travail des Allemands et des Hollandais, pour donner à la jeunesse un dictionnaire du même genre, *grec* et *français.* Ce n'est que par un pareil ouvrage de première nécessité que cette littérature, languissante en France, et presque abandonnée, pourrait se réveiller de sa léthargie. Cette entreprise utile serait même digne de l'attention du gouvernement, lequel, en facilitant l'impression de cet ouvrage et en l'introduisant dans les écoles centrales, à une époque où la paix générale, donnée à l'Europe entière par un héros ami et protecteur des sciences, et dont la gloire a placé le nom parmi les plus célèbres capitaines et les plus sages législateurs anciens, va ouvrir de nouveau les sources du savoir, et faire fleurir tous les arts utiles à la société.

Pour lire avec fruit les écrivains grecs, pour juger de leurs écrits du point de vue le plus convenable, et en faire une juste application, il est indispensable de connaître tout ce qui concerne leur antiquité, c'est-à-dire leur religion, la constitution de leurs gouvernemens, leurs usages, etc. Un des meilleurs livres pour cet objet est l'Archéologie grecque de *Potter*, traduite de l'anglais en allemand, rectifiée, accompagnée d'observations, et enrichie d'additions très-considérables (qui en forment le troisième volume), par M. *Rambach*. Halle. 1776-78, 5 Vol. gr. in-8°. — Parmi les Abrégés sur cette matière, les meilleurs sont : *Lamberti Bosii* Antiquitarum græcarum, præcipue Atticarum Descriptio brevis. ex. ed. *J. F. Leisneri*. Lips. 1767. in-8°. — Manuel des Antiquités grecques pour l'usage de la jeunesse. Leipsic. 1789. in-8°. (en allemand.)

Pour la connaissance plus particulière des auteurs grecs, nous citerons, outre la *Bibliothèque grecque de Fabricius* les

Notices exactes des principaux auteurs anciens jusqu'à l'an 1500, par M. *Hamberger*. Lemgo. 1756-1764. 4 Vol. in-8°.; et par Extrait, *ibid*. 1766. 2 Vol. Ces notices s'étendent encore sur la littérature romaine et celle des principaux auteurs du moyen âge.

Harles Introductio in Historiam linguæ græcæ, Altenburgi. 1778. in-8°.

I. D. E. Walchii Introductio in linguam græcam. Jen. 1772. in-8°.

C. D. Beckii Commentarii de Litteris et Autoribus Græcis et Latinis. P. I. Sect. 1. Lips. in-8°.

Littérature des traductions allemandes des Grecs. Altenb. 1796. 98. 2 Vol. in-8°.

Brüggemans View of the English Editions, Translations and Illustrations of the Ancient Greek and Latin Authors, with Remarks. Stettin. 1797. in-8°.

Étrennes du Parnasse. Poètes grecs. Paris. 1771, 1 Vol. in-12. Poètes latins. 3 Vol. *Ibid.* 1773. in-12.

I I.

Notice des principaux Auteurs grecs et de ceux de leurs ouvrages qui nous sont parvenus.

―――――――

1. *Poètes.*

Chez les Grecs, la poésie fut en usage ien avant la prose. La religion, la morale, la physique et l'histoire naturelle, les principes de politique, les faits et évènemens mémorables, et les panégyriques des hommes célèbres, furent l'objet des premiers poëmes grecs; et ces poëmes, dans les tems les plus anciens, ne s'écrivaient pas; on se les transmettait de vive voix. Les poètes, et ensuite les rapsodes, parcouraient en les chantant, leur pays natal; et l'impression que faisaient ces ouvrages, par cette tradition orale, n'en était que plus vive et plus profonde. Bien avant qu'on ne s'appliquât à enseigner les règles de la poésie, il se trouvait déja chez ce peuple vierge et créateur dans tous les genres, des modèles excellens de poésie, dont on déduisit ensuite toute la théorie de l'art. Les autres genres de littérature datent d'un âge postérieur, et naquirent pour la plupart de ces premiers.

Il est indubitable que bien avant Homère il existait déja des poètes grecs, dont les noms et les ouvrages nous sont connus par les notices que nous en ont donné les écrivains d'un âge postérieur; mais ce qui est certain, c'est qu'aucun des ouvrages de ces anciens poètes n'est parvenu jusqu'à nous. Nous commencerons cependant la série des poètes grecs par deux de ceux-ci, à cause de la célébrité qu'ils se sont acquise, quoique leurs ouvrages soient perdus pour nous.

I. *Orphée.* Vers l'an du monde 2748, originaire de Thrace, élève de *Linus*, et compagnon des *Argonautes*. Le récit fabuleux, qui rapporte que par les chants de sa lyre il savait attirer autour de lui les animaux et mettre en mouvement des objets inanimés, ne doit être considéré que comme une allégorie, et exprimait sans doute la révolution dans les mœurs, effectuée par ses poésies. Les ouvrages qu'on lui attribue, mais qui vraisemblablement ont été écrits par *Onomacrite*, au tems de Xerxès, ou au moins rédigés alors dans la forme sous laquelle nous les possédons aujourd'hui, sont : quatre-vingt-six *hymnes*, un poëme historique du *voyage des Argonautes*, et un poëme physique *sur la nature et les vertus des pierres*. La meilleure édition de ces ouvrages *Orphiques* est celle qui a été dirigée par *Gesner*, et publiée après sa mort, augmentée par les observations d'*Étienne* et de *Eschenbach*, par *Hamberger*. Leipsic 1764. gr. in-8°. — On en a une traduction allemande par *Küttner*. Mietau. 1773. in-8°.

II. *Musée*, vers l'an du monde 2720, né à Athènes, élève d'*Orphée*, poète et philosophe. Le poëme qu'on lui attribue communément, des *Amours de Héro et de Léandre*, n'est certainement pas de lui ; il est d'une origine bien postérieure, et vraisemblablement du cinquième siècle après la naissance de J. C. L'édition la meilleure et la plus complète est celle de *J. Schrader*, à Leuwarden, 1742. gr. in-8°. Ce poëme a quelques passages d'une grande beauté épique, mais n'a aucun rapport avec la simplicité du siècle auquel on le fait remonter. On en a aussi une traduction allemande par M. *Küttner*, à Mietau. 1773. in-8°. M. *Hindenburg* de Leipsic vient d'en promettre une nouvelle édition. — Traduction italienne in versi Sciolti di Francesco Mazarella Farao, in Napoli 1787, in-8°., et de *Ang. Mar. Bandini*. Florentiæ 1765. — En français, avec le texte grec, par M. de *la Porte du Theil*. Paris 1784. in-12.

III. *Homère* vivait probablement vers l'an du monde 3030, à-peu-près neuf siècles et demi avant la naissance de J. C. On est de même incertain sur le lieu où il a pris naissance. Sept villes de la Grèce se disputèrent cette gloire. Il est vraisemblable que ce fut Chios ou Smyrne. La majeure partie des notices qui concernent sa vie, ont pour source une biographie de ce poète, qu'on attribue, sans beaucoup de raison, tantôt à *Hérodote*, et tantôt à *Plutarque*; il est même à croire que sa cécité n'a rien de bien fondé, et que cette circonstance est fabuleuse. — Ses deux poëmes épiques, l'*Iliade* et l'*Odyssée*, n'étaient originairement que des *rapsodies* détachées qui, par le soin de *Pisistrate* ou de son fils *Hipparche*, ont été rédigées dans l'ordre où nous les avons maintenant. Le sujet de l'Iliade est la colère d'Achille, son absence de l'armée des Grecs qui en est le résultat, et les évènemens de la guerre de Troyes arrivés dans cet intervalle, ou immédiatement après son retour. L'Odyssée célèbre les aventures et les dangers encourus par Ulysse pendant son retour de Troye à Ithaque, et ce qui lui arriva ensuite. Outre ces deux poëmes, dont le premier obtient communément la préférence, on attribue encore à Homère un petit poëme héroï-comique ; savoir, la *Batrachomyomachie*, ou la guerre entre les rats et les grenouilles, et de plus trente-deux *Hymnes*, dont cependant l'authenticité est plus que douteuse, sans compter plusieurs autres petits poëmes épigrammatiques. Parmi ses commentateurs anciens, le plus célèbre est *Eustathe* ; et parmi les modernes, l'anglais *Samuel Clarke*. Le commentaire du premier, qui était archevêque à Thessalonique au douzième siècle, a été imprimé à Rome, 1542-1556, en trois volumes in-folio. Quant à l'édition complète des ouvrages d'Homère, par *S. Clarke*, qui a paru à Londres en 1732 et 1740, en 4 Vol. in-4°., il en existe une contrefaçon, corrigée et enrichie de notes, par *I. A. Ernesti*, Leipsic. 5 Vol. gr. in-8°. — L'édition que le Cit. *Villoison* a donnée de cet auteur, Venise 1788, est très-connue et très-intéressante à cause des notes critiques dont il l'a enrichie, d'après le manuscrit de la bibliothèque de Saint-Marc. L'édition la plus récente et la plus remarquable par les soins assidus donnés à l'éclaircissement du texte d'Homère, et la préface où se trouvent les aperçus les plus nouveaux et les plus détaillés sur la manière dont les anciens ont probablement rédigé les rapsodies d'Homère, est celle de M. *Wolf* à Halle, commencée l'an 1794. Le même auteur a aussi donné une édition usuelle de l'Odyssée en 2 Vol. in-8°. Halle. 1784-85. — L'*hymne* d'Homère à *Cérès*, découverte récemment, a paru à Göttingue, 1786. — Parmi les nombreuses traductions de l'Iliade et de l'Odyssée, les plus célèbres sont : *En latin* : Homeri Ilias Latinis versibus expressa a *Raymundo Cunichio.* Venetiis. 1784. 2 Vol. in-8º. — Homeri Odyssea Latinis versibus expressa a *Bernardo Zamagna.* Venetiis. 1783. in-8º. — Odyssea Homeri per Raphaelem Volaterranum, in Latinum conversa. Romæ. 1510. in-fol. — *En italien :* l'Iliade d'Omero nuovamente tradotto dall original Greco in versi sciolti, e la Batrachomiomachia in Ottave in Venezia. 1776. 2 Vol. in-8º. (par le père *Christoph. Ridolfi,* ex-jésuite.) — La guerra de' topi et ranocchi, poema eroi-comico di *Andrea del Sarto* in Firenze, 1788. in-8º. — Volgarizzamento dell Inno a Cerere scoperto ultimamente e attribuito a Homero. Bassano. 1785. in-8º. (par M. le marquis de *Piedelmonte*). — Omero tradotto per il Rev. Padre Bozzoli 1770. in Ottave. — *En anglais :* celle de *Pope*, en vers alexandrins, dont on a une contrefaçon peu dispendieuse, imprimée à Glascou, 1753, en 8 Vol. portatifs. — *En français :* celle de madame *Dacier*, Paris 1756, 8 Vol. in-12; de *Bitaubé*, Paris 1780, 3 Vol. in-8°.; de *le Gin;* du consul *Lebrun*, 11 Vol. in-12, et en 3 Vol. gr. in-8°., Paris 1776. (en prose); et de *Rochefort*, 1776. (en vers alexandrins). — *En allemand :* celles de *Damm*, Lemgo 1769, 4 Vol., et *Küttner*, 1773 (en prose); de *Bodmer*, Zuric 1777-1778, 2 Vol.; de *Bürger* (une en vers blancs, et l'autre en hexamètres, mais qui toutes les deux ne sont point achevées); du comte de *Stolberg*, cadet, Hambourg 1778, 2 Vol., et de *Voss*, Altona 1793, seconde édition (en hexamètres). La Batrocomiomachie a été aussi traduite en vers hexamètres, par M. *Willamow* (Pétersbourg 1771, gr. in-8°.), et par le comte de *Stolberg*, l'aîné, dans le Muséum allemand, mois de mars 1784.

Parmi les écrits qui ont paru sur ce père de la poésie, les plus instructifs sont : *Blackwall* Enquiry on the Life and Writings of Homer, Lond. 1736 (traduit par *Voss* en allemand 1776). — *Robert Wood*, Essai sur le génie original d'Homère, traduit de l'anglais en allemand, Francfort 1774; et
les

les additions, corrections et cartes relatives à cet ouvrage, Francf. 1778 in-8°.—*Dammii* Lexicon Homericum et Pindaricum. Berlin 1765. — Beauties of Homer, selected by Holwell. 1775.—Klotzii Epistolæ Homericæ Altenb. 1765. — Sur l'étude d'Homère dans les collèges et universités, de M. *Schott.* Leipsic. 1783. in-8°. — Sur Homère et ses poëmes, de *J. H. J. Kœppen.* Hanovre. 1783. in-8°.; et observations explicatives pour la lecture d'Homère, par le même auteur, Hanovre 1787. 4 Vol. in-8°. — *Schaufelbergeri* Clavis Homerica. — *Riccii* Dissertationes Homericæ. Lips. 1784. — Dissertatio de eloquentia Homeri, par *Seybold* 1772, M. *Harles* de Fato, de Jove, de Theologia Homeri et de Interpretatione Homeri; *Niemeyer* de similitudinibus Homeri. 1777. — *Hunc nemo in magnis sublimitate, in parvis proprietate, superaverit. Idem lœtus et pressus; jucundus et gravis, tum copia tum brevitate mirabilis, poetica non modo sed oratoria virtute eminentissimus.* Quintilianus. L. X. c. I.

IV. *Hésiode.* Il vécut probablement vers

l'an du monde 3090. Il était né à *Cumes*. On lui avait donné le surnom d'*Ascréen*, d'*Ascrée* en Béotie, où il avait été élevé. Nous avons de lui un poëme sur l'*Économie*, nommé Εργα και ημεραι (*œuvres et journées*), et la *Theogonie*, poëme mythologique, qui traite *des familles des Dieux, et du commencement et de la fin du monde.* On lui attribue un troisième poëme, le *Bouclier d'Hercule*, quoiqu'il soit vraisemblablement d'un tems postérieur. Envisagé comme poète, Hésiode est bien au-dessous d'Homère; cependant, ses ouvrages sont infiniment précieux pour acquérir des connaissances concernant la manière de penser sur les dieux des tems les plus reculés de l'antiquité, et sur plusieurs autres choses relatives aux usages domestiques et à la physique de cette époque. Parmi les nombreuses éditions de ce poète, il faut citer celle de *Dan. Heinsius*, avec quatre scoliastes et un glossaire, 1603; de *J. G. Grævius*, 1701; de *Krebs*, Leipsic 1746. 8.; et une plus complète encore qui a paru à Leipsic en 1777, grand in-8°., d'après celle de *Robinson*. Elle est accompagnée du scoliaste.

Une très-bonne édition de la *Théogonie* a été donnée par M. *Wolf*, Halle. 1783. in-8°. *Voyez* sur le premier de ces poëmes les Lettres pour se former le goût, Vol. I. Lettre 6; et un extrait instructif de la *Théogonie*, dans l'ouvrage sur la mythologie, par *Banier*. — Sur le *bouclier d'Hercule*, d'après la description d'Hésiode, on a un Essai antiquaire par *Schlichtegroll*. Gotha. 1788. in-8°. — Traduction italienne de *Salvini*; française, de *Terrasson*, en prose; et de *Bergier*, ajoutée à son livre sur l'origine des dieux du Paganisme, 1763; du marquis de *Pompignan*, Paris 1784. in-8°.; anglaise, par *Cooke*, 1728. in-4°.

V. *Tyrtée*. Vers l'an du monde 3321. Il était Athénien, et général des Spartiates contre les Messéniens. Par ses poëmes en vers élégiaques et par ses hymnes guerriers, remplis d'élans sublimes d'héroïsme et d'amour de la patrie, il sut enflammer au plus haut degré la valeur de ses compatriotes. Nous n'avons de lui qu'un petit nombre de ces chants, ou plutôt quelques-uns de leurs fragmens. La meilleure édition est celle de

Klotz. Altenbourg. 1767. in-8°., à laquelle aussi on trouvera jointe une excellente traduction par M. *Weisse*, qu'il a ensuite insérée dans le second volume de ses petites *OEuvres lyriques*, p. 163. seqq. Il y en a une autre de *J. G. Briger.* Zittau. 1790. in-8°.

VI. *Solon*, célèbre législateur d'Athènes, vivait au commencement du trente-cinquième siècle, et était né à Salamine. On lui attribue plusieurs poëmes; un entr'autres par lequel il encouragea les Athéniens à faire la guerre aux Mégariens; guerre dont il eut la conduite, et dans laquelle il conquit l'île de Mégare. Il fut ensuite nommé archonte d'Athènes, et ce fut là l'époque où il devint législateur. Il mourut dans l'île de Chypre. On a sous son nom une série de sentences morales en vers élégiaques, qui ont été publiées par *Fortlage* à Leipsic. 1776. in-8°., et que l'on trouve aussi dans la collection des poètes gnomiques, par *Brunck*, à Strasbourg. 1784. in-8°., et autres savans.

VII. *Theognis*, vers l'an du monde 3458, né à Mégare, dans l'Achaïe; il vécut ensuite en exil à Thèbes. On a de lui douze cent vingt-huit gnomes, mais qui peut-être offraient autrefois une liaison; ce sont probablement des vers détachés de deux plus grands poëmes. On les estime plus pour leur mérite moral que pour ce qui tient à la poésie. La meilleure édition que nous en ayons jusqu'à présent, est celle de *Wolfgang Seber.* Leipsic. 1620. 8. — M. *Abr. Kall* a donné en 1766 (Göttingue, in-4°.) un essai d'une nouvelle édition critique de ces gnomes; mais elle n'a pas encore eu lieu. — Traduction italienne, par *Aug. Mar. Bandini.* Florentiæ 1788. in-8°.

VIII. *Phocylide*, Milésien, vivait dans le même tems; on le met au rang des poètes philosophes qui s'énonçaient en courtes sentences. Au moins on lui attribue un petit poëme didactique, consistant en deux cent dix-sept vers (νεθετικον), mais qui est vraisemblablement d'un poète plus moderne, peut-être même d'un chrétien. On le trouve dans la collection des poètes gnomiques, et à la suite de la plupart des éditions de *Theognis*; il n'a été publié seul que par

M. *Schier.* Leipsic. 1751. in-8°. — Traduction italienne par *Bandini.* Flor. 1766.

IX. *Pythagore*, Samien, qui est vraisemblablement de la même époque, est connu comme philosophe et comme fondateur de l'école italique. Les sentences en vers, connues sous le nom de *vers dorés*, et qui portent son nom, ne sont cependant pas de lui, mais vraisemblablement d'un de ses élèves : ils ont été recueillis par *Empedocle* d'Agrigente. Une édition usuelle de cet ouvrage est celle de M. *Schier.* Leipsic. 1750. in-8°. On les trouve aussi dans le premier volume des anciens poètes gnomiques qui, sous la direction de M. *Heyne*, ont été publiés par M. *Glandorf*, avec d'excellentes observations sur le mérite et la manière de ces poètes de genre. Leipsic. 1776. in-8°. — M. *Gleim* les a élégamment traduites en allemand, dans le Mercure de M. *Wieland.* (Mai 1775). Elles ont été réimprimées à Halberstadt, 1786. in-8°., avec un supplément de petits vers didactiques de sa composition. — Traduction italienne de ces vers par *Bandini.* Flor. 1766; et française, par le marquis de

Pompignan, Vol. IV de ses œuvres. Paris. 1784. in-8°.; et par *Dacier*, Paris. 1706. 2 Vol. in-12.

X. *Anacréon*, vers l'an du monde 3473, de *Tejos* en Ionie. Il vécut quelque tems à Samos, sous la protection de Polycrate; ensuite à Athènes, et il mourut dans sa patrie, âgé de quatre-vingt-cinq ans. Il était poète lyrique dans le genre de la chanson légère qui traite de l'amour et du vin dans l'abandon des festins, et qui a pris de lui le nom d'*anacréontique*. La collection d'odes qu'on lui attribue, semble cependant avoir pour auteurs plusieurs poètes d'un âge postérieur; leur mérite étant très-inégal, et en général peu digne des éloges que les anciens leur ont prodiguées, mais qui conviennent cependant à plusieurs d'entr'elles, à cause de leur beauté lyrique, de leur gaîté et de leurs grâces naïves. La plus estimée de ses éditions est celle de M. *Fischer*. Leipsic. 1776. gr. in-8°., dans laquelle on s'est servi du texte publié par *Baxter*, 1710. in-8°. M. *J. G. Born* en a fait une édition à Leipsic. 1789. in-8°. Une des plus agréables est celle de M. *Brunk*, à Strasbourg, 1778 et 1785, en in-12. Parmi les nombreuses traductions de ce poète, celles de *Cappora*, Venise 1770; de *Corsini*, 1672; de *Marchetti*, de *Ridolfi*, Venezia 1773, en italien; de *Pilnington* et *Addison*, en anglais; de *Gœtz*, Carlsruhe 1768, in-8°.; et de M. *Overbeck*, 1800, sont les plus fidelles. En français, nous avons des traductions d'Anacréon par Mlle. *le Febvre*, Paris 1681; M. *Longepierre*, 1692. in-12; par *la Fosse*, Paris 1709; par *Sauvigny*, avec des dissertations y jointes, 1762, par le Cit. *Gail.* — Voyez aussi les Observations de M. *Schneider* sur Anacréon. Leipsic. 1770. in-8°.

XI. *Sappho*, célèbre poète, née à Mytilène, dans l'île de Lesbos, connue par son malheureux amour pour Phaon, qui fut cause qu'elle se précipita de désespoir dans la mer. C'est d'elle que le mètre sapphique, un des plus célèbres dans la poésie lyrique, a pris son nom. Il ne nous reste d'elle que deux odes, qui respirent toute l'ardeur de l'amour le plus tendre, et quelques fragmens qu'on trouve ordinairement dans les éditions d'Anacréon. M. *Wolf* les a fait imprimer à part, Hambourg 1733, in-4°., et les a réunis ensuite à ses *Fragmens* des célèbres femmes-poètes, Hambourg 1735. in-4°.

XII. *Pindare*, de Thèbes en Béotie, né vers la soixante-cinquième Olympiade, poète lyrique très-fameux dans le genre le plus élevé des *hymnes* ou *dithyrambes* qui célèbrent les victoires des vainqueurs dans les jeux de la Grèce. Il nous reste encore de lui quatorze odes *olympiques*, douze *pythiques*, onze *néméennes*, et huit *isthmiques*. Quintilien le met avec raison au nombre des neuf poètes lyriques (1) les plus célèbres de la Grèce, à cause de sa sublimité, de l'énergie de ses pensées, de l'usage admirable qu'il fait de la fable, de sa marche sûre et rapide, et de la plénitude abondante de sa diction. On trouve dans Horace un

---

(1) Savoir : *Alcée, Sappho, Stésicore, Ibycus, Anacréon, Bacchylide, Simonide, Alcman, Pindare.* Voyez *Carmina poetarum novem, lyricæ poeseos principum fragmenta, ex. ed. Henr. Stephani.* Par. 1612. in-12.

éloge pompeux de sa poésie, L. IV. Ode 2.; il le compare à un torrent impétueux qui descend des montagnes, enflé par les pluies, et qui renverse tout ce qu'il rencontre. — Les éditions les plus estimées de ce poète, sont celles de *Schmidt*, 1616; de *Benoît*, Saumur 1620; et plus récemment celle de M. *Heyne* (la première édition. Göttingue. 1773. 74. 2 Vol. in-4°. et in-8°., et la seconde, en 5 Vol. 1798,) à laquelle ce même savant a encore ajouté un Supplément de plusieurs nouvelles variantes, 1791. in-4°.) M. *Gedike* a fait paraître un choix de dix-sept odes de Pindare, avec quelques notes, Berlin 1786. in-8°. Les traductions les plus célèbres sont : en vers latins, celle de *Mic. Sudorius*. Lutet 1582. in-8°. En anglais, celle de *West*. En français (sans parler des traductions anciennes de *F. Morin*. Paris 1617. in-8°.; et de *Lagaussie*. Paris 1626. in-8°.), celles de *Jdquier*, à Lyon. 1754; de *Chabanon*, 1772; de *Vauvilliers*, dans son Essai sur Pindare. Paris. 1776; et la nouvelle du Cit. *P. L. C. Gin*, à Paris. l'an IX. En allemand, celle de *Gedike*, en prose, qu'il a publiée à Berlin.

1777-1779. Toutes ces traductions cependant sont éclipsées par quelques échantillons dans le genre des mètres dithyrambiques de l'original, par M. *Schœnborn* (dans les Lettres sur plusieurs objets importans de Littérature. Hambourg et Bremen. 1770.); et *Voss* (dans plusieurs numéros du Musée allemand. 1777.) — *Voyez* aussi sur les écrits de Pindare : Essais en littérature et morale de M. *Clodius*, Cahier I. p. 49. et seqq.; Essais sur la vie et les écrits de Pindare, par *Schneider*. Strasbourg 1774. in-8°; les dissertations de *Fraguier* et de *Massieu*, dans les Mémoires de l'Académie des Inscriptions; et les dissertations de MM. *Vauvilliers* et *Gin*, jointes aux traductions ci-dessus.

XIII. *Eschyle*, vers l'an du monde 3509, de la soixante-onzième Olympiade, natif d'Éleusis, dans le territoire de l'Attique. Il servit dans les armées, et s'acquit beaucoup de gloire à la bataille de Marathon. Mais son mérite le plus grand et le plus durable, était son talent pour la scène tragique, dont il peut être regardé comme le principal fondateur, puisque, selon Horace, il fut le premier qui introduisit le dialogue, et qui sut donner à ce genre de poésie la dignité convenable. Cependant, dans ses tragédies, on voit l'imperfection de la poésie dramatique à cette époque; ses efforts pour produire des scènes atroces et pour s'énoncer en tirades pompeuses le firent tomber souvent dans le stile gigantesque, obscur et empoulé. Aussi cherche-t-on vainement dans ses pièces la régularité et l'ordonnance du plan. Sur soixante-quinze, ou même quatre-vingt-dix drames qu'on lui attribue, il ne nous en est resté que sept, qui ont paru dans une édition usuelle à Glascou. 1746. 2 Vol. in-8°., réimprimée d'après l'édition plus grande de *Stanley*. 1663. in-fol. La meilleure édition est, outre celle de *Paw*. 1748. 2 Vol. in-8°., celle de M. *C. G. Schütz*. Halle. 1782-1783. En français, les tragédies d'Eschyle ont été traduites par le marquis de *Pompignan*. Paris. 1770. in-8°. On en trouve aussi des extraits dans l'ancien théâtre grec du *P. Brumoi*; et en entier, par M. *Laporte Dutheil*, dans l'édition nouvelle du même théâtre: Vol. I, II, III.

XIV. *Sophocle*, Athénien, vivait vraisemblablement depuis la soixante-dixième jusqu'à la quatre-vingt-treizième Olympiade. Il modifia la scène tragique par l'introduction d'un troisième acteur, et en lui donnant une liaison plus intime du chœur avec les personnages. Outre ce mérite, ses tragédies ont encore celui d'une sage disposition, d'une vérité frappante dans les caractères ou dans l'éthopée, d'une expression juste et de l'emploi énergique des passions. Elles sont pleines de graces touchantes et naïves. De toutes celles qu'il a faites, nous n'en possédons que sept ; parmi lesquelles les deux *OEdipes*, l'*Ajax* et *Philoctète*, méritent la préférence. L'édition des tragédies de Sophocle, par *Samuel Johnson* a 3 Vol. gr. in-8°., et contient en même tems le scoliaste. Elles ont paru à Glascou en 1743, et en deux petits Vol. in-8°., sans le scoliaste ci-dessus. L'édition la meilleure et la plus considérable de toutes, est celle de M. *Brunk*, à Strasbourg. 1786. in-4°., et gr. in-8°. 1776. D'après celle-ci, on en a fait une édition usuelle à Halle. 1770. 2 Vol. in-8°. Les meilleures traductions qu'on a de ce poète tragique, sont : en *français*, celle de *Dupuy*. Paris. 1762. 2 Vol. in-8°.; celle qu'on trouve de l'*Électre*, du *Philoctète* et d'*OEdipe à Colonne*, dans le théâtre de *Brumoi*; et dans le nouveau théâtre des Grecs par M. *Prévost* (en entier.) — En *anglais*, en vers blancs, par *Th. Franklin*. Lond. 1788. — En *allemand*, une excellente traduction dans le mètre de l'original, par M. le comte de *Stolberg* l'aîné. Leipsic. 1787. in-8°. Les quatre tragédies : *Électre, OEdipe le tyran, Philoctète* et l'*Électre*, ont aussi été traduites en prose par M. *Steinbrüchel*. Zuric. 1763. gr. in-8.; par *Goldhagen*. 1777. et l'*Electre* en vers alexandrins allemands, par *Schlegel*. (OEuvres. Vol. III.) *Voy*. aussi les Observations de M. *Reiske* sur Sophocle; et *Lessing* sur la vie de Sophocle. Berlin. 1790., dans la collection de ses ouvrages, Vol. XIV.

XV. *Euripide*, vers l'an du monde 3563, depuis la soixante-quinzième jusqu'à la quatre-vingt-treizième Olympiade. Il naquit à Salamine, de parens Athéniens. Pour l'éloquence, il était élève de Prodicus et d'Anaxagore, et ami de Socrate. On a des traces de son talent philosophique et oratoire dans les morceaux pathétiques et sententieux de ses tragédies, qui allaient, à ce qu'on dit, au delà de cent, mais dont le plus grand nombre s'est perdu; il ne nous en reste que vingt, parmi lesquelles son *Cyclope* est un drame satyrique. Dans toutes ces tragédies, il règne une belle ordonnance dans le plan, et des caractères bien dessinés. Elles offrent cependant un type moins idéal que celles de Sophocle; mais malgré une trop grande richesse, elles ont beaucoup de vérité dans la diction, et beaucoup d'expression. Les meilleures éditions, sont celle de *Barnes*, Cambridge. 1694. in-fol.; celle par *Musgrave* et *Valkenaer*. Oxford. 1777. 4 Vol. in-4°.; et une nouvelle édition d'après celle de *Barnes*, avec les observations de *Musgrave*, *Reitz*, et de *C. D. Beck*, Leipsic. 1788. 3 Vol. in-4°. — Parmi les tragédies qu'on a imprimées à part de ce poète, il faut citer ici les *Phénisses*, par *Valkenaer*. 1755. in-8°., dont M. *Schütz* a fait une réimpression usuelle à Halle. 1772.; le *Cyclope*, par M. *Hœpfner*. Leipsic. 1789. in-8°. Les traductions les plus célèbres sont : en *italien*, celles de quelques-uns de ces drames, par *Zanetti*. 1709.; par *Pallavicini*, par *Parisotti*. 1740. — En *anglais*, par *West*. — En *français*, celles de *Brumoi*, de *Prévost*, (dans le nouveau théâtre des Grecs, Vol. VI, seqq.); et de l'*Hécube*, par *Belin de Balu*. Paris. 1783. in-8°. — Et en *allemand*, quelques drames traduits par M. *Steinbrüchel* (Théâtre des Grecs. Zuric. 1763.); par M. *Koehler*, *Seybold*, et autres. Récemment, le docteur *Bothe* (Berlin 1800) vient d'en promettre une traduction complète dans le mètre de l'original grec, avec un examen nouveau et critique du texte. — *Voyez* aussi sur Euripide les Essais ci-dessus de M. *Clodius*, Vol. I.; et les Additions au Dictionnaire de *Sulzer*, Vol. V. p. 335, ainsi que sur le grand nombre de poëtes tragiques grecs que nous avons perdus, *Valkenaer* de deperditis tragoediis Euripidis 1769. *Fabricii* Bibliotheca Græca. L. II. c. XIX. — *Benjamin Heath*, dans ses Notæ s. Lectiones ad Tragicos Græcos Veterum, Lond. 1752. 8., offre de savantes recherches et un examen réfléchi sur les différens

férens mètres dont se sont servis les tragiques grecs.

XVI. *Lycophron*, natif de Chalcis en Eubée, était encore un des plus célèbres poètes grecs tragiques. Il vivait du tems de Ptolomée Philadelphe, roi d'Égypte. Il ne nous est resté qu'une seule de ses pièces; savoir, *la Cassandre* dont le texte est très-difficile à entendre, et hérissé d'allusions en partie obscures et inexplicables. Un Grec des tems postérieurs que nous citerons parmi les grammairiens, *Jean Tzetzes*, a écrit sur ce drame un très-ample commentaire. La meilleure édition où se trouve joint ce commentaire, a été donnée par *Jean Potter*, Oxford. 1697. in-fol.; et une nouvelle édition, *ibid.* 1702. in-fol., avec le Commentaire de *Canter*, et ses observations particulières. On en a aussi une édition par *J. Meursius*, Leide 1699; et *H. G. Reichard*. Leipsic. 1788. gr. in-8°.

XVII. *Aristophane*, contemporain d'Euripide, mais dont la patrie est inconnue. Il fixa son séjour à Athènes. C'est le seul poète comique des Grecs dont les comédies, au nombre de onze, nous soient parvenues; quoique, si l'on en croit la renommée, il doive en avoir écrit plus de cinquante. Son génie était extrêmement fécond et son esprit très-vif; il a beaucoup de force comique, et de véritable sel attique. On peut seulement lui reprocher d'avoir, d'après le caractère alors dominant de la comédie grecque, montré trop d'acharnement contre les dogmes religieux de sa contrée, et de s'être permis des personnalités trop amères contre des concitoyens recommandables par leur mérite, nommément Socrate et Euripide. Il a été fait une édition complète de ses drames par *Küster*, Amsterdam 1710. in-fol., et par *Burman*, à Leide, 1760. 2 Vol. in-4°. L'édition la plus récente est celle de M. *Brunck*, Strasbourg 1783. 4 Vol. in-4°. et in-8°.; et avec la traduction latine, accompagnée de notes et de variantes, 1781, en 3 Vol.; et par *Invernizi*, Leipsic 1794. in-8°. Une des meilleures éditions en petit format, est celle d'Amsterdam. 1670. in-12. Sa comédie intitulée *Plutus*, a été donnée à part par *Hemsterhuis*, Harlingen 1744. in-8°; et par

Harles, Nuremb. 1776 in-8°. Les *Nues*, par *Ernesti*, Leipsic 1773. in-8°., par *Jæger* (ces deux conjointement), Nuremb. 1790. in-8°. En *français*, on a des traductions de plusieurs pièces d'Aristophane, par Mlle. *le Fevre*, par *Plouquet*, Tubingue 1788; par *Boivin*, Paris 1729; et en entier dans le nouveau Théâtre des Grecs. — Voy. *Nicodemi Frischlini* Aristophanes, imitatione Plauti atque Terentii interpretatus, gr. Lat. Francof. 1586. in-8°. — *Voyez* aussi les Essais de *Clodius*, Cahier I. p. 181. seqq.

XVIII. *Philemon* et *Ménandre*, sont deux poètes comiques d'un âge postérieur qui ont beaucoup perfectionné la comédie, mais dont nous ne possédons que très-peu de fragmens; qui ont été publiés par *Grotius* et *le Clerc*, Amsterd. 1709. in-8°. La perte de Ménandre est d'autant plus à regretter, que *Quintilien* (X. 1.) dit de lui: *Menander vel unus diligenter lectus ad cuncta quæ præcipimus efficienda sufficiat ; ita omnem vitæ imaginem expressit, tanta in eo inveniendi copia et eloquendi facultas, ita est omnibus rebus personis, affectibus accomodatus.* — Nous ne connaissons aujourd'hui sa manière que par les imitations qu'en a faites *Térence.* — Quant aux autres poètes grecs comiques qui ne nous sont connus que par leurs noms, voyez *Fabricii* Bibliotheca Græca. L. II. Ch. XXII.

XIX. *Théocrite*, de Syracuse, vivait au tems de Ptolomée Philadelphe, et sous le règne du roi Hiéron II. Nous avons sous son nom trente *Idylles*, dans le caractère des bergers de Sicile et en dialecte dorique, dont plusieurs pourraient bien être d'une autre main; et vingt-deux autres poëmes moins étendus, et en partie épigrammatiques. C'était le principal poète pastoral des anciens; il servit de modèle à Virgile, auquel il est supérieur par sa naïveté, la grâce et la variété de ses détails. Les principales éditions de ce poète sont celles de *Reiske*, Leipsic. 1765. 2 Vol. in-4°., avec les émendations d'*Étienne*, de *Scaliger* et *Casaubon*; de *Ch. Warton*, Oxford 1770. 2 Vol. in4°.; de *Valkenaer*, Leide 1779 in-8°., avec une traduction estimée. — Une des éditions les plus usuelles est celle de M. *Harles*, Leipsic 1780, gr. in-8°.; et une autre pour les collèges, celle de M. *Stroth*, Gotha 1782 et 1789. in-8°. Plusieurs de ses idylles ont été traduites en *italien* par *Zamagna*, 1788; *Ricolotti*, 1729; *Salvini*, 1754; *Torelli*, 1765. — En *anglais*, par *Fawkes*, 1766. — En *allemand*, par *Lieberkühn*, 1757; par *Schwabe*, 1769; par *Grillo*, par *Hindenburg*. En vers hexamètres (plusieurs supérieurement), par *J. H. Voss*. — En *français*, par *Longuepierre*, Paris 1688; par *Moutonnet de Clairfons*, 1779; par *Chabanon*, 1777; par le Cit. *Gail* (1),

---

(1) Cette traduction fait partie de la première *Collection classique des Auteurs grecs*, du Cit. *Gail*, Professeur de Littérature grecque au Collège de France, qui, autant par ses divers ouvrages, ses travaux littéraires, critiques et élémentaires dans cette partie des belles-lettres, que par ses leçons publiques et particulières, soutient encore en France, avec ses estimables collègues et autres savans hellenistes, tels que les CC. *Villoison, Febure de Villebrune, Coray, la Rochette, Larcher Laporte, Dutheil, Camus, Champagne*, etc., l'honneur, et l'amour de cette littérature, nommée avec raison les *Humaniora*. Cette triple collection

avec le texte grec, troisième édition. — *Voyez*, sur le caractère de ces idylles, les Fragmens de *Herder* sur la Littérature nouvelle allemande, Vol. II. p. 549. seqq.; *Tollii* Comparatio Theocriti et Virgilii,

---

(in-18., in-12., in-4°., 7 Vol.) contient et contiendra, en original et en traduction, les ouvrages de *Bion*, de *Moschus*, la *Mythologie dramatique de Lucien*, les *Idylles de Théocrite* (avec dix estampes, d'après *Boichot*, *Moitte* et *Barbier*); *Anacréon* (avec des odes mises en musique par les citoyens *Mehul* et *Cherubini*); quelques ouvrages de *Xénophon*; les chef-d'œuvres des orateurs grecs anciens (d'*Isocrate*, avec une version interlinéaire, de *Sophocle*, etc.); une *Nouvelle grammaire à l'usage des écoles centrales*; les *Racines grecques*; un *Traité sur la prononciation du grec moderne*; et un *Tableau des verbes inusités et primitifs*. Il vient encore d'enrichir cette littérature de la traduction des *Cynegetiques*, ou le *Traité de la chasse* par *Xénophon*, accompagné de notes explicatives et critiques (l'an IX), et les philologues de l'Allemagne attendent de lui, avec impatience, le complément de l'édition de ce célèbre Historien, en 8 Vol.; ouvrage de longue haleine, et qui deviendra très-précieux pour les savans, par la partie critique et l'ample moisson de variantes, recueillie dans les manuscrits jusqu'ici non-collationnés de la Bibliothèque nationale. *C. F. Cr.*

1660; *Meusel* de Theocriti et Virgilii poesi bucolica, 1765; *Stroth* in Idyll. XXI, 1778.

XX. *Callimaque*, vivait vers la cent vingtième Olympiade. Il était né à Cyrène en Lybie. Il était à la fois historiographe et grammairien. Parmi la foule de ses écrits, nous n'avons conservé que six hymnes, quelques poésies de moindre étendue, un poëme galant sur la chevelure de Bérénice, dont la seule traduction nous a été conservée dans *Catulle*, avec un assez grand nombre de fragmens. Ses hymnes en vers élégiaques montrent plus d'étude que de génie poétique. Quintilien, cependant, le cite comme le premier poète élégiaque des Grecs. Les éditions de cet auteur sont : celle de *Ezech. Spanheim*, avec des nouvelles observations par *J. A. Ernesti*. Leide 1761. 2 Vol. gr. in-8°. M. *Leisner* l'a fait réimprimer, mais seulement avec le texte. Leipsic 1774. in-8°. — Traductions en *italien* par *Salvini*, ed. de *Bandini*, par *G. Pompei*, Verona 1779; en *anglais*, par *Prior* et *Dodd*; en *français*, par *Dutheil*, Paris 1775. in-8°.

XXI. *Aratus*, vers l'an du monde 3733, de Solis, ville de Cilicie, qui depuis prit le nom de *Pompejopolis*. D'après le desir du roi Antigone de Macédoine, il écrivit un poëme didactique sur l'astronomie (*Phœnomena*), qui est devenu célèbre aussi parce que Cicéron l'avait traduit en vers latins, dont il nous reste encore des fragmens. *Germanicus* et *Avien* l'ont aussi traduit en latin. L'édition la plus complète est celle de *Hugo Grotius*, dans son Syntagma Arateorum, Leide 1600. in-4°., ainsi qu'une autre très-correcte avec les Catastérismes d'*Ératosthènes*, par *J. Fell*. Oxford 1672. in-8°. Une édition plus récente, mais de peu de valeur, est celle de *Bandini*, à Florence 1724-1765. in-8°. Nous avons à regretter qu'une autre édition critique, que préparait de cet auteur M. *Ancher*, savant Danois, n'ait pas encore vu le jour.

XXII. *Cléanthe*, vivait au même tems. Il était d'Assus dans la Troade, et disciple, pendant une longue suite d'années, de *Zenon*. On faisait grand cas de lui à Athènes comme poète. De ses écrits nombreux, il ne nous est resté que son *hymne en l'honnear de Zevs*, qu'on trouve dans les *Analectes de Brunck*, dans la *Collection des Poètes gnomiques*. Il a été publié à part par *F. W. Sturz*, Leipsic 1785. 8.; et traduit en allemand par *Cludius*, Göttingue 1786. in-8°.

XXIII. *Apollonius de Rhodes*, vers l'an du monde 3809, d'Alexandrie. Son surnom lui vient de son séjour à Rhodes, où il enseigna quelque tems la rhétorique. Il était élève de Callimaque, et auteur d'un poëme épique intitulé : le *Voyage des Argonautes*, en quatre chants. Imitateur d'Homère, mais avec un talent bien inférieur, il montre cependant dans son ouvrage beaucoup de connaissances, et offre quelques beaux passages, surtout dans l'épisode des amours de Médée; quoiqu'en fait d'imagination et de poésie, il ait été surpassé par son imitateur romain, *Valerius Flaccus*. On a une édition de son poëme avec un commentaire, mais qui manque de solidité; c'est celle de *Hœlzlin*, Leide 1641. in-8°; de *Shaw*, Oxford. 1777; de *Brunck*, Strasbourg 1780. in-8°. Traduction *anglaise* par *Fawkes*, 1780, et *Green*, 1780.; traduction *allemande*, par *Bodmer*, Zuric 1780. in-8°.

XXIV. *Moschus*, de Syracuse, élève d'Aristarque, vivait au tems de Ptolomée Philomèter. Ses idylles appartiennent plus à la poésie descriptive qu'au genre pastoral proprement dit; elles ont plus de finesse, mais moins de simplicité et de naturel que les idylles de Théocrite. Le poëme du *Rapt d'Europe* est, de tous ses ouvrages, le plus beau et le plus détaillé. Il avait pour contemporain :

XXV. *Bion*, natif de Smyrne. Il ne nous est parvenu qu'un très-petit nombre des idylles de ce poète. Malgré quelques beaux passages, il s'éloigne trop de la simplicité si essentielle à ces sortes d'ouvrages, et il offre çà et là des jeux d'esprit trop recherchés. Le meilleur de ses poëmes est *le tombeau d'Adonis*. Les éditions de cet auteur, auxquelles on joint ordinairement les ouvrages de *Moschus*, sont celles de *Schwebel*, Nuremb. 1746. in-8°.; de *Schier*, Leipsic

1752. in-8°. La meilleure est celle de *Harles*, Erlangen 1780. in-8°., dans laquelle on a pris pour base celle de *Heskin*, Oxford 1748. in-8°. On a aussi en Allemagne une édition de Bion et de Moschus, accompagnée d'une traduction en vers hexamètres, et de deux dissertations préliminaires sur la vie et les écrits de ces deux poètes, par M. *Manso*, Gotha 1784. in-8°. — Traduction *française* de *Longuepierre*, 1686; de *Poinsinet*, à la suite de son Anacréon, 1769.

XXVI. *Nicandre*, natif de Colophone en Ionie, au tems d'Attale, roi de Pergame; médecin, grammairien et poète. On a encore de lui deux poëmes sur la physique, ou plutôt la médecine, en vers hexamètres. L'un de ces poëmes est intitulé : θηριακὰ; il traite des animaux venimeux et des antidotes contre leur morsure. L'autre ἀλεξιφάρμακα, ou des antidotes en général. Cicéron (de Or. I. 16.) parle de plusieurs autres de ses poëmes, mais qui sont perdus. Les deux qui nous restent, ont très-peu de mérite quant à la poésie, et même à la médecine. On trouve davantage à s'instruire, surtout pour l'histoire de la médecine, dans les Scolies de cet auteur, publiées, avec ses autres ouvrages, par *Morel*, Paris 1557. in-4°.; et avec plusieurs traductions, par *Bandini*, Florence 1764. in-8°. Traduction en vers *latins*, par *Gorrœus*, Paris 1556.; en *italien*, par *Salvini*. — *Schneider* en a donné une nouvelle édition, Halle 1792. in-8°.

XXVII. *Oppien*, poète d'un tems postérieur, vivait au commencement du second siècle après la naissance de J. C. Nous avons sous son nom deux poëmes didactiques, dont l'un traite de la pêche (*Halieutica*), divisé en cinq livres; et l'autre de la chasse (*Kynegetika*), en quatre livres. Il y a bien plus de vraie poésie et de beauté de stile dans le premier que dans le second. On les croit donc, et peut-être avec raison, de deux auteurs différens qui portaient le même nom. C'est l'opinion de M. *Schneider*, auquel on est redevable d'une édition usuelle et complète de ces deux poëmes; il y a encore ajouté une paraphrase grecque des trois livres sur l'art de l'oiseleur, Strasbourg 1776. in-8°. Une édition plus récente est celle de

Belin de Balu, Strasbourg 1786. in-4°. et in-8°., avec une traduction française, et suivie d'un extrait de la grande histoire des animaux d'*Eldemiri*, par M. *Sylvestre de Sacy*. Traduction en *italien*, par *Salvini*, 1728; et en *français*, avec les autres poëmes sur la même matière, par *Saumaise*, 1690.

XXVIII. *Nonnus*, de Panopolis en Égypte, vécut vraisemblablement au commencement du cinquième siècle après J. C. Ce poète était chrétien. Nous ne savons rien des circonstances de sa vie. On a de lui quarante-huit livres, appelés *Dionysiaca*, ou poëmes sur Bacchus, sans ordre ni suite, et dans un stile peu naturel; outre cela, une paraphrase poétique, ou comme il la nomme, *épique*, de l'Évangile de St. Jean, pareillement très-prolixe et très-ampoulée. Une édition du premier de ces poëmes a été faite à Hanau, 1610. in-8°.; et du dernier, à Paris, 1623. in-8°.

Nous placerons encore ici une courte notice des *Anthologies grecques*, et des poètes connus sous le nom d'*érotiques* en cette langue.

I. Les *Anthologies grecques*, ou *Recueils de fleurs*, sont des collections de plusieurs petites poésies, la plupart épigrammatiques, sentencieuses ou descriptives, de plusieurs auteurs, lesquelles, en grande partie, offrent une foule de pensées, de tournures et d'expressions remplies de beauté et de naïveté. Les auteurs de ces collections sont *Méléagre*, Syrien, qui vivait à-peu-près cent ans avant J. C.; *Philippe de Thessalie*, vraisemblablement au tems d'Adrien; *Straton*, qui augmenta la collection de Méléagre; *Agathias*, sous Justinien, qui recueillit des poésies nouvelles, sous le titre de Κυκλος, en sept livres; *Constantin Céphalas*, au dixième siècle, lequel fit une nouvelle collection où il sut mettre à profit les précédentes, surtout celle d'Agathias; et en dernier lieu, un moine de Constantinople, nommé *Maximus Planudes*, qui vivait au quatorzième siècle, et qui, par ses compilations, mutila plutôt le recueil épigrammatique qui existait avant lui qu'il ne l'augmenta. Parmi les différentes éditions de cette dernière Anthologie, la plus commune de toutes est celle d'*Étienne*, 1566. gr. in-4°.; et celle de *Wechel*, Francfort 1600. in-fol. On a de la collection de *Céphalas* une édition par *Reiske*, Leipsic 1754. in-8°. Le recueil le plus complet et le mieux rédigé d'épigrammes grecques que nous ayons, est celui dont nous sommes redevables à M. *Brunck* : Analecta veterum poetarum græcorum. Argentorat. 1772-76. 3 Vol. in-8°. Les épigrammes de *Meléagre* ont été données en particulier par *Meineke*, Leipsic 1789 in-8°.; et par *Manso*, Jen. 1789. in-8°. — Voyez *Harles* Introductio in Hist. gr. in-8°. Proleg. p. 56. seqq. — Mélanges de *Lessing*, Vol. I. p. 290. seqq. — Feuilles fugitives de *Herder* (Gotha 1785-1786.), Vol I.; et *Schneideri* Periculum criticum in Anthol. C. C. Leips. 1772. — Les travaux plus récens encore sur les anthologies grecques, se trouvent dans l'édition de M. *Jacob*, Leipsic 1794-1800. 9 Vol. in-8°. Le Cit. *Rochette*, à Paris, en a promis une nouvelle édition, qui sans doute sera supérieure à toutes celles qui ont paru jusqu'ici.

II. On appelle ordinairement *poètes érotiques*, les auteurs grecs d'un tems postérieur qui ont écrit en prose des narrations imaginaires et romanesques. Ils portent ce nom, parce que l'*amour* forme le principal objet de leurs inventions. De ce nombre sont :

1.) *Héliodore*, natif de Phénicie, vers la fin du quatrième siècle après J. C. Dès sa jeunesse, il écrivit ses *Æthiopica*, en dix livres, qui ont pour objet les *Amours de Théogène et de Chariclée*. Il est très-estimé à cause de sa manière de conter, et encore plus de l'austérité de sa morale, quoique l'on y trouve un peu du mauvais goût des sophistes et des traits d'une fausse éloquence. L'édition la plus connue, mais peu estimée, est celle de *Bourdelot*, Paris 1619. in-8°., réimprimée à Leipsic, 1772. in-8°. *Meinhard* en a donné une traduction dont on fait cas, Leipsic 1767. in-8°.

2.) *Achilles Tatius*. On ignore le tems où il vécut; mais il est vraisemblable que ce fut au troisième ou au quatrième siècle. Nous n'en savons pas davantage sur les autres circonstances

circonstances de sa vie. Il écrivit, en outre, un poëme astronomique *sur la sphère*, dont il ne nous reste qu'un fragment, et un roman en huit livres, des *Amours de Clitophon et de Leucippe*, plein d'inventions variées et ingénieuses, et dans un stile agréable, quoique souvent un peu trop affecté et trop fleuri. M. *Boden*, à Wittenberg, en a donné une bonne édition, Leipsic 1776. — Traduction allemande, Lemgo 1773. in-8°.

3.) *Longus*, sophiste, qu'on croit avoir vécu au quatrième ou cinquième siècle après J.C. C'est sans contredit le meilleur poète érotique des Grecs. Ses quatre livres des *Amours de Daphnis et de Clhoé* ont beaucoup de charmes, si l'on en excepte quelques passages trop recherchés et un peu graveleux. M. *Boden* nous en a donné une édition estimée, Leipsic 1777. in-8°. La plus récente et la plus considérable est celle du Cit. *Ansse Villoison*, Paris 1778. gr. in-8°. — Traduction allemande de M. *Grillo*, Berlin 1764. in-12. — Traduction italienne par *Annibal Caro*, dont *Bodoni* a donné une superbe

V

édition, d'après laquelle a été faite celle de *Théophile Barrois*, Paris 1780. in-12.

4.) *Xénophon l'Ephésien*, d'un âge incertain, et de moins de mérite que le précédent. Il écrivit les *Amours d'Anthia et d'Abrocomas*, dont l'original a paru à Londres 1726. in-8°., et à Paris 1763 in-8°. On a de lui une traduction allemande, Onolzbach 1777. in-8°. La traduction de ce poète, par le comte *Salvini*, Londres 1723. in-12., a précédé l'édition de l'original.

5.) *Chariton*, d'Aphrodisus, dont le tems ne peut non plus se déterminer, est auteur d'une histoire de *Chæreas et de Callirhoë*, que *d'Orville* a fait paraître avec une traduction latine de *Reiske*, et avec un commentaire très-ample et très-instructif. — Traduction italienne par Mgr. *Giacometti*, Paris 1787. in-8°.

6.) *Théodore Prodromus* vécut à Constantinople dans la première moitié du douzième siècle. Il existe de lui plusieurs ouvrages manuscrits, où l'on voit qu'il était en même tems théologien, philosophe, grammairien et rhéteur. Nous citons ici son long poëme en douze livres, des *Amours de Rhodante et de Dosicles*, publié par *Gaulmin*, Paris 1625. in-8°.

7.) *Eustathe* ou *Eustache*, vivait vers la fin du douzième siècle ; il était de Constantinople, et devint à la fin évêque de Thessalonique. Il a acquis beaucoup de célébrité par son commentaire sur Homère, dont nous avons parlé ci-dessus. On lui attribue ordinairement les *Amours d'Isménias et d'Ismène*, en onze livres, publiés par *Gaulmin*, Paris 1618. in-8°. ; mais il est vraisemblable que le véritable auteur de cet écrit est un Égyptien d'un tems incertain.

---

2. *Orateurs et Épistolographes.*

Le stile prosaïque fut cultivé en Grèce bien plus tard que le stile poétique ; et ce qu'on nomme proprement éloquence, plus tard encore que les autres genres. Quoiqu'on manquât cependant encore des formes oratoires, on mit à profit de très-bonne heure, même dès les tems héroïques, le talent et les ressources de l'éloquence, pour toucher et convaincre, dans l'occasion, une grande multitude d'hommes rassemblés, et l'on exerça cet art dans les assemblées politiques et guerrières, avant qu'il fût réduit en principes. Les discours des différens capitaines que nous lisons dans les écrits d'Homère, en offrent une preuve. A la vérité, ils sont l'ouvrage du poète; mais ils constatent l'existence et l'usage de cet art dans ces tems. L'exemple des historiens qui n'ont point été indifférens sur la beauté du stile et de la composition, semble avoir d'abord réveillé l'attention des Grecs et les avoir portés à soigner aussi leurs discours publics. L'éloquence politique était devenue très-commune à Athènes dès le tems de Solon; l'émulation des orateurs entr'eux la leur fit pousser peu à peu au plus haut point de perfection. On fit une étude particulière de la rhétorique, et elle devint indispensable à chaque citoyen qui cherchait à se distinguer par une bonne éducation, et à prendre part aux affaires publiques. Au tems d'Alexandre le Grand, l'éloquence monta en Grèce, avec les autres arts, au plus haut degré de splendeur. Mais l'abus de la philosophie sophistique, l'excès de raffinement dans la culture de l'esprit, et la corruption générale qui s'introduisit successivement, occasionnèrent bientôt la décadence de l'art, qui se perdit en Grèce avec le bienfait de la liberté.

Les meilleures sources où l'on peut puiser des notices sur les orateurs grecs, sont, en partie, les fragmens qui nous restent encore d'un traité de *Denis d'Halicarnasse*, dans lequel *Lysias, Isocrate, Isée* et *Démosthène* se trouvent caractérisés; et les *Vies* (attribuées à *Plutarque*) *de dix des principaux orateurs grecs*, savoir : *Antiphon, Andocides, Lysias, Isocrate, Isée, Lycurgue, Démosthène, Eschine, Hypéride* et *Dinarche*. — *Voyez*, sur les orateurs grecs en général, les Vies des Orateurs grecs, avec des Réflexions sur leur éloquence, des Notices de leurs écrits et des Traductions de quelques-uns de leurs discours par M. de *Brequigny*, Paris 1752. 2 Vol. in-8°.

Nous ne nommerons ici que les principaux *orateurs* dont il nous reste des discours, et dont quelques-uns sont regardés encore aujourd'hui comme les meilleurs modèles d'éloquence.

I. *Gorgias*, natif de Léontium en Sicile, né vers la soixante-dixième Olympiade, vivait à Athènes. Il engagea les Athéniens à la guerre contre les Perses. Il fit aussi l'oraison funèbre de ceux qui étaient morts à la bataille de Salamine. On a encore de lui deux discours : l'un est un *éloge d'Hélène*, et l'autre contient une *Justification de Palamède*. Cicéron fait grand cas de ses talens oratoires ; seulement il blâme en lui une trop grande recherche dans l'arrondissement de la période, et des antithèses trop multipliées. On trouve ces deux discours dans le huitième volume de la collection de *Reiske :* Oœratorum græcorum Monumenta, Lipsi 1770. seqq. 12 Vol. in-8°. maj. — *Voy*. OEuvres complètes d'Isocrate, avec quelques discours tirés de Platon, Lysias, Thucydide, Xénophon, Démosthène, Antiphon, Gorgias, Antisthène et Alcidamas, par M. l'abbé *Auger*, Paris 1781. 3 Vol. in-8°.

II. *Antiphon* vécut de la soixante-quinzième jusqu'à la quatre-vingt-douzième Olympiade ; il était célèbre à Athènes comme orateur, et en même tems comme professeur de rhétorique. Il a été le premier qui ait écrit une théorie de cet art. Outre cela, il composa une foule de discours judiciaires, délibératifs, sophistiques, et sur d'autres matières diverses. Les quinze discours qui nous restent de lui sont de ce dernier genre; on les trouve dans le huitième volume de la collection ci-dessus de *Reiske*, p. 603. seqq. — *Voyez* le Brutus de Cicéron, c. XII; et *Dav. Rhunkenii* Dissert. de *Antiphonte* Oratore Attico. L. B. 1765. in-4°., et le septième volume de la collection de *Reiske*. — Traduction française de quelques-uns de ses discours, par l'abbé *Auger*. (*Voyez* le N°. I.)

III. *Lysias*, Athénien, vivait de la quatre-vingtième jusqu'à la centième Olympiade. Il était fils de l'orateur athénien *Céphale*, et professeur de rhétorique à Athènes. Il a laissé plus de deux cents discours, qu'il écrivit tous lorsqu'il était déja sur le déclin de l'âge; à présent, il ne nous en reste que quatre. Ils répondent à ce que les anciens racontent de la beauté de son stile et de son énergie persuasive. *Ciceron* (Brutus. c. 17.) va jusqu'à dire qu'il avait presqu'entièrement atteint à l'idéal de l'orateur. Cependant, l'entraînement et le feu de Démosthène lui manquent. L'édition la plus élégante de Lysias a été soignée par *Joh. Taylor*, Lond. 1736. in-4°. Une autre moins importante, et contenant quelques courtes observations, est celle publiée à Cambridge, 1740. in-8°. D'après ces éditions, il en existe une par *Reiske*, avec beaucoup de notes, de corrections critiques, et d'augmentations dans le cinquième et sixième volume de sa collection. *Voyez* la traduction de quelques-uns de ses discours dans l'ouvrage ci-dessus de l'abbé *Auger*; et Œuvres complètes de Lysias, traduites par M. l'abbé *Auger*, Paris 1783. in-8°.

IV. *Isocrate*, à l'Olympiade 94-110, Athénien, et élève de Gorgias. Les leçons d'éloquence qu'il donna, lui valurent beaucoup d'applaudissemens, et ne contribuèrent pas peu à hâter les progrès de l'art oratoire. De tous les autres maîtres de rhétorique, il fut celui qui s'appliqua de préférence à former ses élèves à l'harmonie et au nombre des périodes; c'est même ce qui fait le principal mérite de ses discours, qui brillent surtout par l'enchaînement harmonieux des périodes, et font, à cet égard, époque dans l'éloquence grecque. Nous en avons encore vingt-un, qui ont souvent été imprimés, avec la traduction latine de *Hiéron : Wolf*, entr'autres à Paris 1593. in-fol.; Bâle 1579. in-8°. Une édition plus récente est celle de *Beattie*, Londres 1749. 2 Vol. gr. in-8°. Parmi les éditions qu'on a de plusieurs de ses discours séparément, la meilleure est celle que M. *Morus* a publiée du *Panégyrique*, Leipsic 1766. in-8°. Ce savant, que la mort a enlevé trop tôt aux lettres, avait promis une édition entière de cet orateur. — *Voy*. la traduction des œuvres complètes d'Isocrate, etc., par l'abbé *Auger*. (Art. I. ci-dessus.)

V. *Isée*, natif de Chalcis ou d'Athènes, vivait probablement aussi au tems du roi Philippe de Macédoine ; il était élève de *Lysias* et d'*Isocrate*, et instituteur de *Démosthène*. Il avait pris le premier pour modèle, et le surpassait à bien des égards, surtout en dignité et en élévation. On trouve ses dix discours existans chez *Reiske*, avec les notes de ce savant et de celles de *Taylor*, au septième Vol. de sa collection. — *Voyez* une traduction de ses discours dans l'ouvrage de l'abbé *Auger*, que nous citerons au N°. X.

VI. *Démosthène* vécut vraisemblablement de la quatre-vingt-dix-neuvième à la cent-quatorzième Olympiade, et était né dans l'Attique. Outre *Isée*, il eut aussi *Callistrate* pour instituteur. Sa renommée s'étendit davantage que celle de tous les autres orateurs grecs, et rien n'égale l'énergie et la brûlante éloquence de ses discours, surtout lorsqu'il excite les Athéniens à la guerre contre la Macédoine, et réfute ses adversaires, gagnés ou corrompus par cette puissance. Nous avons encore sous son nom soixante et un discours complets et soixante et dix exordes, mais qui vraisemblablement ne sont pas de lui en totalité. Le caractère de tous ces discours est la force, l'élévation, le feu et le persuasif; qualités qui sont merveilleusement soutenues par l'énergie de sa diction, quoique souvent la chaleur de la passion l'entraîne au delà de la mesure. Parmi les éditions que nous avons de lui, nous citerons celles de *Wolf* et de *Herwagen*, Bâle 1572. in-fol, qui ont servi de base à celle très-soignée de *Reiske*, que ce savant a donnée, et où il montre la plus saine critique, aux volumes I, II, IX, X, XI de sa collection. Les trois derniers contiennent une foule de traités de critique et de notes très-instructives sur Démosthène. Le *discours de la couronne*, chef-d'œuvre, qui peut servir de modèle pour se louer soi-même avec fondement et dignité, a été donné à part par *Harles*, Altenbourg 1767 in-8°. Celui, contre *Leptines* a paru dans une édition par *Wolf*, Halle 1790 in-8°. La traduction allemande de cet orateur, par M. *Reiske*, est plus estimée à cause de la justesse et de l'exactitude que du goût, Lemgo 1764-69. 5 Vol. in-8°. — Traductions de cet orateur, en *italien* par *Cesarotti*, Padue 1775.; en *anglais* par *Leland*, 1756-70., et *Francis*; Londres 1768.; en *français* par *Tourreil*, Paris 1721; par l'abbé *Olivet*, 1744.; et *Auger*, 1784-1788.

VII. *Eschine* vécut à Athènes dans la même époque. C'était l'antagoniste le plus célèbre de Démosthène, qu'il n'égalait cependant point en énergie. *Isocrate* et *Platon* avaient été ses maîtres. Ce fut surtout par son discours *de la couronne* que Démosthène l'emporta sur lui, et l'éclipsa tellement, qu'il le força de s'expatrier de luimême à Rhodes : il mourut enfin à Samos. Il mérite cependant, au jugement de Quintilien, d'être placé au premier rang des orateurs grecs; comme on le voit par les trois discours qui nous sont parvenus de lui, et qu'on trouve joints à plusieurs éditions de Démosthène. On les a aussi dans les troisième et quatrième volumes de la collection de *Reiske*, avec des explications critiques de ce savant et de *Taylor*. Les *Lettres* qu'on lui attribue, ont été imprimées, avec toutes les additions des critiques qui ont paru jusqu'à présent, par *Sammet*, à Leipsic 1771. in-8°. — *Voy.* la dissertation de *Matthei : de Æschine Oratore*, Leipsic 1770. in-4°., qui a été aussi ajoutée comme Appendice à l'édition de *Reiske*. De même que les Œuvres complètes de Démosthène et d'Eschine, traduites en français par M. l'abbé *Auger*, Paris 1784-1788. 6 Vol. in-8°.

VIII. *Lycurgue*, à-peu-près vers l'Olympiade 93-113, orateur athénien, différent du législateur de Sparte de ce nom. Il était élève de *Platon* et d'*Isocrate*, et mérita bien de sa patrie ; elle le récompensa par des honneurs extraordinaires. Du tems de Plutarque, on avait encore quinze de ses discours. A présent, il ne nous en reste qu'un seul; savoir, celui *contre Léocrate*, qui avait manqué aux lois en quittant sa patrie après la bataille de Chéronée. Le caractère de son éloquence était, comme celui de son ame, l'austérité et l'amour de la justice, sans aucune prétention à l'éloquence. Ce discours se trouve dans la collection de *Reiske*, Vol. IV. Il a été donné à part par *Taylor*, et avec des notes très-instructives par *Hauptmann*, Leipsic 1753. in-8°. Il en existe une édition meilleure encore, avec des notes à l'usage des collèges, par *J. H. A. Schulze*, Brunswic 1789. in-8°. — *Voyez :* Discours de Lycurgue, d'Ancaïde, de Dinarque, avec un fragment le nom de *Demodes*, traduit en français par M. l'abbé *Auger*, Paris 1783. in-8°.

IX. *Dion*, surnommé *Chrysostôme* (bouche d'or), qu'il dût à son éloquence, vivait sur la fin du premier et du commencement du second siècle avant J. C. Il était né à Pruse en Bythinie. Cet orateur (grand-père maternel de Dion Cassius l'historien), qu'il ne faut pas confondre avec Jean Chrysostôme, le plus éloquent des SS. PP., fut d'abord sophiste, et ensuite philosophe stoïcien. Les cruautés de Domitien l'obligèrent à s'enfuir en Thrace; mais sous les empereurs Nerva et Domitien, il revint à Rome, et jouit de la faveur surtout de ce dernier. Les quatre-vingts discours ou plutôt déclamations qui nous sont parvenus de lui, montrent beaucoup de talens oratoires; on y trouve cependant des longueurs, et sa diction manque quelquefois de clarté. La meilleure édition critique que nous en possédions est celle de *Morel*, Paris 1623. in-fol.; et la plus complette celle de *Reiske*, Leipsic 1784. 2 Vol. gr. in-8°., soignée par la docte veuve de ce philologue, qui, dans son ouvrage périodique intitulé : *Hellas* (Mietau 1778), a traduit quelques-uns de ses discours.

X. *Ælius Aristides*, d'Adrianople en Bithynie, vécut, au second siècle après J. C., à Smyrne, et jouit d'une grande considération. Dans ses discours encore existans de lui, au nombre de *cinquante-trois*, on reconnaît par-tout une imitation assez heureuse des plus anciens modèles grecs, quoiqu'il eût lui-même une trop haute opinion de son éloquence, souvent recherchée et empoulée. Outre cela, on a encore de lui un traité sur le stile, et quelques lettres. *Samuel Jebb* a donné une édition de la totalité de ses œuvres à Oxford, 1722, en 2 Vol. in-4°. *Reiske* se proposait de la publier quand la mort est venue interrompre son dessein.

XI. *Themistius*, orateur et sophiste du quatrième siècle, de la Paphlagonie, s'acquit, par la philosophie et les leçons qu'il donna en rhétorique, une grande renommée à Constantinople, où il jouit de la faveur de plusieurs Empereurs, surtout de celle de

Constantin. Outre plusieurs paraphrases d'Aristote, on a encore de lui vingt-trois discours, qui ont au moins l'avantage de la clarté, de la belle ordonnance, et de la richesse de la composition. Jusqu'à présent, nous n'en avons pas de meilleure édition que celle de *Harduin*, Paris 1684. in-fol. Au reste, il faut le distinguer d'un certain Thémistius d'un âge postérieur, qui, au sixième siècle, était archidiacre d'Alexandrie, et fondateur de la secte des *Agnoètes*.

XII. *Libanius*, d'Antioche, vivait de même au sixième siècle; il était sophiste, et se distinguait beaucoup de ses contemporains dans l'éloquence. Il écrivit, entr'autres, une rhétorique, et plusieurs lettres qui nous sont parvenues. Dans ses discours et ses déclamations, on trouve une exactitude pédantesque et une affectation d'atticisme, qui souvent lui ôte tout le charme et les grâces qui résultent de la facilité et du naturel. La collection la plus complète de ses discours est celle de *Morel*, Paris 1606 et 1607. 2 Vol. in-fol. On en a publié plusieurs séparément, qui n'étaient pas compris dans cette collection.

tion. Le premier volume d'une belle édition de cet orateur a été soigné par M. *Reiske*, d'après un manuscrit qui se trouve à Munic, et publié par sa veuve, à Altenbourg 1783. in-4°. Elle a depuis été réimprimée et achevée in-8°.

Les *épistolographes* des Grecs méritent aussi d'être cités ici. Parmi le nombre considérable de lettres grecques dont *Aldus* à Venise 1499. in-8°., *Cujace* à Genève 1606, et *Lubin* à Heidelberg 1600. in-4°., ont dirigé les collections, il y en a une foule qu'on attribue à des personnages célèbres de l'antiquité, quoiqu'elles ne soient que des productions apocryphes de quelques sophistes et de certains grammairiens d'un âge postérieur. Cependant, il en existe aussi qui sont assez probablement d'*Isocrate*, *Platon*, *Aristote*, *Démosthène* et d'*Eschine*.

On trouve dans ces dernières une expression noble, mâle, et cette simplicité naïve, éloignée de toute recherche et du stile factice qui ne régna qu'au siècle des sophistes; où, en écrivant ces compositions familières, on n'avait en vue que leur publication. Quelquefois même l'on donnait aussi cette forme à une foule de sujets historiques ou romanesques. Nous parlerons ici seulement des principaux auteurs grecs épistolaires, soit véritables, soit supposés.

I. *Anacharsis*, Scythe d'origine, connu dans l'histoire de la philosophie, vivait vers la quarante-sixième Olympiade, au tems de Solon. On lui attribue neuf lettres, mais dont l'authenticité est peu certaine, et qui se trouvent dans les collections susdites.

II. *Thémistocle*, célèbre capitaine athénien, Olymp. 75, du tems de Solon, est supposé auteur de vingt-une lettres grecques, que l'on prétend qu'il a écrites pendant son exil. Leur authenticité, contestée par les gens de lettres, a été examinée, avec le plus de détail, par *Bentley*. On a nouvellement publié l'édition qu'en avait faite *Schœttgen*, avec quelques additions et notes grammaticales de *J. C. Bremer*, à Lemgo 1776. in-8°.

III. *Phalaris*, prince d'Agrigente, dont l'époque est incertaine, mais qui vécut vraisemblablement dans la cinquante-quatrième Olympiade. On lui attribue cent quarante-huit lettres qui, si elles sont effectivement de lui, montreraient son caractère du côté le plus aimable, et sous un jour bien opposé à celui que l'histoire se plaît à lui donner, en nous le peignant comme un tyran cruel et sanguinaire. Ces lettres sont pleines de maximes et de sentimens généreux. Les opinions des critiques se partagent sur leur authenticité; et la dispute presqu'indécente qui a eu lieu à leur sujet entre *Bentley* et *Boyle*, a contribué accidentellement à leur donner plus d'importance encore qu'elles ne méritent en elles-mêmes. La meilleure édition est celle que *de Lenep* et *Valkenaer* en ont donnée à Gröningue 1777. gr. in-4°. On a imprimé à la suite de cette édition la diatribe précitée de *Bentley*.

IV. *Socrate*, le plus grand philosophe de la Grèce, vécut vers la quatre-vingt-dix-neuvième Olympiade. On croit qu'il n'a jamais rien écrit, et qu'il n'a eu aucune part aux sept lettres qu'on s'est plu à lui attribuer. Il est probable que ces lettres, ainsi que celles d'*Antisthène* et de plusieurs autres philosophes de l'école de Socrate, sont l'ouvrage d'un sophiste d'un tems postérieur. *Léon Allazi* a donné de toutes ces lettres une collection imprimée à Paris 1637. in-4°., qui est devenue très-rare.

V. *Chion*, d'Héraclée, contemporain et élève de Platon, est, aussi peu que Socrate, l'auteur des dix-sept lettres qui portent son nom. Elles sont pleines de fanatisme politique, mais non pas sans quelque mérite quant au stile et aux pensées. Elles roulent principalement sur les nombreux avantages d'une culture d'esprit philosophique. *Colerus* en a donné, à Dresde et Leipsic 1765. in-8°., l'édition la plus complète.

VI. *Aristénète*, de Nicée en Bythinie, vers le milieu du quatrième siècle après J. C. Ses lettres, divisées en deux livres, sont du genre romanesque. Leur objet est l'amour, et leur mérite un stile aisé et spirituel. Elles n'ont cependant de lettres que la forme et le titre, et manquent de l'intérêt qui résulte d'une correspondance réelle et d'une direction véritable : aussi n'est-ce pas Aristénète lui-même, mais un sophiste d'un tems postérieur, qui en est auteur. L'édition la plus complète, avec les notes de plusieurs savans, est celle de *Abresch*, à Zwoll 1749. in-8°. C'est encore de lui que sont imprimées, au même lieu et à la même date, les instructives *Lectiones Aristœneteae*, en deux livres, avec les notes de plusieurs autres savans. *Herel* en a donné une traduction allemande, Altenburg 1770. in-8°.

VII. *Alciphron*, contemporain d'Aristénète, est d'un tour d'esprit à-peu-près semblable. Aussi ses lettres sont pour la plupart historiques ; leur stile est agréable et fleuri ; mais il est trop riche et trop recherché, et sent l'afféterie sophistique de son siècle. *Bergler* en a donné une édition en grec et latin, Leipsic 1715. in-8°.; et *Hercl*, à Altenburg 1767. in-8°., les a traduites en allemand. A l'occasion de cette dernière traduction, M. *Schœnheyder* (actuellement évêque à Drontheim en Norwège) a donné (dans la *Nouvelle Bibliothèque de la belle Littérature*, Vol. V. p. 292. seqq.) de très-bons renseignemens sur les principaux épistolographes grecs. — Traduction française avec des notes historiques et critiques par M. l'abbé *Richard*, Paris 1783. 3 Vol. in-8°.

3.) *Grammairiens et Rhéteurs.*

La langue des Grecs avait, dans le discours et les écrits, atteint à un haut degré de culture, avant que l'on commençât à traiter la *grammaire* comme une science particulière. Originairement, on n'entendait par ce mot que l'art de parler et d'écrire, que l'on nomma par la suite *grammatistique*, et ce ne fut qu'au tems d'*Aristote* que l'on commença à la cultiver et à faire quelques analyses du langage. Parmi les grammairiens grecs, il faut remarquer ceux qu'on appelle *scoliastes*, qui s'occupaient surtout de la partie exégétique de cette science, et dont les interprétations des anciens auteurs, malgré l'insuffisance de leur critique, qui répondait à la faiblesse de leur goût, nous sont cependant d'une très-grande utilité, parce qu'elles servent à nous expliquer des mots et des choses qui, sans eux, nous seraient inintelligibles.

Parmi ces scoliastes, on compte *Eustathe*, un des premiers interprètes d'Homère; ensuite les scoliastes anonymes d'*Aristophane*, *Sophocle*, *Hésiode*, *Pindare*, *Eschyle*, *Euripide* et de *Théocrite*, qui tous nous sont de la plus grande utilité. On retire aussi beaucoup d'utilité des savans grammairiens d'un âge postérieur, qui, après la prise de Constantinople, apportèrent la langue grecque en Italie. *Aldus* en a publié à Venise 1496-1525, une collection qui consiste en quatre volumes in-folio. Beaucoup d'ouvrages de ces grammairiens, que nous ne connaissons à présent que de nom, ont été perdus ; plusieurs existent encore en manuscrit dans les bibliothèques.

La *Rhétorique*, ou *la théorie de l'éloquence*, naquit plus tard chez les Grecs que l'exercice de l'éloquence même ; et Cicéron observe avec raison : *esse eloquentiam non ex artificio sed artificium ex eloquentia natum.* Ordinairement, on cite *Empédocle* comme le premier rhéteur grec qui ait enseigné de vive voix les règles de l'éloquence. Ses élèves, *Corax* et *Tisias*, qui vivaient à-peu-près quatre cents ans avant J. C., sont les premiers, dit-on, qui ont publié leurs instructions par écrit. Bien avant eux, la Grèce avait eu des *orateurs* célèbres; par exemple, *Périclès*, *Solon*, *Phalaris*, *Esope*, *Thémistocle*, et autres. Parmi les rhéteurs postérieurs, se trouvent *Gorgias*, le maître d'Isocrate ; *Antiphon*, *Théophraste*, *Molon* et autres, mais dont les écrits sur la rhétorique n'existent plus. Dans les tems postérieurs, les sophistes s'emparèrent de la partie rhétorique de cet art, ainsi que de la partie pratique. *Voy. Fabritii* Biblioth. Græca. L. VI. c.33. — On a des collections des rhéteurs grecs, par *Aldus*, Venise 1508. in-fol. ; par *Léon Allazi*, Rome 1641. in-8°.; et par *Fischer*, Leipsic 1773. in-8°., qui a pris pour base celle de *Thomas Gale*, Oxford 1676. in-8°.

La justesse grammaticale et oratoire sont indivisibles, et ces deux études doivent marcher de front. Nous allons donner l'état des principaux grammairiens et rhéteurs grecs :

I. *Aristote*, né à Stagire, ville de Thrace, dans la quatre-vingt-dix-neuvième Olympiade, vécut à Athènes. C'était le premier élève de Platon, et le fondateur de la philosophie péripatéticienne. Il eut le grand mérite de rassembler en un corps de doctrine les principales connaissances humaines jusqu'alors éparses, et de fonder beaucoup de systêmes scientifiques, d'après leurs principes et même leurs dénominations. Il est vrai que ce sont surtout les sciences philosophiques qui lui sont redevables; mais il s'est encore acquis beaucoup de nom dans les lettres par son traité de rhétorique. Cet ouvrage contient trois livres, dont le premier traite de la nature et de la division de la rhétorique; le second de la connaissance que l'orateur doit avoir des mœurs et des passions humaines; et le troisième de la composition et des formes extérieures du discours. On a imprimé à part cette rhétorique, avec les notes de plusieurs sayans, à Cambridge 1728. in-8°.; et sans notes, sous la direction de MM. *Garve* et *Hindenburg*, à Leipsic 1772. in-8°. Dans l'édition d'Aristote de M. *Buhle*, que nous citerons ci-après, le quatrième contient la rhétorique et la poétique. Celle-ci a aussi été donnée à part par M. *Harles*, Leipsic 1780. in-8°.; et par *Buhle*, à Göttingue 1794. in-8°. Traduction *allemande*, par M. *Curtius*.

II. *Démétrius Phaléréus*, à-peu-près trois cents ans avant J. C., né à Phalère, bourgade de l'Attique. Il était élève de Théophraste; et par son éloquence, il parvint aux distinctions les plus éminentes, et enfin à l'administration de la république d'Athènes. On lui attribue un traité de rhétorique, Περι ερμηνειας (*de la composition oratoire*), mais dont l'auteur est peut-être un autre Démétrius d'Alexandrie, qui ne vivait que bien après lui sous l'empereur Antonin. Indépendamment des autres raisons, la non-authenticité de cet écrit se prouve par l'observation que Démétrius y est cité en troisième personne. Ce traité contient une foule de remarques très-délicates et très-fines sur les beautés du stile, et surtout sur la construction des périodes. On le trouve dans la Collection ci-dessus de rhéteurs choisis (*Rhetores selecti*), qui a été publiée à Oxford 1776. in-8°., par *Gale*, et réimprimée avec plus de soin et une meilleure critique par *Fischer*, Leipsic 1773. in-8°.; et avec des nouvelles notes par *Schneider*, Altenburg 1779. in-8°.

III. *Denis d'Halicarnasse*, qui vivait à l'époque de la naissance de J. C., et dont nous parlerons encore ci-après comme historien, était aussi rhéteur. Il a fait un traité: Περὶ συνθέσεως ὀνομάτων (*de la construction des mots*); et de plus, une rhétorique en forme, qu'il adressa à Échecrate, mais qui ne nous est parvenue que très-fautive. Le premier de ces écrits a été publié par *Upton* à Londres, 1748. gr. in-8°. Le dernier se trouve dans l'édition de ses ouvrages, tant de *Sylburg* que de *Hudson*, au commencement du second volume. Il faut aussi y rapporter ses biographies déja citées d'orateurs grecs. — Traduction *française*, avec des réflexions sur la langue française, comparée avec la grecque et la tragédie de *Polieucte* de Corneille, avec des remarques de l'abbé *le Batteux*, Paris 1788. in-8°.

IV. *Hermogène*, de Tarsus, vivait vers le milieu du second siècle après la naissance de J. C. Les notices qui nous restent de lui ont été recueillies par *Philostrate* et *Hésychius*. Il écrivit son ouvrage sur la rhétorique dès sa dix-huitième année. Cet ouvrage est divisé en quatre sections: 1) Τεχνη ῥητορικη διαιρετικη περι ςασεων (*de l'ordonnance et de la distribution de propositions oratoires*); 2) περι ευρεσεων (*de l'invention oratoire*), en quatre livres; 3) περι ιδεων (*des formes oratoires*); 4) περι μεθοδε δεινοτηῖος (*de l'énergie du discours*), qui n'est point achevé. Un cinquième écrit qui y avait rapport a été perdu. Sur les quatre que nous venons d'indiquer, on a divers commentaires et scolies dans une édition critique de *Casp. Laurentius*, Genève 1614. in-8°. On les trouve aussi dans une collection des rhéteurs grecs, par *Aldus*, Venise 1508. in-fol.

V. *Héphestion*, grammairien d'Alexandrie. Il vivait au même tems, et doit être distingué d'un autre Ptolomée Héphestionis que nous citerons parmi les mythographes.

Un manuel sur la *métrique* que nous avons encore de lui, montre beaucoup de connaissances et de sagacité, et contient à-peu-près les principes généraux de cette partie de l'art poétique, tant perfectionnée chez les anciens. Éditions : Florence 1526. in-8°.; Paris 1553. in-4°. Par *Paw*, Utrecht 1726. in-8°. — Il faut citer ici : *G. Hermanni* de metris pœtarum Græcorum et Romanorum, Libri III., Lipsiæ 1796. in-8°.

VI. *Denis Longin*, philosophe platonicien et rhéteur, vivait dans le troisième siècle après J. C. Nous ne savons que très-peu sur les circonstances de sa vie. De tous ses écrits, qui pour la plupart se sont perdus, il ne nous est parvenu que son excellent traité Περι ὑψυs (*sur le sublime*), non sans lacunes. Cependant, c'est un ouvrage qui fait beaucoup d'honneur aux connaissances et au goût de son auteur, et qui éclaircit parfaitement, par des exemples bien choisis et des règles excellentes, la nature du sublime dans les pensées et dans le stile. La meilleure édition que nous en ayons est celle de *Morus*, Leipsic 1769, avec un supplément d'observations critiques, *ibid.* 1773. gr. in-8°. La traduction française qu'en a fait *Boileau*, et ses *Considérations sur Longin*, sont dans les mains de tout le monde. On a une traduction allemande de *Longin*, avec le texte grec à côté et des notes très-intéressantes, par M. de *Heinecke*, Dresde 1742. in-8°. Une meilleure édition plus récente encore, est celle par M. *J. G. Schlosser*, Leipsic 1781. gr. in-8°.

VII. *Harpocration*, d'Alexandrie, vivait au second, et plus vraisemblablement au quatrième siècle après J. C. Il est auteur du Dictionnaire sur les dix orateurs grecs, Λεξεις των δεκα ρητορων; ouvrage très-utile pour l'intelligence de la langue grecque en général, et particulièrement des orateurs athéniens. Nous en avons une édition complète, et avec beaucoup de soin et de critique, par *Jacques Gronovius*, à Leide 1696. in-4°.

VIII. *Julius Pollux*, né à Naucratis en Égypte, sur la fin du second siècle après J. C., est connu par son vocabulaire grec,

Ὀνομαστικὸν, en dix livres, par ordre de matières, et très-utile pour expliquer et déterminer avec justesse les synonymes de la langue grecque. *Lederlin* et *Hemsterhuis* en ont fait la meilleure édition à Amsterd. 1706. in-fol. Le dernier de ces savans donne, dans sa préface, une méthode très-instructive pour la manière et l'usage de ce Dictionnaire.

IX. *Hésychius*, d'Alexandrie, dont l'époque est incertaine, mais qui vivait probablement à la fin du troisième siècle après J. C. Il a fait un Glossaire grec ou un Dictionnaire des grammairiens et philosophes les plus anciens. Il ajoute à ses explications des exemples pris des meilleurs écrivains. Quelques savans ne le placent que dans le sixième ou septième siècle. Son dictionnaire a été augmenté postérieurement d'additions, auxquelles appartiennent au moins ce qu'on appelle *Glossæ sacræ*, que *J. G. Ernesti* a publiées à part à Leipsic, 1782. On est redevable de l'édition la plus complète et la plus exacte d'Hésychius, à deux des plus éminens philologues hollandais, *Alberti* et *Ruhnken*, Leide 1746-66., en deux Vol. in-fol.

X. *Athénée*, grammairien et rhéteur du troisième siècle, peut se placer ici d'une manière convenable, quoiqu'il soit proprement un écrivain encyclopédique. Il était né à Naucratis, et vivait au commencement du troisième siècle. Ses quinze livres, Δειπνοσοφιστων, ou *les sophistes à table*, forment un trésor de connaissances variées et instructives. C'est une source très-abondante de toute espèce d'érudition mythologique, historique, poétique et antiquaire, laquelle contient encore une foule de productions légères de l'antiquité que, sans ce livre, le tems destructeur aurait sans doute englouties. Il est à regretter que, dans le dernier livre, il se rencontre quelques lacunes : aussi les deux premières parties, et le commencement de la troisième, ne se sont conservées qu'en extraits, qui sont vraisemblablement l'ouvrage de quelque philologue de Constantinople. On en possède une édition ancienne, avec la traduction latine de *Natalis Comes*, Paris 1556. in-8°.; de *Casaubon*, à Leide 1697.

1697. in-fol.; et par *Schœfer*, Leipsic 1795. seqq. 6 Vol. in-8°. Le Cit. *Schweighœuser*, à Strasbourg, vient de donner le premier volume d'une nouvelle édition de cet auteur, qui sans doute surpassera de beaucoup les précédentes en recherches intéressantes et l'application de la critique. — Traduction française du *Banquet des Savans*, tant sur le texte imprimé que sur plusieurs manuscrits, Paris 1789-1791. 5 Vol. in-4°., en sept parties, par le Cit. *Fébure de Villebrune*, ouvrage du plus grand mérite. Une traduction plus ancienne, de l'abbé *Marolles*, est très-défectueuse

XI. *Ammonius*, grammairien de l'école d'Alexandrie, vivait vraisemblablement vers la fin du quatrième siècle. Il est l'auteur d'un ouvrage, en ordre alphabétique, sur la différence des mots et des phrases synonymes, que, sans raisons valables, on attribue à un autre auteur. On y trouve beaucoup d'instruction pour fixer l'acception des mots de la langue grecque, ce qui souvent l'a fait réimprimer. *Henri Étienne* l'a ajouté à son grand *Thesaurus*. La meilleure édition, avec d'excellentes notes, est celle que *Valkenaer* a publiée à Leide, 1739. in-4°. Un extrait choisi, avec des nouvelles additions, a paru à Erlangen, par le D. *Ammon*, 1787.

XII. *Photius*, patriarche de Constantinople, au neuvième siècle, mérite de même ici, une place, quoiqu'il ait été réellement plus littérateur que grammairien et rhéteur. On lui doit ce qu'on appelle sa *Bibliothèque*, ou Μυριοβίβλιον. Elle contient les extraits critiques d'un très-grand nombre d'écrivains anciens, en partie perdus. Cet ouvrage est, sous plusieurs rapports, très-estimable, surtout comme dépôt d'une foule de fragmens et de deux cent soixante-dix-neuf morceaux dont, sans lui, nous ne connaîtrions pas même les titres. Les autres écrits que nous avons de lui, ses lettres, ses homélies, sont moins remarquables. *Hœschel* et *Schott* se sont acquis beaucoup de mérite relativement à la bibliothèque de Photius; on trouve leurs travaux critiques rassemblés dans l'édition qu'ils en ont donnée, Rouen 1653. in-fol. — Voyez *J. H. Leichii* Diatribe in Photii Bibliothecam, Lips. 1748. Un savant

Danois, M. *Ancher*, avait fait des recherches profondes sur cet auteur, et se proposait d'en donner une édition complète, lorsque la mort est venue nous l'enlever. Il est cependant à espérer que son travail, presqu'achevé, et le fruit de vingt ans de peines, paraîtra un jour, et que nous en aurons l'obligation à sa veuve, qui est en possession de tous les manuscrits sur cet objet.

XIII. *Suidas*, d'un âge incertain, très-vraisemblablement du dixième ou onzième siècle. Il est auteur d'un Dictionnaire grec qui nous est parvenu, et compilé d'après les écrits de plusieurs philologues et grammairiens, surtout du Scoliaste d'Aristophanes. Quoiqu'il n'offre pas toujours le meilleur choix, non plus que l'ordre et la justesse qu'on pourrait desirer, il ne laisse cependant pas d'être très-utile, et le défaut d'ordre qu'on lui reproche, a sûrement été produit en partie par les additions qui y ont été faites. Nous citerons ici l'édition de *Ludolf Küster*, Cambridge 1705, en trois volumes in-fol. La dissertation dont on l'a accompagnée a été réimprimée, avec des notes, par *Fabricius*, au dixième volume de sa Bibliothèque grecque.

XIV. *Jean Tzetzes*, grammairien du douzième siècle, né à Constantinople. Dans son tems, il fit beaucoup de bruit, et ses écrits, malgré tous leurs défauts, nous sont très-utiles pour l'explication d'une foule de circonstances historiques et mythologiques. Ce sont, pour la plupart, des scolies sur Hésiode, et des poëmes allégoriques. Les premières ont été recueillies par plusieurs éditeurs modernes de ces poètes ; les derniers ont paru à Paris, 1618. in-8°. On a une édition de ses poëmes sur la guerre de Troye, publiés séparément, par M. de *Schirach*, Halle 1770. 8°.

XV. *Eustathe*, au douzième siècle, né à Constantinople, et archevêque de Thessalonique. Il est célèbre surtout par son riche et savant Commentaire sur Homère, dans lequel on souhaiterait cependant moins de longueurs et moins de subtilités grammaticales et étymologiques. Ce commentaire porte le titre : Παρεκβολαι εις την Ομηρυ Ιλιαδα,

Rom. 1542. in-fol.; εις την Οδυσσειαν, *ibid.* 1549. in-fol. Il faut y ajouter le troisième volume qui a paru de même à Rome, 1550. in-fol., et qui contient l'index de *Devarius*. Une meilleure édition, avec des notes et une traduction latine, est celle d'*Alessandro Politi*. Elle devait former dix volumes in-folio; mais il n'en a paru que trois à Florence, 1730-35., qui ne contiennent que les cinq premiers livres de l'Iliade. Le commentaire d'Eustathe, sur *Denis Periegète*, a été publié plusieurs fois avec le poëme géographique dont nous parlerons ci-après.

———

Il faut encore citer ici l'*Etymologicum Magnum*, dont l'auteur nous est inconnu, mais qui vivait certainement avant *Suidas*. Il y a dans ce livre beaucoup plus de mérite relativement à l'explication de plusieurs difficultés historiques et mythologiques et les fragmens qui s'y trouvent, que dans tout ce qui y concerne la grammaire. Les premiers éditeurs de ce dictionnaire furent *Musurus* et *Calliergus*, qui ont soigné l'édition d'Aldus, à Venise 1499. in-fol.

Une meilleure édition, mais qui est devenue très-rare, est celle de *Sylburg*, 1594. in-fol. M. *Kulencamp*, à Göttingue, avait promis d'en donner une nouvelle ; il en a publié un prospectus avec un échantillon ; mais la mort est venue renverser son projet. — *Voyez* sur les *Glossaires* et *Dictionnaires* grecs en général : *Fabricii* B. G. L. IV. C. 33. L. V. C. 40. — Il y faut joindre : *Glossaria Græca Minora et alia Anecdota græca*, ex édit. *C. F. Matthœi*, Moscov. 1775. in-fol.

Pour ce qui concerne les *lexicographes* d'un âge postérieur, on doit encore citer ici *Phavorinus*, de Camérine en Ombrie, qui mourut en 1537, et qui a compilé un ample dictionnaire de Suidas, Hésichius, Harpocration, etc. La meilleure édition est celle de Venise, 1712. — Il y a encore plus de mérite dans *Henrici Stephani Thesaurus linguæ Græcæ*, Genev. 1572. 2 Vol. in-fol.

4.) *Philosophes.*

Originairement, la *philosophie grecque* n'était point indigène, mais elle venait du dehors, et avait été apportée en Grèce par les différentes colonies de l'Égypte, de la Phénicie et de la Thrace. La Grèce ne possédait d'abord que des poètes qui prenaient pour sujet de leurs poëmes la nature des choses, l'origine du monde visible, le système des dieux et des esprits supérieurs, les préceptes de morale, etc. *Linus, Musée, Orphée, Hésiode*, et même *Homère*, appartiennent à cette classe. (*Voyez* Les premiers Philosophes des Grecs, ou Vies et Systèmes d'Orphée, de Phérécyde, de Thalès et de Pythagore, par *Diet. Tiedemann*, Leipsic 1780. gr. in-8º.) — Après eux, les sept sages de la Grèce, *Solon, Chilon, Périandre, Pittacus, Bias, Cléobule* et *Thalès*, s'acquirent une grande renommée; presque tous eurent part à la législation et au gouvernement de leur patrie, et contribuèrent à sa défense. Le dernier fonda la première secte philosophique, qui prit le nom de *secte ionienne*, et qui s'occupait principalement de l'histoire naturelle. Mais aucune philosophie n'obtint plus de faveur et de respect en Grèce, que celle de *Socrate*. Son fondateur eut surtout, le grand mérite de rendre cette science, qui jusqu'à lui n'avait guères été qu'un objet de spéculation et de théorie, plus pratique, et d'en faire l'institutrice des devoirs de l'homme, et la régulatrice de la vie. *Xénophon* et *Platon* furent les premiers élèves de ce sage. Bientôt après naquirent d'autres sectes ; savoir : la *cyrénaïque*, fondée par *Aristippe*, qui sut donner à ses principes la forme la plus attrayante ; la *mégèrienne*, formée par *Euclide*, remplie de subtilités, mais qui néanmoins offrait des recherches utiles ; l'*éléatique* ou *érétrienne*, formée par *Phædon* et *Ménéderme*. Ces trois dernières étaient les filles de l'école *socratique*; mais elles avaient beaucoup dégénéré. Aucun des successeurs de ce sage ne sut s'approprier son esprit autant que *Platon*, qui étendit et perfectionna le système de son maître, et l'enseigna dans ses écrits. C'est lui qui fonda l'école *académique*, qu'on divise ordinairement en *ancienne*, *moyenne* et *nouvelle*. Ce philosophe eut aussi un célèbre élève dans

Aristote, qui donna naissance à la philosophie péripatéticienne. Le chef des philosophes *cyniques* fut *Antisthène*; et *Diogène*, le plus célèbre parmi eux. Mais la secte la plus marquante fut celle des *Stoïciens*, qui fut fondée par *Zénon*, dont le caractère général était de prémunir l'une contre toute espèce de passions; et la secte *épicurienne*, ainsi nommée de son auteur, qui plaçait le souverain bien dans la tranquillité de l'ame et la pure jouissance de ses facultés. Bien avant celle-ci, et à la même époque que la secte ionienne, était née l'école *pythagoricienne* qui, à cause du séjour de son fondateur dans la grande Grèce, se nomme *l'école italique*, et dont le système était plus ingénieux que solide. C'est de cette dernière que naquit la secte *éléatique*, fondée par *Xénophane*. Enfin, *Pyrrhon* fut le chef des *Pyrrhoniens* ou *Sceptiques*, qui s'éloignèrent des systèmes de tous les autres philosophes, par la profession qu'ils faisaient de mettre tout en doute, et de bannir rigoureusement tout ce qui avait l'idée de secte ou de système.

Voilà, en traits rapides, une idée générale de l'*Histoire de la Philosophie chez les Grecs*. Les sources principales où l'on peut puiser le plus de détails, sont les dix livres de Biographie des célèbres philosophes grecs par *Diogène Laerce*, qui vivait probablement dans la seconde moitié du troisième siècle après J. C., mais dont nous ignorons entièrement la vie. Son ouvrage comprend principalement la vie des philosophes de la secte *ionienne*, *italique* et *épicurienne*, et offre en même tems un exposé de leurs dogmes, et un recueil de leurs Apopthegmes les plus savans et les plus remarquables. La meilleure édition qu'on en ait publiée, est celle de *Marcus Meibomius*, Amsterdam 1692, en 2 Vol. in-8°., qui contient les notes de beaucoup de savans, surtout de *Ménage*. Une édition assez usuelle est celle de *Longolius*, Hof. 1739. in-4°. — Traduction *française*, 1796. in-8°., et de la vie d'Aristippe écrite par Diogène, par M. *le Febvre*, Paris 1668. in-8°.

On doit recommander, en général, à ceux

qui étudient l'histoire philosophique, si nécessaire pour la connaissance de la littérature ancienne, les livres suivans :

Bruckeri Institutiones Historiæ Philosophiæ, Lips. 1756. gr. in-8°., extrait de son grand ouvrage qui porte le même nom, en 6 Vol. in-4°., et qui a paru à Leipsic, 1742-67.

Principes d'une Histoire de la Philosophie et de ses principaux dogmes, par M. *Busching*, Berlin 1772-74. 2 Vol. in-8°. (en allemand.)

Idée d'une Histoire de la Philosophie, par M. *Meiners*, Lemgo. 1786. in-8°. (en allemand.)

Idée de l'Histoire de la Philosophie, par M. *Gurlitt*, Leipsic 1786. (en allemand.)

Histoire générale de la Philosophie, par M. *Éberhard*, Halle 1787. in-8°.. (en allemand.)

Introduction à la connaissance de la Littérature dans toutes les parties de la Philosophie, par M. *Hissmann*, Göttingue et Lemgo, 1778. in-8°. (en allemand.)

Manuel de la Littérature de la Philosophie, par M. *Ortloff*, Vol. I. Erlangen 1798. in-8. (en allemand.)

Parmi le grand nombre d'*ouvrages de philosophie*, science qui en Grèce formait peut-être la majorité des occupations littéraires, il n'y en a que quelques-uns qui nous soient parvenus, et qu'il faut incontestablement ranger au nombre des véritables monumens de la littérature de cette contrée. Nous donnerons ici une idée succinte des auteurs les plus remarquables :

I. *Ésope*, dont on place l'époque vers la première moitié du troisième siècle, à-peu-près cinq siècles et demi avant la naissance de J. C., n'est point au nombre des philosophes spéculatifs de la Grèce; mais il faut le compter parmi les plus anciens moralistes. Il sema dans ses *Fables* un grand nombre de vérités et de principes de morale très-utiles, en les appliquant à des fictions particulières, pour les faire ressortir davantage, et les rendre palpables aux sens. Il était né esclave, et appartint successivement à plusieurs maîtres, dont le dernier, le philosophe *Jadmon*, finit par l'affranchir. Les autres circonstances de sa vie sont assez incertaines, quoiqu'elles soient racontées très en détail dans une biographie de lui, qui est dans les mains de tout le monde; mais elle ne date que du quatorzième siècle, étant l'ouvrage de *Maxime Planudes*, moine de Constantinople, le même à qui nous devons le Recueil de ses Fables, qui peut-être n'ont jamais été écrites par celui dont elles portent le nom. Il y a ajouté plusieurs additions et explications. On en a une autre collection, par *Aldus*, 1505 fol., qui consiste en cent quarante-neuf Fables : nous en avons aussi une, d'après un manuscrit de la bibliothèque de Heidelberg, qui contient cent trente-six Fables. Elle a été publiée par *Revelet*, Francfort 1610. 8. 1660. in-8°. Parmi les manuscrits qu'on n'a point encore exploités, celui d'Augsbourg, que *Reiske* avait l'intention de publier, est sans doute le plus remarquable. Entre les éditions les plus nouvelles, celle de *Hauptmann*, Leipsic 1781. in-8°., est une des plus estimées. Elle contient en tout trois cent soixante-une Fables. On regarde comme plus complète celle de *Heusinger*, Leipsic 1755. in-8°. On en a aussi une usuelle de *J. C. G. Ernesti*, Leipsic 1781. in-8°., et une autre de *Busching*, Halle 1798. — On trouve des excellentes observations sur la manière de cet écrivain, dans la Dissertation sur la Fable, de M. *Les-*

sing, ajoutée à la collection de ses propres Fables.

II. *Pythagore*, philosophe très-fameux par ses dogmes et son école. Il est aussi auteur des *vers dorés*, que nous avons déja cités ci-dessus. *Voyez* le N°. VII dans les catalogues des Poètes. Le Commentaire d'Hérodes sur les *vers dorés* de Pythagore, rétablis sur les manuscrits, et traduits en *français*, avec des remarques, par *Dauer*, Paris 1606. in-12.

III. *Ocellus Lucanus*, élève de Pythagore. On croit qu'il a vécu à-peu-près cent ans avant Socrate. On lui attribue un ouvrage *sur la nature des choses*, Περι της τȣ παντος φυσεως, originairement écrit dans le dialecte dorien, et rédigé d'après le dialecte ordinaire, par un grammairien d'un âge postérieur. Malgré toutes ses erreurs, ce livre est écrit avec beaucoup de sagacité, et contient, entr'autres choses, de très-bons préceptes sur l'éducation. Il est vraisemblable qu'il est d'un auteur postérieur. La meilleure édition est celle de l'abbé *le Batteux*, Paris 1769, en 1 vol., avec une traduction française, et avec des notes. Il y a peu de différence dans celle du marquis *d'Argens*, publiée à Berlin 1762. in-8°.

IV. *Xénophon*, Athénien, vivait de l'Olympiade soixante-douzième jusqu'à la cent cinquième, à-peu-près quatre cents ans avant la naissance de J. C. Nous ne parlerons point ici de son mérite comme militaire et comme historien ; et nous ne l'envisagerons que comme philosophe, et comme un des plus dignes élèves de Socrate, dont il sut s'approprier la sagacité, la solidité, la précision et l'aménité que ce philosophe mit dans ses dialogues, et par lesquels on apprend à connaître le véritable esprit du maître de Xénophon. De ce genre sont, parmi ses écrits, la *Cyropédie*, ou de la vie et de l'instruction de Cyrus (édition de *Zeune*, Leipsic 1780); ses *Mémoires sur Socrate* (édit. d'*Ernesti*, Leipsic 1772. in-8°.; et de *Stroth*, Gotha 1788); son *Apologie de Socrate* ; son *Banquet des Philosophes*, et son écrit sur l'*Economie*. — *Voyez* une édition de ces trois écrits, par *Bach*, Leipsic 1759. 8. de ses ouvrages complets, par *Edm. Wells*, Oxford 1703, en 5 volum. in-8°. Une plus récente de *Thième*, Leipsic 1763. seqq. — Nous avons déja parlé plus haut de celle qu'a donnée en partie, et que va faire paraître en entier le citoyen *Gail. Inaffectatam ejus jucunditatem nulla affectatio consequi potest ; ita, ut sermonem ipsius ipsæ gratiæ finxisse videantur.* QUINTIL.

V. *Eschine*, le philosophe, qu'on ne doit pas confondre avec Eschine l'orateur, dont nous avons parlé ci-dessus. Il était né à Athènes, et fut l'élève de Socrate. Nous avons sous son nom, mais sûrement d'une autre main, trois *Dialogues philosophiques* ; ils roulent *sur la vertu, les richesses et la mort*, et sont recommandables par la clarté de la composition, la facilité du dialogue, et l'utilité de l'instruction qu'ils offrent. La meilleure édition est celle de M. *Fischer*, 1786. gr. 8.

VI. *Cebes*, de Thèbes, philosophe Socratique, et auteur de trois *Dialogues philosophiques*,

sophiques, peut-être aussi d'un tems postérieur, nous n'avons peut-être plus que le troisième. Ce dialogue porte le titre de Πιναξ, *Tableau;* il a pour sujet l'état des ames avant leur union avec le corps, la destinée et les caractères des hommes, pendant leur vie et à leur sortie de ce monde. La disposition, ainsi que l'exécution de ce tableau est belle, ingénieuse et instructive. Editions par *Th. Johnson*, Londres 1720; par *Messerschmidt*, Leipsic 1757 in-8°., par *Schweighæuser*, Leipsic 1798 in-8°. (avec la traduction allemande) par *Th. H. Thieme*, Berlin 1786. — Traduction *française* nouvelle, avec le texte grec et des notes critiques, par *Febure de Villebrune*, Paris, l'an III, in-8°. (jointe à son édition d'Epictète).

VII. *Platon*. Il vivait de l'Olympiade quatre-vingt-septième jusqu'à la cent huitième, à-peu-près cent ans avant J. C. Il était Athénien, fils d'Ariston, et élève de Socrate; c'est lui qui réussit le mieux à rendre dans ses écrits la méthode orale de ce grand philosophe. L'antiquité lui a donné le nom de *Divin*, et les modernes font aussi le plus grand cas de ses ouvrages. Ils consistent en un nombre considérable de Dialogues, dont le sujet est philosophique, physique, politique et moral. Les idées et le stile en sont également précieux ; il abonde en pensées et en conceptions figurées, et souvent il se distingue par sa manière poétique de les rendre. — *Voyez* l'excellent exposé que nous avons de son stile, dans la Dissertation de *Geddes*, sur le stile des anciens : il est traduit dans la collection de Mélanges de Berlin, vol. III. IV —La meilleure édition des nombreux ouvrages de Platon jusqu'à présent est celle d'*Henri Étienne*, Paris 1578, en 3 vol. in-fol. On en attend une nouvelle de M. *Fischer*, à Leipsic. Une autre assez élégante a paru à *Deuxponts*, 1783. seqq., 9 volum. grand in-8°. — On a publié partiellement en mille endroits les meilleurs et les plus instructifs de ses Dialogues, entr'autres quatre Dialogues (l'*Eutyphron*, l'*Apologie de Socrate*, le *Criton* et le *Phédon*), par M. *Fischer*, Leipsic 1770. in-8°.; *Cratylus* et *Theætete*, par le même, 1770. in-8°.; le *Sophiste*, le *Politique*, et *Parmenides*, par le même, 1770. 8.; *Phedo, Criton*, et *les* deux *Alcibiades*, par M. *Biester*, Berlin 1780. in-8°. Les quatre derniers Dialogues ont été traduits en allemand, par M. *Gedike*, Berlin 1780. in-8°., pour ne pas parler d'une plus récente traduction promise par *Kleuker*, des œuvres complètes de ce philosophe. Un sophiste du huitième siècle, nommé *Timée*, nous a laissé un Dictionnaire fait exprès sur Platon, que *Ruhnken* a publié à Leide, 1754. gr. in-8°. — Traduction *française* par *Dacier*, Amsterd. 1744. 2 Vol. in-12. Plusieurs des dialogues, comme le premier Alcibiade, par *le Febvre*, Saumur 1666. in-12.; par le père *le Grou*, Amsterd. 1770. 2 Vol. in-12. — Les Lois de Platon par le même, Amst. 1769. — La république de Platon et le Phédon, par *Louis le Roy*, Paris 1600. in-fol.; et par le P. *Grou*, Paris 1765. 2 Vol. in-12. — Le Banquet des sept Sages de Platon, par *Louis le Roy*, Paris 1581. in-4°. — Traduction *italienne*, par *Dardi Bembo*, cogli argomenti e note del Serrano. in Venezia 1742-1743. 3 Vol. in-4°.

VIII. *Timée de Locres*, pythagoricien et grand naturaliste. C'était un des maîtres de

Platon, et il a décoré de son nom un de ses dialogues. Le traité de philosophie qu'on lui attribue, sur *l'ame du monde et de la nature*, Περι ψυχης κοσμυ και φυσεως, est vraisemblablement d'un auteur postérieur. *Voyez* là-dessus l'Examen de M. *Meiners*, dans la Bibliothèque philosophique de Göttingue, Vol. I, p. 100. seqq. On trouve ordinairement cet écrit joint aux œuvres de Platon; il a paru en grec et en français à Berlin, 1763. in-8°., traduit par le marquis d'*Argens*. Une autre édition est celle de l'abbé *le Batteux*, Paris 1768. in-8°., qui se trouve avec son *Ocellus Lucanus*, dont il a été question ci-dessus, et dont M. *Meiners* met pareillement en doute l'authenticité.

IX. *Aristote*, natif de Stagire en Thrace. Il était fils de *Nicomaque*, et vécut de la quatre-vingt-neuvième à la cent quatorzième Olympiade, à-peu-près trois cent cinquante ans avant J. C. C'était le disciple le plus distingué de Platon; il fonda, après la mort de son maître, une école philosophique à part, d'où naquit par la suite la secte *péripatéticienne*. Les écrits qui nous restent de lui supposent une foule de connaissances très-importantes et une profondeur de raisonnement admirable, quoique son génie méditatif et observateur l'ait souvent entraîné dans des recherches subtiles et oiseuses, et dans de vaines spéculations. Ses écrits traitent de mille objets variés; ils roulent sur la dialectique, la physique, la métaphysique, la politique et la morale. L'édition la plus complète de ses œuvres est celle de *Wechel*, Francfort 1587, en 11 Vol. in-4°. Il y en a une autre de *Casaubon*, Lyon 1590. in-fol.; et une par *Duval*, Paris 1654. in-fol. Il va en paraître une nouvelle par les soins de M. *Buhle* de Göttingue, à Deux-Ponts, dont nous avons déja plusieurs volumes. — Le plus grand mérite d'Aristote est, sans contredit, d'avoir, avec sagacité, distingué et classifié les principales connaissances humaines; d'avoir donné une méthode et une forme aux différentes sciences. C'est à lui que l'on doit l'avantage estimable de les avoir ordonnées suivant leurs rapports respectifs. Voilà ce qu'il a fait, non-seulement pour les sciences proprement dites, mais encore pour les lettres, surtout pour la *poésie* et l'*éloquence*, dont il a donné la théorie dans sa *poétique* et dans sa *rhétorique*. — On a des traductions multipliées des principaux écrits de sa poétique, par *Dacier*, Paris 1672; de son traité sur les animaux, par le Cit. *Camus*, avec des notes, en 2 Vol.; mais surtout une récente de ses livres sur la politique, 1798, par le Cit. *Champagne*, directeur du Prytanée, qui est très-estimée.

X. *Théophraste*, né à Érésus, dans l'île de Lesbos, vivait entre la quatre-vingt-dix-septième et la cent vingt-troisième Olympiade. Il était élève de Platon et d'Aristote, et devint, après la mort de ce dernier, le chef de l'école péripatéticienne. Il avait une grande supériorité dans l'éloquence et la philosophie, mais surtout dans l'histoire naturelle. Nous avons de lui sur plusieurs de ces objets, savoir, les *plantes*, les *pierres*, les *vents*, plusieurs écrits intéressans. Mais on regarde comme son meilleur ouvrage ses *caractères moraux*, ηθικοι χαρακτηρες, où il a peint, jusques dans les moindres détails, les différens caractères de la société, avec une vérité frappante, une connaissance intime du cœur humain, et en même tems beaucoup de brièveté, de finesse et d'élégance. M. *Fischer* nous en a donné à Coburg, 1763 in-8°., une édition excellente, qui a servi de base à celle de M. *Nast*, à Studtgard 1791, corrigée et enrichie de notes en allemand. Parmi les éditions complètes de Théophraste, la meilleure est celle de *Daniel Heinsius*, Leide 1613. in-fol. Tout le monde connaît la traduction française et les caractères que nous a tracés, d'après sa manière, M. de *la Bruyère*, Paris 1706. 3 Vol. in-12. La traduction la plus récente et la plus fidèle de cet auteur, est celle qu'a donné, l'an VII, avec le texte grec à côté, le Cit. *Coray*, médecin, natif de Smyrne. Cette traduction offre deux caractères retrouvés dans un manuscrit du Vatican, et publiés à Parme, 1786, chez *Bodoni*, avec une préface d'*Amaduzzi*. On trouvera dans son excellente introduction des notices très-étendues sur les différentes éditions et traductions de ce *caractérographe*. — On a aussi une traduction française du *traité des pierres*, avec des notes physiques et critiques, traduites de l'anglais de M. *Hill*, Paris 1759. in-8°.

XI. *Épictète*, de Hiéropolis en Phrygie, vivait vers la fin du premier siècle après J. C. Il fut d'abord esclave d'Épaphrodite; et après son affranchissement, il vécut à Rome jusqu'au moment où il fut exilé avec d'autres philosophes par ordre de Domitien. Stoïcien par système, il suivait les principes les plus austères, et avait une égalité d'ame imperturbable. Telle est l'idée que nous donne de lui son *Encheiridion*, ou *Manuel de morale*, qu'on persiste à lui attribuer, mais qui réellement appartient à *Arrien ;* ouvrage, estimable autant par son contenu que par son stile. L'édition la plus usuelle est celle qu'en a donnée M. *Heyne*, Dresde 1779, et *Schweighæuser*, Leipsic 1798 in-8°.—Traduction *allemande* par *J. G. Ph. Thiele*, Francfort 1790. in-8°. — Il est certain qu'Épictète n'était pas chrétien, comme on l'a prétendu. Traduction *française*, avec le texte grec, les Commentaires de *Simplicius* et les Remarques de *Dacier*, Paris

1715. 2 Vol. in-8°.; et une plus récente encore, avec un discours préliminaire, des notes critiques et des corrections très-savantes, par *Fébure de Villebrune*, Paris l'an III. in-12.

XII. *Arrien*, vivait au second siècle après J. C., sous l'empereur *Adrien*. Il était de Nicomédie en Bythinie, stoïcien, et élève d'Épictète. Son mérite lui valut, à Athènes et à Rome, le droit de citoyen. Nous en parlerons tout à l'heure comme d'historien. Comme philosophe, il donna, outre l'*Encheiridion* dont il a été parlé ci-dessus, quatre livres de recherches philosophiques sur Épictète. Leurs titres portent ordinairement le nom d'Épictète, et ils ont été publiés en deux Vol. in-4°. par *Upson*, à Londres 1741. Vraisemblablement, ils ne forment que la moitié de cet ouvrage, attendu que *Photius* cite huit livres de Διατριβῶν Επικτητȣ. On en a une traduction *anglaise* très-estimée, par Miss *Carter*, Londres 1758. in-4°.; et une *allemande* de M. *Schultess*, Zuric 1766. in-8°.

XIII. *Plutarque*, de Chéronnée en Béotie, vivait sur la fin du premier et au commencement du second siècle après J. C. Son maître était *Ammonius* d'Athènes. Dans la suite, il professa la philosophie à Rome, sans suivre aucune secte particulière. Au reste, il était l'antagoniste déclaré des Stoïciens et des Épicuriens. Dans ses nombreux écrits philosophiques, on remarque une véritable sagesse, la connaissance la plus étendue du cœur humain, une grande fécondité d'esprit, et une diction très-éloquente. Ils offrent les matériaux les plus abondans pour l'histoire de la philosophie, de l'antiquité, et de l'entendement humain. Tout ce qu'on leur reproche en général, c'est d'être par fois trop surchargés d'érudition, inégaux dans le stile, et souvent un peu énigmatiques. On comprend tous les écrits philosophiques de P. sous la dénomination de *Traités de morale*, quoique le contenu en soit très-varié. Les principaux sont : de *l'éducation*, de *l'étude des Poètes*, de *la différence entre l'ami et le flatteur*. On a aussi de lui un ouvrage sur les principes des plus célèbres philosophes, divisé en cinq livres. Tous les ouvrages de cet écrivain ont été publiés à Francfort, 1620, en deux Vol. in-fol., avec la traduction latine de *Xylander*, par M. *Reiske*, Leipsic 1774-82, en 12 Vol. in-8°. M. *Wyttenbach*, philologue hollandais, en a promis une nouvelle édition critique. L'édition usuelle en 11 Vol., donnée par *J. G. Hutten*, est la plus récente de toutes ; le premier volume a paru à Tubingue en 1791. — Traduction *française* des OEuvres morales de Plutarque par *Amyot*, T. I., Genève 1613. in-8°.; par M. ***, Paris 1777. in-12.; par M. *Ricard*, T. I. in-12, Paris 1783. — Le Traité de la superstition, par *le Febvre*, Saumur 1666. in-12. — De la manière de discerner un flatteur d'avec un ami, et le Banquet des sept Sages, par *Laporte-Dutheil*, Paris 1772. in-8°.

XIV. *Lucien*, de Samosate en Syrie, écrivait au second siècle après J. C. Il n'était ni chrétien, ni athée, et ne suivait aucune secte particulière. Rempli de pénétration et d'esprit, il avait beaucoup de talent pour la satyre, qu'il se plaisait quelquefois à exercer, peut-être avec trop de licence, tant contre les personnes que contre les dogmes religieux de son siècle. Ennemi déclaré des prêtres et des faux philosophes, fécond en sarcasmes et en plaisanteries, variant dans un stile élégant et enjoué ses ingénieuses facéties, on pourrait, avec justice, le nommer le *Voltaire* de son siècle. La plupart de ses nombreuses productions sont en forme de dialogues. Les plus célèbres sont ceux des *dieux et des morts*. Ce genre de composition a été fréquemment imité : par exemple, en *Angleterre*, par lord *Lyttleton* ; en *France*, par *Fénélon* ; et en *Allemagne*, par *Wieland*. Le stile pur et tout-à-fait attique de Lucien mérite d'autant plus l'admiration, qu'il n'était pas né Grec. La meilleure édition de ses écrits est celle qui est accompagnée d'une très-bonne traduction de *Hemsterhuis* et de *Gesner*, et enrichie de notes savantes, mais qui souvent dégénèrent en dissertations. Elle a été achevée, après la mort de *Hemsterhuis*, par J. F. Reiz, Amsterd. 1746, en 3 Vol. in-4°., auxquels on en a ajouté par la suite un quatrième, qui a paru à Utrecht 1746, et qui contient une table de matières très-étendue, par ordre alphabétique. M. *J. P. Schmid*, à Miétau, en a commencé en 1776, en petit in-8°., une réimpression très-élégante, qui depuis 1779 a été interrompue, mais qu'on promet de continuer. Jusqu'à présent, le manuscrit de cet auteur, qui se trouve à Deux-Ponts, est le meilleur qui existe. Outre la traduction ci-dessus de *Wieland*, l'Allemagne en possède une plus ancienne encore, celle de *Waser*, Zuric 1767-73. 4 Vol. gr. in-8°. En France, celles d'*Ablancourt*, traducteur élégant, mais qui altère souvent son original, et aux traductions duquel on donnait pour cela le nom de *belles infidèles*; celle de *Massieux* et de *Belin de Balu*, d'après une copie vérifiée et revue sur six manuscrits de la Bibliothèque du Roi, avec des Notes historiques et des Remarques critiques sur le texte, Paris 1788-1789. in-8°.; et Extraits de Lucien et de Xénophon, traduits par le Cit. *Gail*, Paris 1786. in-12., sont les plus estimées. Parmi le grand nombre d'*écrits choisis* de Lucien, les meilleurs sont ceux de M. *Seybold*, à Gotha 1785. gr. in-8°.; et l'édition commencée par M. *Wolf*, à Halle 1791. in-8°. Il vient d'en paraître une récemment, avec des notes analytiques pour les commençans, par le Cit. *Duval*, professeur à l'école centrale du département de Seine-et-Oise, Paris l'an IX.

XV. *Antonin*, surnommé *le Philosophe*, empereur romain dans le second siècle après J. C., est aussi très-fameux comme écrivain. Il a fait douze livres, qu'il s'est *adressés à lui-même*, εις ἑαυτον. Ce sont des considérations philosophiques très-instructives, qui contiennent surtout les principes de la philosophie stoïcienne, et qui en font l'application aux sentimens, aux devoirs et à la vie humaine. Parmi les éditions de ces écrits, la plus complète est celle de *Gataker*, que *Geo. Stanhope* a publiée à Londres en 1707. in-4°. Une bonne édition usuelle, avec quelques courtes notes de M. *Morus*, a paru à Leipsic 1775. in-8°. — Traduction *française*, avec des remarques, par l'abbé *Dacier*, Paris 1691. 2 Vol. in-8°. — Il y en a une plus récente, Paris 1779, à la fin des nouveaux Mélanges de poésie grecque.

XVI. *Sextus Empiricus*, médecin et philosophe pyrrhonien du second siècle, rassembla les principes de l'école sceptique, dont Pyrrhon était le fondateur, en un ouvrage divisé en trois livres, et écrivit en outre onze livres contre les *mathématiciens*, c'est-à-dire, contre les faiseurs de systèmes dans les sciences. Les derniers de ces livres sont dirigés contre les philosophes. Ils sont précieux pour l'étude de l'histoire de la philosophie. Édition de *J. A. Fabricius*, Leipsic 1718. in-fol. — Traduction *française*, par *Huart*, 1725. in-12.

XVII. *Plotin*, au troisième siècle après J. C., natif de Lycopolis en Égypte. Il était de l'école d'Alexandrie, et Platonicien dans la plupart de ses dogmes. Dans les derniers tems de sa vie, il vécut à Rome très-favorisé par l'empereur Galien et l'impératrice Saboniana. Ses écrits manquent d'ordre, de clarté, de fécondité et de pureté dans le stile. Ils consistent en cinquante-quatre livres, que son élève *Porphyre* a divisés en six Ennéades, ou sections, chacune de neuf livres, et dont il s'est efforcé de corriger le stile. Cependant, il s'est permis trop d'intercalations et d'additions. Il en a paru une édition, en grec seulement, à Bâle 1580. in-fol.

XVIII. *Porphyre*, de Batanée, ville de Syrie; mais comme il était proche de Tyr, on l'a appelé *Tyrien*. Il vivait à-peu-près au même tems que le précédent. Son nom syrien était *Malchus*. Étant à Rome, il se fit élève et sectateur de *Plotin*, dont il a même décrit la vie. Son ouvrage le plus marquant est sa *Biographie de Pythagore*, dont la meilleure édition est celle de *Küster*, imprimée à Amsterdam 1707. in-4°. On a encore de lui plusieurs autres écrits; savoir, trois livres sur l'abstinence et l'usage de la chair des animaux (édition de *Rhoer*, Utrecht 1767. in-4°.); des Explications d'Homère, des Commentaires sur les Catégories d'Aristote, etc.

XIX. *Jamblichius*, de Chalcis en Cœle-Syrie, vivait au quatrième siècle, et était disciple de Porphyre. Du grand nombre de ses écrits, il ne nous reste plus que sa Dissertation sur les mystères d'Égypte, et son Fragment sur Pythagore et sa philosophie.

La

La meilleure édition de ce dernier ouvrage est celle de *Th. Gale*, à Oxford 1678. in-fol. L'autre se trouve dans l'édition ci-dessus d'Amsterdam, de la vie de Pythagore, par *Porphyre*. Malgré tout ce qu'il y a de fabuleux, d'exagéré et de confus dans ces écrits, ils ne laissent pas d'être très-utiles, pour donner des lumières sur la philosophie orientale.

XX. *Julien*, surnommé l'*Apostat*, empereur romain, vivait au quatrième siècle. Il est fameux par son attachement à la philosophie; mais, malgré ses connaissances et ses talens éminens, il n'était pas tout-à-fait exempt de superstition. Il a écrit des discours, des lettres et des satyres; entr'autres, celle intitulée : *les Empereurs*, qui est la plus considérable. Les ouvrages qui nous restent de lui ont été donnés par *Ezech. Spanheim*, Leipsic 1696. in-fol. Sa satyre *des Empereurs* a été traduite en *français*, et imprimée à Amsterdam 1728. in-4°., avec beaucoup de notes savantes et des planches qui représentent des monumens et des monnaies antiques, gravées par *B. Picart*. Une édition usuelle en grec, avec la version latine, a paru à Gotha en 1741. in-8°., par *J. M. Heusinger*; et une autre à Erlangen, 1785. in-8°., par M. *Harles*. L'abbé de *la Bletterie* a donné une vie de Julien en *français*, laquelle est très-estimée, quoique Julien y soit envisagé sous un point de vue un peu trop théologique. — Traduction *française* de ses *Empereurs* par le baron de *Spanheim*, avec des remarques et des notes critiques Amsterdam 1728. in-4°.

XXI. *Jean Stobée*, natif de Stobæ en Macédoine, au quatrième siècle, a recueilli d'une foule de prosateurs et de poètes, une anthologie d'Apophtegmes : Ανθολογιον εκλογων, αποφθεγματων, υποθηκων, qui ont un peu souffert, mais qui sont précieux par leur contenu et par plusieurs morceaux que nous aurions perdus sans eux. Ils ont été imprimés chez *Wechel*, Francfort 1781. in-fol., et Lyon 1609. in-fol. Les ouvrages de cet écrivain mériteraient d'être revus d'après les manuscrits que nous avons de lui à Rome, à Paris, à Oxford, à Vienne et à Augsburg. C'est une espérance que viennent de nous donner deux estimables philologues allemands.

5.) *Mathématiciens et Géographes.*

Le nom même de *mathématiques* est une preuve que nous devons cette science, quant à sa forme scientifique, aux Grecs, quoique déja les Égyptiens et plusieurs autres peuples orientaux eussent, avant eux, des connaissances en arithmétique, en géométrie, et surtout en astronomie. Il est vrai que dans le principe, l'arithmétique chez les Grecs était très-imparfaite; elle ne s'éleva guères à quelque perfection que sous *Pythagore.* Mais ce fut surtout *Euclide* qui en fit une science, en l'appliquant à la géométrie. Les Grecs semblent l'avoir reçue des Phéniciens, quoique les lumières que *Thales* avait puisées en Égypte, eussent déja fourni beaucoup de choses pour l'instruction de ses contemporains. On regarda, dans la suite, cette science comme le moyen le plus propre à aiguiser l'esprit, et comme une étude indispensable et préparatoire à la philosophie:

de là vinrent ses succès et l'accueil favorable qu'elle reçut par-tout en Grèce. Ainsi, nous trouvons chez cette nation des exemples fréquens de l'application des mathématiques et de l'encouragement que cette science, surtout quant à la pratique, et plusieurs autres sciences mécaniques, comme la *statique*, l'*hydrostatique* et l'*hydraulique*, trouvèrent chez eux. Il est sûr que les Grecs ont cultivé les mathématiques avec le plus brillant succès relativement à l'*architecture*, et qu'ils y ont suivi les règles de la mécanique de l'art, ainsi que celles du goût. Nous en avons des preuves dans les descriptions de leurs temples, de leurs palais, et même dans les ruines de leurs édifices encore existans. Ce fut Thalès qui apporta l'astronomie d'Égypte en Grèce. Pythagore rectifia quelques principes de cette science, et plusieurs philosophes l'enseignèrent dans leurs écrits. Quant à leurs connaissances en *géographie*, quoique comparées aux nôtres elles semblent avoir été très-défectueuses et très-bornées, cependant elles ne laissent pas d'être d'un très-grand prix pour l'histoire et la connaissance des anciens peuples en général.

Mathématiciens. — I. *Euclide*, vivait environ deux cents ans avant J. C., sous le règne de *Ptolomée Soter*, roi d'Égypte. Le tems de sa naissance est incertain. Il se rendit célèbre en Grèce, surtout dans les mathématiques; il en enseignait à Alexandrie les élémens (στοιχεια); il les divisait en quinze livres, et il mettait dans son enseignement la plus sévère exactitude et la plus grande clarté. Outre ces élémens, nous avons de lui plusieurs autres écrits mathématiques. Il en existe deux commentaires en grec, celui de *Proclus* et celui de *Théon*. On attribue, non sans quelque raison, le quatorzième et le quinzième livre à *Hypsicles*, autre géomètre d'Alexandrie. Le recueil de ses œuvres a été publié à Oxford par *Hudson*, 1703. in-fol. — *Burmann* en a donné une édition de ses élémens (réimprimée à Leipsic 1743. in-8°.); et l'on en doit à M. *Lorenz* une très-bonne traduction, imprimée à Halle 1781. gr. in-8°.; sa géométrie, ou les six premiers livres, avec les onzième et douzième séparément, à l'usage des collèges, à Halle 1781. gr. in-8°. — Traduction *française* de ses Élémens, par *Dechales*, 1746. in-4°.

II. *Archimède*, vivait deux cents ans avant J.C., et était né à Syracuse. Son esprit inventeur enrichit la plupart des sciences mathématiques de découvertes importantes. Il s'acquit la plus grande célébrité par l'invention du rapport du cylindre avec la sphère, et par le plan de plusieurs machines de guerre, au moyen desquelles Syracuse assiégée se défendit, pendant trois ans, contre les Romains. L'invention qu'on lui attribue des miroirs ardens, pour embrâser la flotte romaine, est aujourd'hui plus que douteuse. La meilleure Biographie qu'on ait de lui nous a été donnée par le comte *Mazzucchotti*, à Brescia 1737. in-4°. On a encore plusieurs de ses écrits sur les globes et le cylindre, sur la mesure du cercle, un calcul sur le sable, et sur plusieurs autres objets. Nous avons de ses dissertations: *de Numero Arenæ* et *de dimensione Circuli*, une édition très-estimée de *Joh. Wallis*, Oxford 1676. in-8°. Elles ont été traduites en allemand par *Sturm*, Nuremb. 1670. in-fol. — Traduction de son livre des *poids et des mesures*, par *Fouadel*, 1565.

III. *Apollonius Pergœus*, de Perge en Pamphilie, vivait quelque tems avant sous *Ptoloméc Euergète*. Il apprit les mathématiques à Alexandrie, des élèves d'*Euclide*. Comme écrivain, il est renommé par huit livres *sur les sections coniques*, mais dont jusqu'à présent on n'a encore que la première moitié en grec; les quatre derniers livres sont en latin; trois ont été traduits en arabe. L'édition la plus complète est celle de *David Gregory* et *Edmond Halley*, Oxford 1710. in-fol. — Traduction *française*, par d'*Hérigone*, 1716. 34.

IV. *Pappus*, philosophe alexandrin, et mathématicien du quatrième siècle, écrivit plusieurs livres de *Collections mathématiques*, mais dont nous n'avons en grec qu'un fragment du deuxième livre, qui a été publié, avec *Aristarque de Samos*, par *Wallis*, Oxford 1688. in-8°.—La préface du septième livre parut plus tard à Oxford 1706. in-8°. — On ne connaît son ouvrage, depuis le cinquième jusqu'au huitième livre, que par la traduction latine de *Commandinus*, Bologne 1659. in-fol.

V. *Diophante*, d'Alexandrie, vivait au quatrième siècle après J. C. Il a écrit treize livres sur l'arithmétique, dont il ne nous reste que six, que *Xilander* publia pour la première fois en 1575; ensuite *Bachet Sieur de Meziriac*, à Paris 1621. in-fol.; et en 1670, *Fermat*, avec des notes. Il n'est pas l'inventeur de l'*algèbre*, quoique communément on lui attribue cette gloire. Selon toute apparence, nous sommes redevables de cette invention aux Arabes.

Géographes. — VI. *Hannon.* Quelques-uns le regardent comme antérieur même à Hérodote; mais il est vraisemblable qu'il ne remonte que vers le commencement du trente-cinquième siècle du monde, à-peu-près cinq siècles et demi avant J. C. Il était général des Carthaginois, et écrivit en langue punique un voyage sur mer, qu'on traduisit en grec sous le titre de Περιπλυς. Cette traduction se fit de son vivant, ou peu de tems après sa mort. Édition de *Abrah. Berckel*, Leide 1674. in-12. — Une autre en grec et allemand de M. *C. A. Sehmid*, à la suite des histoires indiennes d'*Arrien*, Brunswic 1764. gr.

in-8°., à laquelle on a joint le traité de *Bougainville* sur cet ouvrage.

VII. *Érathosthène*, de Cyrène, vivait presque deux cents ans après J. C. Il était philologue, poète, philosophe, mathématicien et conservateur de la bibliothèque d'Alexandrie, après avoir passé sa première jeunesse à Athènes. Nous avons encore quelques-uns de ses nombreux écrits qui embrassaient toutes les sciences, surtout la *géométrie*. Il nous reste sous son nom *les Constellations*, Κατατεριϛμοι, et un commentaire sur *Aratus*; mais il n'est pas prouvé qu'il soit de lui, ni même d'*Hipparque* : selon toute apparence, il est d'un écrivain postérieur. Les deux premiers ouvrages ont été insérés par *Gale* dans ses Recueils de mythologues grecs; et ce dernier par *Petau*, dans son *Uranologium*. On regrette surtout la perte de l'ouvrage géographique ci-dessus, dont on trouve chez *Strabon* et d'autres des fragmens isolés, et dont M. *Ancher*, Göttingue 1770, nous avait promis la collection dont il a donné quelques échantillons.

VIII. *Strabon*, vivait vers le tems de la naissance de J. C. Il était d'Apamée en Cappadoce. Ses voyages en Égypte, en Asie, en Grèce et en Italie, le mirent en état d'écrire un ouvrage très-étendu et très-important pour l'ancienne géographie, en dix-sept volumes. Il ne se réduit pas à une sèche nomenclature, mais c'est un exposé historique. Il offre beaucoup de solidité et de jugement; les recherches qu'on y trouve sont de la plus grande utilité pour l'étude de l'ancienne littérature. Les deux premières parties de cet ouvrage forment une espèce d'introduction générale; les autres contiennent des descriptions de chaque pays en particulier, de sa constitution, des mœurs des habitans, de leur religion, avec la notice des plus célèbres personnages. La meilleure édition est celle de *Théod. Janssen de Almeloveen*, Amst. 1707. in-fol. On y a recueilli les observations d'une foule de savans. On a aussi un extrait de cet ouvrage, ou une *Chrestomathie*, qui a probablement été rédigée au dixième siècle par un grec, dont on ignore le nom. Elle est ajoutée à l'édition ci-dessus, sur laquelle on peut rectifier le texte du grand ouvrage. On a en *allemand* une traduction libre de Strabon entier, de M. *Penzel*, Lemgo 1775. 4 Vol. gr. in-8°. D'après l'ordre du gouvernement français, les citoyens *Coray* et *Dutheil* s'occupent d'une traduction française de cet auteur.

IX. *Denys*, à cause de ses voyages et de la description qu'il en a faite, a été surnommé *Périégète*. Il était contemporain de Strabon, et né à Charax, ville située sur le golfe Persique. Il fut envoyé par Auguste en Orient, pour faire une description de ces contrées, à l'époque où le fils adoptif de cet empereur, *C. Cæsar*, devait aller en Arménie. Nous avons de lui une cosmographie, Περιηγησις οικεμενης, en hexamètres, dont le mérite est plutôt géographique que poétique. Édition par *Havercamp*, Leide 1736. in-8°. Celle de *Edm. Wells*, Oxford 1704, a été traitée avec beaucoup de liberté par l'éditeur, et presque changée en entier. Celle de *Hudson*, avec le savant Commentaire d'*Eustathe*, Oxford 1717, est encore meilleure. On la trouve jointe quelquefois à la Collection des anciens géographes dont nous parlerons ci-après.

X. *Claude Ptolomée*, de Pelusium en Égypte, vivait aussi au second siècle après J. C. Il passa la majeure partie de sa vie à Alexandrie. Il était géographe, astronome et musicien. Parmi les écrits que nous avons de lui, est un ouvrage géographique intitulé : Γεωγραφικη υφηγεσις, en sept livres, dans lequel il prit pour base le travail de *Marinus*, de Tyrus, et un autre ouvrage d'astronomie, *Almagest*, ou μεγαλη συνταξις, en treize livres, avec un ouvrage qui offre le premier système que nous ayons en astronomie. Le premier a été publié, avec des cartes géographiques, par *Mercator*, à Amsterdam 1605. in-fol.; et l'autre, avec les Commentaires de *Théon*, à Bâle 1538. in-fol. Parmi ses écrits, son Κανων βασιλεων, c'est-à-dire, le catalogue des Rois d'Assyrie, de la Médie, de la Perse, de la Grèce, de Rome, est surtout d'un grand prix pour la chronologie et pour l'histoire. On le trouve dans les Œuvres chronologiques de *Scaliger* et de *Lethus Calvisius*.

XI. *Pausanias*, de Césarée en Cappadoce, vivait au second siècle après J. C. Il fit un voyage en Grèce, en Macédoine, en Italie, et dans une grande partie de l'Asie, dont le résultat fut la description que nous avons encore de la Grèce : της Ελλαδος υφηγεσις, ainsi nommée à cause des cartes géographiques qui y sont décrites. Il composa ces ouvrages dans un âge avancé, pendant son séjour à Rome. Il est plein de connaissances dans ce qui regarde l'antiquaire, surtout par rapport à l'art et à l'histoire de l'art; et entre dans une foule de détails sur les temples et les principaux édifices, ainsi que sur les plus belles statues. La meilleure description que nous en ayons à présent, est celle de *Joach. Kühn*, Leipsic 1696. in-fol. Il existe une traduction allemande de cet auteur par *Goldhagen*, Berlin 1760. 2 Vol. in-8°.

XII. *Étienne de Bysance*, professeur de langues et géographe vers la fin du cinquième siècle, écrivit un dictionnaire très-ample grammatico-géographique, dont il ne nous reste qu'un fragment et un extrait fait par le grammairien *Hermolaus*, qui vivait sous Justinien. L'inscription qu'il porte : περι πολεων, est d'une date postérieure ; anciennement il était intitulé : Εθνικα. Une édition de cet écrit, commencée par *Berkel*, a été achevée par *Jacques Gronovius*, Leide 1788 et 1794. in-fol., et réimprimée à Amsterd. 1725. in-fol.

Les collections générales de géographes grecs sont :

Geographiæ veteris Scriptores Græci minores, ed. *Ch. Hudson*, Oxon. 1698-1712. 4 Vol in-8°.

Geographia Antiqua, h. e. Scylacis Periplus maris Mediterranei, etc., ex emend. *Jac. Gronovii*, Lugd. Bat. 1900. in-4°.

6.) *Mythographes*.

Les premières sources où nous puisons aujourd'hui la connaissance de la mythologie grecque, sont en partie, les *poètes grecs*, qui enseignent expressément ou par occasion les conceptions et les fables mythologiques; ou bien leurs *historiens*, qui entremêlent l'histoire de la religion et des notices sur la croyance populaire dans leurs récits, et qui nous ont conservé une foule de circonstances historiques très-propres à l'éclaircir; enfin, les écrivains qui faisaient profession de traiter des objets de mythologie, et de réduire les fables anciennes en un corps de doctrine suivie. Parmi ces derniers, voici les plus remarquables :

I. *Apollodore*, fils d'Asclépiade, et professeur de langues à Athènes, qui vivait à-peu-près cent quarante-cinq ans avant J. C. Il était élève d'Aristarque, et philosophe stoïcien. D'après le témoignage de Photius, il écrivit une histoire des Dieux en vingt-quatre livres, mais dont nous n'en avons plus que trois, sous le nom de *Bibliothèque*, et qui peut-être ne sont qu'une partie ou un extrait de ce grand ouvrage. On y trouve une histoire sommaire des Dieux et des Héros avant la guerre de Troye. Édition de *Tanquil Faber*, Saumur 1661. in-8°.; de *Heyne*, à Göttingue 1782. in-8°., avec un excellent Commentaire en trois volumes, qui a paru postérieurement à l'ouvrage, 1783. — Traduction allemande de *Meusel*, Halle 1768. gr. in-8°.

II. *Conon*, philologue grec, qui vivait au tems d'Auguste. Il écrivit cinquante nouvelles mythologiques, Διηγησις; mais nous ne les connaissons que d'après les extraits que Photius en a faits dans sa Bibliothèque. On les attribuait, si on l'en croit, à Archelaus Philopator, mais elles contiennent peu de chose d'original et d'intéressant. On les trouve dans la collection suivante : Historiæ pœticæ scriptores antiqui : *Appollodorus, Conon, Ptolomœus, Hephœstion, Parthenius, Antonius Liberalis*, gr. et. lat. c. notis, opera *Tho. Gale*, Paris 1675. in-8°. p. 241-301.

III. *Héphestion*, qui souvent aussi est nommé *Ptolomœus Hephœstionis*, quoique cette dénomination semble fondée sur une erreur. Il vivait au second siècle après J. C., sous l'empereur Trajan, et était né à Alexandrie. Son ouvrage mythologique porte le titre : Περι της εις πολυμαθιαν καινης ἰστοριης λογοι ς. Il consistait en six livres. Nous n'en
avons

avons conservé que six dans les sommaires de Photius, qu'on trouve dans la collection ci-dessus de *Gale*, p. 303-339, avec des notes de *Hœschel* et *Schott*, mais qui sont de peu d'importance.

IV. *Parthenius*, né à Nicée, vivait sous le règne d'Auguste. Il écrivit un ouvrage adressé à *Cornelius Gallus*, Περι ερωτικων παθηματων (*des tourmens amoureux*), pour donner matière aux poètes. Les narrations qu'on y trouve sont prises des poëmes anciens, et il leur donne en prose une forme agréable. Il passe pour avoir composé aussi plusieurs ouvrages, tant en vers qu'en prose, quoique le poète du même nom, que cite Suidas, soit peut-être un autre auteur. Le recueil que nous avons sous son nom, et qui ne contient qu'un petit nombre de fables, se trouve dans la collection ci-dessus de *Gale*, p. 341-480. On l'a publié à part à Bâle, 1531. in-8°., sous le titre d'*Érotika*, par les soins de *Cornarius*; et par *Legrand* et *Heyne*, Göttingue 1798. in-8°.

V. *Antonius Liberalis*, dont on ne sait

presque rien de certain, vivait au premier siècle après J. C., sous l'empereur *Claudien*, ou au second, sous les *Antonins*. Sa collection de métamorphoses, Μεταμορφωσεων Συναγωγη, est compilée d'après plusieurs écrivains. Leur stile est très-inégal, et montre partout les sources poétiques où il les a prises. On les trouve à la fin de la collection commencée par *Gale*, laquelle consiste en quarante-une sections. Elle a été publiée à part par *Th. Muncker*, Amsterdam 1676. in-12., ainsi qu'à la suite de l'édition de *Phèdre* par *Walch*, Leipsic 1712. L'édition la plus récente, avec les notes de *Muncker* et de plusieurs autres savans, est de *Henri Verheyk*, Leide 1774. Une autre postérieure, avec des notes par *Teucher*, Leipsic 1791. in-8°.

VI. *Paléphate*, natif de Paros ou de Priène, vivait vraisemblablement quelques siècles avant J. C.; plusieurs même le font remonter jusqu'au siècle d'Homère, mais sans aucun fondement. Son livre qui traite des *choses incroyables*, περι απιςων, contient cinquante courtes sections, ou des fables avec leur explication. On croit qu'il avait cinq livres; mais il ne nous en est resté que le premier. Le stile de cet auteur est léger et simple; il a su varier beaucoup ses sujets, qui ne laissent pas que d'offrir de l'instruction; ils sont très-utile pour les commerçans. Édition par *Fischer*, Leipsic 1781. in-8°. *Voyez* aussi les *Prolusions* de ce savant sur cet écrivain, Leipsic 1771. in-8°. Traduction *allemande* par *Meinecke*, Quedlinb. 1774. in-8°.; et de *Büsching*, Halle 1791. in-8°.

VII. *Héraclide*, surnommé *Ponticus*, élève d'Aristote. On lui attribue ordinairement plusieurs ouvrages de mythologie, qui certainement ne sont pas de lui, mais d'un certain Héraclide d'un âge postérieur. Le premier, qui traite de même des *choses incroyables*, περι απιϛων, n'en est vraisemblablement qu'un extrait. On le trouve dans la collection intitulée: Opuscula mythologica physica et ethica, gracè et latinè cum notis et variis lectionibus, opera *Tho. Gale*, Amst. 1688. in-8°. p. 67-82. Ses *Allégories homeriques* sont plus intéressantes, quoique le sens qu'il attribue aux fictions d'Homère soit en grande partie forcé et peu naturel. Elles tirent leur principal mérite des fragmens poétiques qu'on y trouve, d'*Archiloque*, d'*Alcée*, d'*Érathosthène* et de plusieurs autres. Elles sont dans la collection ci-dessus, p. 400-498, et ont été publiées à part, Bâle 1544. in-8°., par *Conrad Gesner*; et par *Nic. Show*, Göttingue 1782. in-8°. Traduction *allemande*, par M. *Schulthess*, Zuric 1779. gr. in-8°.

VIII. D'un *écrivain anonyme*, qui doit avoir vécu beaucoup plus tard, vers le tems de *Léon Thrax*, nous avons encore un livre, περι απιςων, en quarante-deux sections, qui ne semble contenir que des extraits d'un plus grand ouvrage, et qui pour la première fois a été publié par *Léon Allatius*, 1641. in-8°. On le trouve aussi dans la collection ci-dessus de *Gale*, p. 85-96.

IX. *Phurnutus*, ou plutôt *Annœus Cornutus*, est tout-à-fait inconnu quant aux circonstances de sa vie ; mais, selon toute apparence, il vivait dans la dernière moitié du premier siècle après J. C. Né à Leptis en Afrique, il était partisan de la secte stoïcienne. On a de lui une théorie de la nature des Dieux, Θεωρια περι της των Θεων Φυσεος, en trente-cinq sections. Tout cet ouvrage est rempli d'allégories, quelquefois très-forcées. Édition avec les ouvrages de *Paléphate*, Bâle 1543. in-fol.; et dans les Opusc. Myth. de *Gale*, p. 137-236.

X. *Salluste*, philosophe cynique du cinquième ou sixième siècle. Il faut bien se garder de le confondre avec *Salluste* l'historien. Il vécut à Athènes et à Alexandrie, et s'acquit beaucoup de réputation comme orateur. Son écrit, qui est plus philosophique que mythologique, traite des Dieux et du monde : Περι θεων και κοσμε, en vingt-un chapitres. Il y cherche, avec assez de sagacité, à prouver l'éternité de l'ame et celle du monde, et tout cet écrit est dirigé contre les Épicuriens. On le trouve en grec et en français par *Formey*, Berlin 1748. in-8°. *Voyez* aussi la Collection précitée de *Gale*, p. 236-280. Traduction *allemande* par *Schulthess*, Zuric 1779. gr. in-8°.

7.) *Historiens.*

Dans les tems les plus anciens, les Grecs n'avaient proprement, ainsi que les autres peuples de l'antiquité, aucuns récits historiques, parce que les moyens d'écrire leur manquaient, ou parce qu'ils n'en faisaient aucun usage. Une tradition orale des évènemens mémorables, quelques monumens, des fêtes instituées pour les célébrer, étaient alors les seules ressources pour perpétuer et transmettre à la postérité la mémoire de ces faits. On se servait ordinairement pour cela de chants et de poëmes ; et c'est ainsi que les *poëtes* devinrent les premiers historiens, quand on connut l'art d'écrire. Ces poëmes, qui contenaient les évènemens des tems fabuleux, avec plusieurs additions et ornemens poétiques, se gravaient dans la mémoire de la jeunesse dès leur première éducation ; on les chantait dans les fêtes des Dieux avec les exploits des héros ; ensuite ils furent recueillis et multipliés par le moyen de l'écriture. Lorsque cet art devint plus répandu, et que l'on commença à cultiver aussi la prose, on en fit usage pour l'histoire. C'est alors que l'on pensa à séparer la fable de la vérité, à abandonner exclusivement les fictions aux poètes, à perfectionner de plus en plus le langage et la composition, à réduire en règles sûres la différence entre le stile historique et poétique. Cette théorie, établie par des écrivains philosophes, fut suivie plus généralement ; et c'est ainsi que la Grèce eut enfin des historiens qu'on regarde encore comme les meilleurs modèles, soit pour le fond des choses, soit pour les ornemens accessoires. Nous allons tracer ici, en peu de mots, les circonstances de leur vie et citer leurs principaux écrits :

I. *Hérodote*, d'Halicarnasse en Carie, vivait vers le milieu du trente-sixième siècle du monde, environ quatre cent cinquante ans avant la naissance de J. C. C'est le plus ancien historien grec qui nous reste. Ses écrits, divisés en neuf livres, qui portent le nom des neuf Muses, nous offrent non-seulement l'histoire de la Grèce, mais ils contiennent encore beaucoup de choses mémorables sur les Égyptiens, les Lydiens et les Perses. Il écrivit, vers la quarante-quatrième année de sa vie, une circonstance importante qui nous règle pour la chronologie de ce qu'il raconte. Son stile se recommande par la dignité et la simplicité ; cela donne du mérite à ses écrits, bien que ses relations ne soient pas toujours dignes de foi, mais farcies de fables qu'Hérodote, dans sa crédulité naïve, regardait comme des faits véritables ; à moins qu'un grand nombre de ces récits mêmes ne doivent être pris chez cet auteur que comme une simple narration des bruits et de la croyance populaire. La meilleure édition de cet écrivain est celle de *Wesseling*, Amsterdam 1763. in-fol. D'après celle-ci, M. *Reitz* a commencé à publier une très-bonne édition usuelle en trois volumes. Une plus récente, de *Borheck*, est moins chère, Lemgo 1781. 2 Vol. in-8°. Traduction *allemande* par *Goldhagen*, Lemgo 1756. gr. in-8°. ; *italienne*, par le comte *Matteo Maria Bojardo*, Venezia 1559. in-8°. ;

française, avec un très-ample commentaire, par le Cit. *Larcher*, Paris 1786. 8 Vol. in-8°., dont il se fait à présent, dit-on, une réimpression.

II. *Thucydide*, Athénien, vivait à-peu-près au même tems, environ quatre cent soixante-dix ans avant J. C. Ses maîtres furent, pour la philosophie, *Anaxagore*; et pour l'éloquence, *Antiphon*. Xénophon était général des troupes auxiliaires des Athéniens, et rassembla, pendant son exil d'Athènes, des matériaux pour l'histoire qu'il rédigea ensuite après son retour. Elle devait embrasser toute la guerre du Péloponnèse ; cependant, il n'en a écrit qu'une période de vingt-trois années. Cet ouvrage porte le caractère d'une grande impartialité; il offre l'amour du vrai, et un stile noble, serré et énergique. Les anciens regardaient cet historien, par rapport à son atticisme, comme le premier modèle sur lequel s'était formé Démosthène lui-même. L'abbé *Auger* en a extrait et publié à part quelques harangues, avec d'autres tirées de Xénophon et d'Hérodote, Paris 1788. 2 Vol. in-8°. On partage son histoire en huit, et quelquefois en six livres. Thucydide était témoin oculaire de plusieurs faits qu'il raconte, et il recueillit les autres avec la plus grande exactitude et la plus grande précision. La meilleure édition est celle de *Ducker*, avec les notes de plusieurs savans, Amsterdam 1731. in-fol., sur laquelle a été faite celle de Deuxponts en six volumes. MM. *Gottleber* et *Bauer* ont de même commencé à Leipsic, 1790. in-4°., une réimpression de l'édition de *Ducker*, augmentée de nouvelles observations et d'un glossaire. Une édition plus commune, à l'usage des collèges, a été donnée par M. *Bredenkamp*, à Bremen 1791. in-8°. On en a une excellente traduction en *allemand*, de *Heilmann*, Lemgo 1760. gr, in-8°. Le même savant a publié un traité estimable, intitulé : *Pensées critiques sur le caractère et le stile de Thucydide*, Lemgo 1758. in-4°. — Il nous reste encore un article de Denys d'Halicarnasse touchant cet historien, dont une traduction, faite par M. *Meusel*, a été insérée dans la Bibliothèque historique de M. *Gatterer*, Vol. VI.

— En *français*, la traduction faite de cet historien par le Cit. l'*Évesque*, en 4 Vol. in-4°., est la plus récente.

III. *Xénophon*, que nous avons cité plus haut (sous le N°. VIII.) comme philosophe, entre encore dans la cathégorie des historiens. Son stile est recommandable par son élégance, sa simplicité et sa sagesse. Ses écrits historiques sont : 1.) une Histoire grecque en sept livres, qu'on peut regarder comme une suite de celle de Thucydide, parce qu'elle raconte la fin de la guerre du Péloponnèse, et ensuite l'histoire des Grecs et des Perses jusqu'à la bataille de Mantinée. Édition par M. *Morus*, Leipsic 1778. gr. in-8°. Traductions, *allemande* par *Goldhagen*, Berlin 1762. in-8°.; de M. *Borheck*, Francfort 1783. in-8°.; et de *Schneider*, Leipsic 1791. in-8°. — 2.) Sur la république d'Athènes. Celui-là traite plutôt de politique que d'histoire. Édition en *grec* et *allemand* par M. *Wacker*, Dresde 1744. in-8°. Il a encore écrit un traité semblable sur la république des Lacédémoniens, en reconnaissance de l'asîle que les Spartiates lui avaient donné durant son exil d'Athènes. — 3.) **Sa** Cyropédie, ou *de la vie et de l'éducation de Cyrus*. Édition de M. *Zeune*, Leipsic 1780. gr. in-8°. Traduction *allemande* à Rostoek 1761. in-8°., et par M. *Grillo*, Leipsic 1785. in-8°.; *française*, par *Charpentier*, Paris 1749. 2 Vol. in-8°., et par *Dacier*, 1777. 2 Vol. — 4.) Sept livres de la retraite des dix mille, Κυρυ Αναβασις. Édition par *Morus*, Leipsic 1775. gr. in-8°., et par M. *Zeune*, Leipsic 1785. in-8°. Traduction *allemande*, Hoff. 1747. in-8°., et par M. *Grillo*, Francfort 1787. in-8°.; *française*, par le Cit. *Larcher*, Paris 1778. 2 Vol. in-12. L'authenticité et la crédibilité de cette relation de Xénophon ayant été contestée, avec les raisons les plus spécieuses, par *Voltaire*, dans ses Articles de l'Encyclopédie, un auteur récent de la *Vie de Xénophon* a cherché, avec non moins de sagacité que de savoir, à l'établir de nouveau, et à réfuter les argumens de ce célèbre sceptique en fait d'histoire ancienne.

IV. *Ctésias*, médecin de profession, vivait au même tems. Il était natif de

Cnidos en Carie. Comme historien, il a obtenu de la célébrité par son *Histoire des Assyriens et des Perses*, en vingt-trois livres, et par un livre contenant celle de l'*Inde*. Les graces du stile de ces ouvrages, écrits dans le dialecte ionien, ont été vantées par les anciens. Son histoire avait, à les en croire, un grand caractère de crédibilité, parce qu'il la donnait pour l'avoir puisée dans des documens nationaux. Il y a cependant des auteurs anciens qui l'ont taxé de manquer de véracité. A présent, nous n'avons de ses ouvrages que quelques fragmens qui nous ont été conservés par *Photius*, et imprimés avec plusieurs autres fragmens rassemblés par les soins d'*Étienne*, Paris 1557. in-8°. On les trouve aussi jointes à quelques éditions d'Hérodote.

V. *Polybe*, de Mégalopolis en Arcadie, à-peu-près un siècle et demi avant J. C. Il vécut la plus grande partie de sa vie à Rome, où il était en étroite liaison avec les Scipions. Il passa les six dernières années de sa vie dans sa patrie. Son ouvrage, qui est proprement l'histoire universelle d'une période de cinquante-trois ans, à partir du commencement de la première guerre punique jusqu'à Persée, dernier roi de Macédoine, que les Romains vainquirent; aussi portait-il pour titre : Ἱστορια καθολικη, et il avait quarante livres. Il n'y a que les cinq premiers, et quelques passages du sixième jusqu'au treizième, qui se soient conservés, avec quelques fragmens. On doit regarder Polybe comme l'auteur et le modèle de la manière *pragmatique* d'écrire l'histoire, et il est très-intéressant par les détails circonstanciés qu'il nous donne des opérations militaires, dont il pouvait parler avec connaissance, à cause de son expérience dans la guerre. Son stile, à la vérité, n'est pas toujours correct et classique; mais il a de la noblesse et de la dignité; il montre un homme d'affaires accoutumé à lire et à réfléchir. Il y en a une édition d'après celle de *Gronovius*, par *J. A. Ernesti*, Leipsic et Vienne, 1762. 3 Vol. gr. in-8°. — Une édition plus correcte, et remplie d'une saine critique, est la récente de M. *Schweighœuser*, Leipsic 1789. 8 Vol. in-8°. — Traduction *allemande*, avec les explications et observations du chevalier de *Folard*, Berlin 1759. 7 Vol. in-4°. Une plus récente encore, avec des notes et des extraits de *Folard* et de *Guischard*, par *Seybold*, Lemgo 1779-83. 3 Vol. gr. in-8°. — Traduction *française* par *Fuiller*, avec les notes de *Tolard*, 1727 et seqq. 7 Vol. in-4°.

VI. *Diodore de Sicile*, natif d'Argyrium, vivait au tems de J. C. Il recueillit, pendant ses voyages dans une grande partie de l'Europe, de l'Asie et de l'Égypte, ainsi que par la lecture assidue des historiens, beaucoup de matériaux pour sa *Bibliothèque historique*, qui consistait en quarante livres, et qui allait des plus anciens tems jusqu'à la cent quatre-vingtième Olympiade. Nous en avons perdu presque la moitié. Il ne nous en reste que quinze livres en entier; savoir, les I-V et XI-XV. Sous le rapport de la chronologie, qu'il indique avec bien de l'exactitude, son histoire est du plus grand prix; il a moins de mérite, quant à la véracité et au stile. *Voyez* une dissertation à son sujet, par M. *Heyne*, dans le cinquième Volume des Commentaires latins de la société de Göttingue. L'édition la plus remarquable est celle de *Wesseling*, Amsterdam 1670. 2 Vol. in-fol. Il y en a, après celle-ci, une plus récente, par *Eyring*, à Deuxponts et Strasbourg, 1797-1800. 8 Vol. in-fol.; par *Wachler*, Lemgo 1795-98. 2 Vol. in-8°.; et par *Eichstedt*, Volume Ier., Halle 1800. in-8°. — Traduction *allemande*, par *Stroth* et *Kaltwaisser*, Francfort 1782-87. 6 Vol. in-8°.; *française*, par l'abbé *Terrasson*, Paris 1737. 7 Vol. in-12.

VII. *Denys d'Halicarnasse*, à la même époque (*Voyez* ci-dessus les *Rhéteurs*, Art. III.) Il demeura vingt-deux ans à Rome, et y recueillit des matériaux pour son *Histoire Romaine*, Ρωμαικη Αρχαιολογια, divisée en vingt livres, pour instruire les Grecs sur l'origine, l'histoire et la constitution des Romains. Elle part de la fondation de Rome et va jusqu'au commencement de la première guerre punique. Nous n'avons conservé que les onze premiers livres et quelques fragmens des derniers. Sa narration n'est pas
toujours

toujours impartiale, et sent trop souvent la flatulation ; d'ailleurs, son stile n'est pas assez châtié ni assez classique. Cependant, ses écrits nous mettent plus que tous les autres à portée de juger surtout l'esprit de la constitution romaine, parce qu'il les rédigea d'abord pour les Grecs, et qu'il était obligé par conséquent d'entrer dans des détails plus circonstanciés que les historiens romains. Les livres qui nous en restent ne vont que jusqu'à l'an 312 de Rome. — Édition avec les observations de plusieurs interprètes, par *Reiske*, Leipsic 1774-1777. 6 Vol. in-8°. Traduction *allemande* par *Benzler*, Lemgo 1772. 2 Vol. gr. in-8°.; *française*, par *Bellanger*, Paris 1720. 2 Vol. in-4°. — On trouve un extrait de la partie antiquaire de cette histoire en original par *Grimm*, Leipsic 1786. in-8°.

VIII. *Flavius Joseph*, Juif de Jérusalem, vivait de l'an 37 jusqu'à l'an 93 du premier siècle de J. C. Il était de la secte des Pharisiens, et il géra la préfecture de Galilée avec beaucoup de distinction. Il accompagna l'empereur Titus au siège de Jérusalem, et vécut dans la suite à Rome. Il a écrit six livres sur la guerre contre les Juifs et la destruction de Jérusalem. L'original en est hébreu; il le mit ensuite en grec, pour en faire hommage à Titus. Il a donné en outre les Antiquités judaïques en vingt livres; il y a ajouté sa propre biographie. Ces écrits contiennent l'Histoire des Israélites et de leurs ancêtres, depuis la création du monde jusqu'à la douzième année du règne de Néron. L'authenticité du passage de cet historien concernant la personne de J. C. est encore en litige, et regardée par un grand nombre de critiques comme interpolation faite par les premiers Chrétiens. Malgré ces défauts, les annales de cet écrivain ne laissent pas d'être très-utiles pour l'explication de la Bible et de l'histoire des Hébreux en général, et en particulier des Juifs de son tems. — Édition par *Hudson*, Oxford 1720. 2 Vol. in-fol. La meilleure et la plus soignée est celle de *Havercamp*, Amsterdam 1726. 2 Vol. in-fol. — Après celle-ci, l'on a donné celle de *Oberthür*, Leipsic 1782. 3 Vol. gr. in-8°. — Traduction *allemande* par *Cotta*, Tubingue 1736. in-fol.; et par *Ott*, Zuric

1736. in-fol.; *française*, par *Arnaud d'Andilly*, en 5 Vol. in-12. et 2 in-fol. — Sa Biographie, écrite par lui-même, a été traduite du grec en allemand à part par M. l'abbé *Henke*, Brunswic 1786. in-8°.

IX. *Plutarque* mérite une place non-seulement parmi les philosophes (*Voyez* ci-dessus Art. XIII.), mais il occupe encore un rang très-distingué parmi les historiens, à cause de ses excellentes *Biographies comparatives*, dans lesquelles il a mis en parallèle, de la manière la plus instructive et la plus intéressante, les caractères des personnages célèbres de la Grèce et de Rome. Nous avons de lui quarante-quatre de ces Parallèles, ou *Vies illustres*, et en outre des Biographies particulières qu'on lui attribue. Plusieurs autres, dont les anciens font mention, ont été perdues. Les Parallèles se trouvent dans l'édition ci-dessus de la collection de ses ouvrages; ils ont été publiés à part, avec les meilleurs commentaires, par *Bryan* et *du Soul*, Londres 1729, en 5 Vol. in-4°. — Traduction *allemande* par *Schirach*, Berlin 1776-80. 8 Vol. in-8°.

Une meilleure encore est celle de *Kaltwasser*, Magdeb. 1799. seqq. Traduction *française* ancienne, estimée et recherchée encore à cause de son stile simple, naïf et énergique, par *Amyot*, réimprimée avec des notes et observations par *Brotier* et *Vauvillers*, et revue par *Étienne Clavier*, Paris 1801. 12 Vol. in-8°.; et par *Dacier*, avec des remarques historiques et critiques, Paris, 12 Vol. in-12. 1778.

X. *Élien*, de Préneste, près de Rome, vivait au troisième siècle après J. C. Il recueillit plusieurs pièces historiques sous le titre de Ποικίλη Ἱστορία (*Histoire mêlée*), en quatorze volumes. Cet ouvrage semble incomplet. Il a encore fait une histoire des animaux en dix-sept livres. C'était un simple compilateur, sans discernement, sans exactitude et sans choix; cependant, son recueil est agréable et intéressant. Outre ces deux écrits, on lui attribue un autre ouvrage sur la *tactique*, mais qui est probablement d'un autre écrivain du même nom, antérieur à lui. Quant au premier ouvrage, nous avons l'édition de *Perizonius*, Leide 1701. in-8°., réimprimée à Leipsic en 2 Vol. gr. in-8º. Celle de *Gronovius*, Leide 1731. in-4°., est plus complète. Une autre édition usuelle, par *Lehnert*, Leipsic 1794. in-8ª. La meilleure édition du dernier ouvrage d'Élien est celle de *Gronovius*, Lond. 1744. in-4°.; à Bâle, 1750. in-8°.; et à Heilbronn, 1765. in-4°. La plus récente et la plus utile est celle de M. *Schneider*, Leipsic. 1783. gr. in 8°. — Traduction *allemande* par *Meinecke*, Quedlinbourg 1786. in-8°.; *française*, par *Formey*, Paris 1772. in-8º.

XI. *Flavius Arrien*, de Nicomédie en Bythinie, vivait au second siècle sous l'empereur Adrien, qui lui conféra le gouvernement de la Cappadoce. Par la suite, il devint consul romain. Comme historien, c'est un assez bon imitateur de Xénophon. On a encore de lui sept livres sur les guerres d'Alexandre le Grand, et un livre intitulé : *des Choses merveilleuses de l'Inde*. On regarde ce dernier, sans beaucoup de fondement, comme continuation du premier, avec lequel il a quelque rapport; le dialecte en est différent cependant. Ses notices sur l'Inde sont empruntées en grande partie de *Néarque* de Crète, qui navigua au tems d'Alexandre dans les Indes, et du voyage sur mer dont il existe encore des fragmens, qui depuis peu ont été supérieurement commentés et expliqués par le docteur *Vincent*, Londres 1797. Une édition très-utile des ouvrages d'Arrien est celle de *Raphel*, publiée par *C. A. Schmid*, Amsterd. 1757. gr. in-8°.; et de *Schmieder*, Halle 1798. 2 Vol. in-8°. Traduction de l'*Histoire* par *Timœus*, Leips. 1765. in-8°.; et des *Merveilles Indiennes* par *Raphël*, Brunswic 1764. gr. in-8°. Traduction *française* par *Ablancourt*, Paris 1646. in-8°.: et du *Voyage de Néarque*, par le Cit. *Billecocq*, l'an IX.

XII. *Appien* d'Alexandrie, vivait dans le même tems, sous les empereurs *Trajan*, *Adrien* et *Antonin le Pieux*. Son Histoire romaine, où il a beaucoup emprunté de Polybe et de Plutarque, et qui est très-utile pour connaître plus particulièrement la constitution militaire des Romains, consistait en vingt-quatre volumes, dont cependant il ne nous reste que la moitié. Les différentes divisions de cette histoire sont intitulées d'après les différentes guerres des Romains, la guerre *punique*, celle des *Parthes*, l'*illyrique*, *syriaque* et celle de *Mithridate*. Éditions, par *Alex. Tollius*, Amsterd. 1670. 2 Vol. gr. in-8º. Une meilleure encore est celle de *Schweighæuser*, Leipsic 1785. seqq. 3 Vol. gr. in-8°.; et sur celle-ci, une en plus petit format, par *Teucher*, Lemgo 1796. in-8º. — Traduction *allemande* par *Dillenius*, Francf. 1793. in-8°.; *française*, par *Claude Seyfell*, Lyon 1544. in-8°.

XIII. *Dion Cassius*, surnommé *Coccéjanus*, de Nicée en Bythinie, vers la fin du deuxième et au commencement du troisième siècle. Il étudia, pendant son long séjour à Rome, l'*Histoire des Romains*, qu'il écrivit en huit Décades, ou quatre-vingt livres, qui commençaient à Énée, et arrivaient jusqu'au tems de l'auteur; mais les vingt-cinq premiers livres ont été perdus, à quelques fragmens près. Il nous en reste encore le trente-sixième livre jusqu'au cinquante-quatrième; les suivans, jusqu'au soixantième, se trouvent dans l'extrait d'un auteur inconnu. Quant aux vingt autres volumes, il en existe encore un extrait par *Xiphilinus*. Dion raconte, avec beaucoup d'exactitude; tout ce qu'on lui reproche, c'est qu'il s'étend trop sur des détails inutiles. Édition de *Fabricius* et de *Reimarus*, Hamb. 1750. 2 Vol. in-fol. — Traduction *allemande* par *Wagener*, Francfort 1781. in-8°.; *française*, par *Bois Guillebert*, Paris 1794. in-12.

XIV. *Hérodien*, qu'il faut bien distinguer d'un grammairien du même nom, vivait à Rome vers le milieu du troisième siècle. Il a écrit la vie des Empereurs romains, sous lesquels il avait vécu, depuis la mort d'*Antonin* jusqu'à *Gordien* le jeune, en huit volumes. Il montre beaucoup de franchise et d'amour pour la vérité; mais il ne distingue pas assez les époques. Au reste, son stile est pur. Dans les discours dont il entremêle son texte, il est noble et plein de dignité, sans enflûre ni ornemens recherchés. Édition par *Bœcler*, Strasbourg 1692. in-8°.; par *Paton*, Edinbourg 1724. in-8°. La plus récente est celle de Bâle, 1781.

in-8º. Nous en avons depuis peu une édition critique qui avait été entreprise par *Leisner;* elle a été exécutée par *Irmisch* avec beaucoup de soins et de recherches, Leipsic 1789. seqq. 4 Vol. gr. in-8º. Une moindre par *Wolf*, à Halle 1792 in-8º. Traduction *allemande* de *Cunradi*, Francfort 1784. in-8º. Traduction *française* par *Mongault*, 1745 in-12.

XV. *Flavius Philostrate*, surnommé *Lemnius*, du séjour qu'il fit pendant sa jeunesse à Lemnos, et *Philostrate le jeune*, du même endroit, neveu de ce dernier. Ils vivaient tous les deux au troisième siècle après J. C. Nous avons du premier la vie d'*Apollonius de Thyane*, divisée en huit livres, remplis de louanges exagérées et de prétendus miracles de ce Thaumaturge du quatrième siècle. Outre cela, on a de lui une quantité d'autres articles, dont soixante-six sont des descriptions de tableaux de la colonnade de Naples; mais il nous reste aussi des descriptions du même genre de Philostrate le jeune. Elles sont très-utiles et très-intéressantes pour les amateurs de l'art, quoiqu'elles manquent d'exactitude et de naturel. On trouve une dissertation instructive sur ces deux auteurs, du comte *Caylus*, dans le vingt-neuvième volume de l'histoire de l'Académie des Inscriptions, traduite par *Meusel*. M. *Heyne* a écrit des notices encore plus instructives sur ces tableaux. — Édition par *Gottfried Olearius*, Leipsic 1709. in-fol. Traduction *allemande* par *Seybold*, Lemgo 1776. 2 Vol. gr. in-8°.; *française*, de la vie d'Apollonius, par M. *Castillon*, Berlin 1774. 4 Vol. in-12.

XVI. *Zosime*, sur la fin du cinquième siècle, était *Comes* à Constantinople, et avait été avocat du fisc. Il a écrit une histoire des empereurs depuis Auguste jusqu'à l'an 410. On l'appelle la *Nouvelle histoire*, en partie à cause de l'époque où vivait l'auteur qui l'a publiée, et en partie à cause de l'édition double manuscrite qu'il en a donnée. Son stile est pur, clair, et ne manque pas de goût. On lui reproche seulement de n'être pas assez impartial; il se déchaîne surtout contre la religion chrétienne. Édition par *Th. Smith*, Oxford

1679. in-8º., avec des notes de plusieurs savans, par *Cellarius*, Jena 1713. in-8º. — Traduction *française* par *Coussin*.

XVII. *Procope*, historien du sixième siècle, de Césarée en Palestine, avocat et rhéteur à Constantinople, où il fut par la suite préfet pendant quelque tems. Il a écrit huit livres, qu'il a divisés en deux Tétrades, dont il intitule l'une : *Histoire Persanne*, et l'autre : *Histoire des Goths*, quoique les deux premiers livres seulement parlent de la guerre avec les Perses, et les deux suivans de celle des Vandales et des Maures en Afrique ; les quatre derniers contiennent les guerres des Goths, à commencer depuis l'an 482 jusqu'à 572. On a encore de lui Ανεκδοτα, c'est-à-dire une histoire secrète, dans laquelle il se rétracte de tout ce qu'il avait dit en faveur de *Justinien* et de *Bélisaire* pour se venger de sa disgrace, et κτισματα, ou six livres *sur les édifices* bâtis ou restaurés par l'empereur Justinien. Son stile a le mérite de la clarté, et son langage est très-pur. Il tient la première place parmi les écrivains byzantins. Édition par *Maltret*

Paris 1662-63. 2 Vol. in-fol. L'histoire secrète a été traduite par *J. P. Reinhard* en *allemand*, Erlangen 1753. in-8°.

XVIII. *Agathias*, de Myrine en Éolide, jurisconsulte chrétien de l'école d'Alexandrie. Il a écrit une continuation de l'histoire commencée par *Procope*, mais qui ne va qu'à sept ans tout au plus au delà de la première. Elle a été imprimée la première fois par *Bonaventura Vulcanius*, à Leide 1594. in-8°. Cet auteur est aussi connu comme épigrammatiste agréable, et comme un des compilateurs de l'Anthologie grecque.

XIX. *Zonaras*, historien grec du onzième et douzième siècle, né à Constantinople. Il géra des charges assez considérables à la cour de l'empereur *Alexis Comnène*; mais sur le déclin de son âge il les quitta, et se fit moine sur le mont Atlas. Parmi plusieurs écrits qu'il produisit dans cette dernière époque de sa vie, nous ne citerons ici que sa *Chronique*, ou *Annales*. C'est une histoire générale depuis le commencement du monde jusqu'à l'an 1118, extraite de plus grands ouvrages, dans un stile très-inégal. Il commence par les Juifs; ensuite, il parle des Grecs et de la république romaine, et finit par l'histoire des Empereurs, où il suit exactement *Dion Cassius*. Edition par *Dufresne*, Paris 1686. 2 Vol. in-fol.

XX. *Tzetzes*, grammairien du douzième siècle, doit avoir place ici à cause de son poëme historique. *Voyez* ci-dessus (XII), parmi les grammairiens, l'article qui le concerne.

XXI et XXII. Nous avons renvoyé, après tous les autres, *Dares Phrygius* et *Dictys Cretensis*, parce que leur âge est très-incertain, et leur mérite, comme écrivains, assez mince. Quelques savans, cependant, placent le premier dans un âge assez reculé, et le font remonter à la guerre de Troye, mais sans aucun fondement. Ces deux historiens ont écrit l'histoire de la guerre de Troye, et leurs ouvrages n'existent plus qu'en latin. La traduction *latine* de *Dares* n'est certainement point, comme quelques-uns le prétendent, de *Cornélius Népos*, mais vraisemblablement de *Joseph Iscanus*, qui vivait au douzième siècle, et dont on possède encore un poëme sur la guerre de Troye. — On croit qu'*Eupraxides*, sous Néron, a pu être l'auteur du texte grec de *Dictys*, dont on attribue la traduction latine à *Sextimus*, qui vivait probablement sous *Dioclétien*. Éditions de ces deux historiens, avec les notes de plusieurs savans et la traduction de madame *Dacier*, Amsterd. 1702. in-4°. et gr. in-8°.

8.) *Médecins et Naturalistes.*

La *médecine* s'appuie, en grande partie, sur l'observation et sur des expériences souvent répétées. Elle dépend donc d'autres sciences qui, par cette même raison, ont besoin de se perfectionner avec le tems. La médecine ne pouvait par conséquent être d'abord que très-imparfaite chez les anciens. Il en est de même de *l'histoire naturelle*. Ces deux sciences furent cultivées chez eux avec quelque succès ; mais comparées aux autres sciences, surtout aux beaux-arts qu'ils ont portés à un si haut degré d'excellence, la masse de leurs connaissances médicinales et physiques fut longtems fort mince. Dans les premiers tems, ils se bornaient presque absolument à la guérison des blessures externes, et la célébrité même qu'*Esculape* et ses successeurs, les *Asclépiades*, obtinrent, offre une preuve de la nouveauté et de la rareté de la médecine, qu'on regardait alors comme un don surnaturel des Dieux. Les *Asclépiades* fondèrent plusieurs écoles, dont les plus connues étaient celles de *Rhodes*, de *Cos* et de *Cnidos*. Ce ne fut qu'à une époque bien postérieure que les Grecs étudièrent l'*anatomie*, et *Hippocrate* fut le premier qui la traita méthodiquement et qui écrivit sur cette matière. A la vérité, la philosophie, dès son berceau, s'était proposée la nature comme sa principale étude; elle formait l'objet des plus anciens poëmes didactiques. Aussi cette contemplation allait de pair avec les méditations de la philosophie. Mais la plupart des systêmes enfantés par l'imagination des Grecs, produisirent mille erreurs, faute d'un examen réfléchi et de ressources nécessaires. Ces erreurs se multiplièrent et se soutinrent longtems, surtout dans les écoles dépendantes des systêmes qui les avaient établies. Ainsi, les lumières et les découvertes des modernes leur ont donné, dans cette science, un grand avantage sur les anciens. Le petit nombre d'écrivains grecs distingués qui ont écrit sur la médecine, sont :

I. *Hippocrate*, un des *Asclépiades*, né dans l'île de Cos. Il vivait vers la fin du trente-sixième siècle, à-peu-près quatre cent vingt ans avant J. C. Comme philosophe, il était partisan d'Héraclite. Il joignait à une sagacité rare et à un esprit observateur, une foule de connaissances variées et une expérience consommée, qu'il devait en partie à ses voyages. C'est ce qui a rendu ses écrits recommandables, non-seulement à l'antiquité, mais encore aux âges postérieurs. Il exerça la médecine surtout en Thrace et en Thessalonie, et mourut à Larisse. Dans la foule des ouvrages qu'on lui attribue, il y en a certainement plusieurs d'apocriphes. Les plus célèbres, parmi les authentiques, sont ses *Aphorismes*, c'est-à-dire de *Courts Théorèmes*,

Théorèmes, ou *Préceptes de Médecine*, et son traité περι αερων, υδατων, τοπων; ouvrage étonnant, dans lequel ce père de la médecine, quoique dépourvu de tous les secours que les progrès des sciences fournissent aux observateurs de notre siècle, a tâché de résoudre le problème intéressant : pourquoi les hommes, malgré l'identité de leur espèce, diffèrent entr'eux par des nuances graduées et successives ;. et où Montesquieu lui-même a puisé une des parties les plus importantes de son livre immortel; sans parler des nombreuses éditions, soit des œuvres d'Hippocrate en totalité, soit de plusieurs de ses traités, par les *Aldes*, 1526; par *Calvus*, 1526; *Cornarius*, en treize volumes in-folio, avec les écrits de *Galien*, 1529; *Mercuriali*, 1588; *Foes*, 1595; *Chartier*, 1639; *Martin*, 1646; *Mackius*, 1743; *van Linden*, 1665.; le célèbre M. de *Haller* en a donné une édition usuelle, Lausanne 1769. 4 Vol. in-8°. Nous espérons d'avoir bientôt une nouvelle édition de cet auteur par le professeur *Ackermann*, à à Altorf, lequel, dans le second volume de la nouvelle édition de la Bibliothèque de

Fabritius, a donné les notices bibliographiques les plus détaillées sur cet auteur. Toutes ces éditions déjà existantes, et celles que nous attendons encore, seraient cependant éclipsées par celle d'un helleniste que la France possède, si la littérature grecque avait chez nous assez d'intérêt pour encourager le Cit. *Coray* à nous donner son édition complète des écrits d'Hippocrate, auxquels il a consacré une partie considérable de sa vie laborieuse. Voilà le vœu que forment certainement tous ceux qui connaissent l'excellente édition accompagnée d'une traduction *française*, et précédée d'une savante introduction et de notes détaillées, critiques, médicales et historiques du traité précité d'Hippocrate, *des airs, des eaux et des lieux*, publiée l'an IX, et collationnée sur deux manuscrits de la Biblothèque nationale, où les amateurs de la littérature grecque trouveront, page 131-180, une notice critique sur les différentes éditions, ainsi que sur les commentateurs et traducteurs *français* de cet auteur, tels que *Jean Damascène*, 1646; *Claude Tardy*, 1667; *Dacier*, 1697;

Clerc, 1767; *Magnan*, 1787; et en *anglois*, *Clifton*, 1734. — On a une traduction *allemande* par *Grimm*, Altenburg 1781-92. 4 Vol. in-8°. On trouve aussi les principaux ouvrages d'Hippocrate dans la Bibliothèque des anciens médecins, par *Gruner*, traduits et extraits, Leipsic 1781-1782. 2 Vol. in-8°.; les Aphorismes à part, en grec, Leipsic 1756. in-12.; et Helmstadt 1778. gr. in-8°. *Voyez* aussi les Aphorismes d'après la collection de vingt-deux manuscrits et les Interprètes orientaux, par *Fébure de Villebrune*, Paris 1788. in-12.; et les Lettres de M. *Bosquillon* sur cette traduction, ainsi que la Réponse à ces lettres par M. *Bourgoin*, Göttingue. 1789. in-12.

II. *Théophraste* a déja été cité ci-dessus parmi les philosophes (Art. X.) Nous devons placer ici son ouvrage de botanique ou son *Histoire des plantes* en dix livres, dont nous avons encore ceux *sur la génération des plantes*, ainsi que ses écrits sur *les vents, les pierres, la pluie, le feu*, etc. Édition de tous ces ouvrages, par

Dan. Heinsius, Leide 1613. in-fol. Son livre *sur les pierres* a été traduit en *anglais* par *Joh. Hill*, Londres 1746 et 1774. in-8°. Il est accompagné d'un commentaire instructif. Tous les deux en *allemand* par *Baumgœrtner*, Nuremb. 1770. in-8°.

III. *Dioscoride*, d'Anazarbe en Cilicie, au premier siècle après J. C. C'était un médecin célèbre, qui fit plusieurs voyages en Europe et en Asie, et qui dans ses courses s'occupa surtout des plantes, et les décrivit pour l'avancement de la pharmacie. On a encore de lui cinq livres, περι υλης ιατρικης, ou *de la matière médicale;* deux livres sur les *antidotes*, et deux autres sur les *médecines les plus faciles à se procurer* Cependant, l'authenticité de ces deux derniers est douteuse. La meilleure édition que l'on ait jusqu'ici est celle de *Wechel*, avec des notes critiques par *J. A. Saracenus*, Francfort 1798. in-fol. — Traduction *française* par *Martin Mathée*, Lyon 1781.

IV. *Arétée* vivait probablement au commencement du second siècle, au moins après Pline l'ancien et Dioscoride. Il était natif de la Cappadoce. On le regarde comme un des plus célèbres médecins grecs. Il a écrit quatre livres sur les signes et les causes des maladies aiguës, et quatre autres sur la manière de les guérir. Ils ont été publiés par *Hénisch*, à Augsbourg 1727, avec un commentaire; ensuite par *Wigan*, Oxford 1723. in-fol.; et par *Boërhave*, Leide 1755. in-fol. On les trouve encore dans l'édition des Médecins grecs d'*Étienne*, que nous citerons ci-après et dans le cinquième volume de celle de *Haller*. L'édition la plus récente de ces deux ouvrages a paru à Vienne, 1790. in-8°.; et *ibid.* 1790. in-8°. Traduction du premier par *Dewez*.

V. *Claude Galien*, médecin célèbre de Pergame en Asie, où il naquit l'an 131 après Jésus-Christ. Il fit plusieurs voyages à l'île de Lemnos, à Smyrne, en Syrie, et surtout à Alexandrie, le principal siège de l'art de la médecine d'alors. La peste l'engagea à quitter ce séjour, et à retourner à Rome. Les empereurs Marc-Aurèle et L. Vérus l'appelèrent à Aquilée, et cherchèrent à l'engager à les accompagner dans la campagne qu'ils firent en Germanie ; mais Galien aima mieux rester à Rome, et y exercer son art. D'après *Suidas*, il écrivit plusieurs ouvrages soit en grec, soit en langue latine, sur la philosophie et la médecine, dont le nombre monte en tout, les fragmens de quelques-uns y compris, à cent soixante-dix, que *Charlier* à rangé en différentes classes. Cependant, plusieurs des écrits qu'on lui attribue, sont certainement apocryphes, surtout les Latins. Edition, Venise 1525, *in*-fol.; Bâle, 1538; et avec les œuvres d'Hippocrate, par *Réné Charlier*, Paris, 1679, 13 vol. *in*-fol., où plusieurs écrits de cet auteur parurent imprimés pour la première fois, et d'autres corrigés après des manuscrits. On a des éditions séparément faites de quelques-uns de ces ouvrages, tels que de son *Traité sur les Os*, sur la *meilleure Manière d'Enseigner*, et Opuscula Varia Galeni, a D. *Theod. Goulstono* Recensita, etc. Londres, 1640, *in*-4°.

VI. *Élien.* (*Voy.* les *Historiens*, Art. X.) Nous placerons ici son *histoire des animaux*, περι Ζωων ιδιοτητος ; compilation d'histoire naturelle, tirée principalement d'Aristote, quoique augmentée par quelques observations propres. Nous avons déja cité ci-dessus les meilleures éditions et traductions.

VII. *Antigonus Carystius*, de Carystus en Eubée, vivait sous Ptolomée Philadelphe. Il recueillit les ouvrages des autres naturalistes, surtout d'Aristote, et son livre Ιστοριων παραδοξων συναγωγη, qui contient cent quatre-vingt-neuf courtes sections sur l'histoire des animaux. Les soixante-deux dernières sections sont les plus importantes, parce qu'elles sont extraites de plusieurs auteurs que nous avons perdus en grande partie. Carystius fut d'abord imprimé avec *Antonius Liberalis*, Bâle 1768; ensuite par *Meurse*, Leide 1619. in-4°.; et plus complètement, avec les notes de plusieurs savans, par *Beckman*, Leipsic 1791. gr. in-8°.

Collections de Médecins grecs.

Medicæ artis Principes post Hippocratem et Galenum *Græci, Latinitate donati* : Aretæus, Rufus

Ephesius, Oribasius, Paulus Ægineta, Aëtius, Alexander, Trallianus, Actuarius, Nicolaus, Myrepsus. *Latini :* Corn Celsus, etc. ap. Henr. Stephanum. Paris 1767. 2 Vol. in-fol.

Artis Medicæ Principes, ex ed. *Alb. de Haller*, Lausan. 1770-72. 5 Vol. gr. in-8°.

La collection suivante est d'un grand secours pour une connaissance plus particulière de l'*économie rurale* chez les Grecs :

Geoponicorum s. De Re Rustica, Libri XX. *Cassiano Basso* Scholastico collectore, antea *Constantino Porphyrogeneto* a quibusdam adscripti. Gr. et lat. post *Petri Needhami* curas, ad Mss. fidem, denuo recensiti et illustrati ab *Jo. Nicolao Niclas*, Lips. 1781. in-8°.

SECONDE PARTIE.

LITTÉRATURE ROMAINE.

INTRODUCTION.

Après les Grecs, les Romains tiennent un rang distingué dans l'histoire de l'antiquité. Ils ne sont pas moins célèbres par leur habileté dans les sciences que par le rôle qu'ils ont joué dans l'histoire. Il est vrai que dans les premières époques de leur gouvernement, ils étaient trop guerriers, et leurs intérêts trop concentrés dans les conquêtes et l'agrandissement de leur puissance, pour qu'ils pussent donner leurs soins aux sciences et aux arts, enfans du loisir et de la paix, et les accueillir avec empressement ; mais dans la suite, lorsque les guerres eurent produit la sûreté, le pouvoir et l'abondance, et que les Romains, par la possession même des pays étrangers, furent forcés de se familiariser davantage avec les beaux-arts qui y fleurissaient; lorsqu'ils établirent un commerce littéraire avec les Grecs, et qu'ils goûtèrent les idées et les chef-d'œuvres de cette nation; ils commencèrent aussi à chérir les sciences, à cultiver et à former de plus en plus leur langage, à imiter avec succès les meilleurs écrivains des Grecs, et à produire eux-mêmes des ouvrages dans toutes les parties de la poésie, de l'éloquence, de l'histoire et de la philosophie. Les derniers tems de leur liberté et ceux du règne des premiers empereurs, surtout de celui d'Auguste, furent la période la plus florissante de la littérature et des arts, lesquels commencèrent, depuis cette époque, à dégénérer sous l'empire du despotisme, par le progrès du luxe, qui insensiblement entraîna la corruption totale des mœurs. (*Voyez* sur cette matière les Considérations sur l'origine et les progrès des belles-lettres chez les Romains, et sur les causes de leur décadence, par l'abbé le *Moine*, Paris 1749. in-8°.; traduit en *allemand* par *Stockhausen*, Hanovre 1755. in-8°., ainsi que le Vicende della letteratura, di *Carlo Denina*; l'Histoire de la décadence des mœurs, des sciences et de la langue chez les Romains, par *Meiners*, Vienne in-8°., et différens Chapitres dans l'ouvrage célèbre de l'anglais *Gibbon*.)

L'étude de la langue romaine et la connaissance des meilleurs écrivains Romains, est donc d'une utilité très-variée, et ces deux objets sont pour l'homme de lettres de tout état d'autant plus indispensables, qu'on a fait de cette langue, dans les tems modernes, un des moyens les plus universels pour répandre les lumières et faciliter les recherches savantes, et qu'on lui a accordé dans les sciences le même avantage que celui dont se glorifie la langue française dans le commerce de la vie commune, et dans cette infinité de relations commerciales, politiques et littéraires, auxquelles elle sert de préférence.

Il faudrait cependant faire distinction entre la langue *latine* et celle qu'on pourrait nommer proprement la langue *romaine*. La première se parlait dans le Latium, entre le Tibre et le Lyris, jusqu'à la période qui suivit l'abolition des rois à Rome; et c'est dans cette langue qu'étaient écrites les lois des douze tables. Elle y fut introduite après cette période, et offrait trois dialectes, savoir : le *sermonem rusticum*, l'*urbanum* et le *pérégrinum*. Le premier de ces dialectes était en vogue à la campagne, le second dans les villes, et le troisième dans les provinces conquises. — Voyez *Ciceron* de Oratore. III. c. 10-14.

On ne peut faire dériver cette langue d'aucun idiôme en particulier, parce que l'Italie était peuplée, dans ces premiers tems, par tant de colonies différentes, qu'on ne saurait en indiquer la primordiale avec quelque certitude, quoique l'on puisse avancer que les Celtes ou les Pélasgiens, qui étaient venus de la Thrace et de l'Arcadie, formaient une même peuplade avec les *Aborigènes*, et qu'ils paraissent avoir été les plus anciens habitans de cette contrée. Leur nombre fut bientôt après grossi par des colons Grecs, qui s'établirent dans l'Italie moyenne et inférieure, et ensuite dans la Sicile, où les Phéniciens et les Carthaginois s'introduisirent ; sans parler des Gaulois, qui s'emparèrent de la partie supérieure de l'Italie. Romulus avait été élevé parmi les Grecs, et semble avoir admis, dans sa nouvelle ville, la langue, les mœurs et les usages de cette nation, quoique la langue indigène, avant que l'on fixât ses règles, ait dû se former et prendre des modifications avec beaucoup d'arbitraire, en augmentant ses propres richesses par des emprunts multipliés. Cependant on trouve aussi bien dans l'étymologie de la plupart des mots latins que dans le caractère et les constructions de cette langue, des traces fréquentes de la dérivation grecque, et c'est précisément chez les plus anciens écrivains romains que l'on rencontre le plus de grécismes : la ressemblance des traits d'écriture de ces deux peuples est frappante.

On a coutume de diviser la langue latine en *quatre âges*, qui forment autant d'époques de la littérature romaine, et dont le nom exprime leur mérite différent d'après la valeur des quatre métaux. L'*âge d'or* dura depuis la première guerre punique jusqu'à la mort d'*Auguste* ; l'*âge d'argent*, depuis la fin de cette époque jusqu'à la mort de *Trajan* ; l'*âge d'airain*, depuis ce prince jusqu'à la destruction de Rome par les Goths ; l'*âge de fer* embrasse tout le moyen âge, jusqu'à la renaissance des lettres. D'autres la représentent d'après les différens *âges de l'homme*, savoir : l'*enfance*, l'*adolescence*, la *virilité* et la *décrépitude* ; comparaison que l'on applique en même tems à la langue, aux sciences et aux arts chez les Romains.

Nous trouvons les plus anciens monumens de cette langue dans ce qui nous reste des *Lois des douze tables*, que *Funck* a publiés à Rinteln, 1744. in-4°. ; et sur l'inscription de la *Columna rostrata*, expliquée par *Ciaconi*, dans un écrit particulier (Rome, 1680. in-8°.) Cette colonne appartient en même tems aux plus anciens monumens, et offre les caractères d'écriture romaine de cette époque, dont on apprend à connaître les changemens surtout dans les inscriptions et les monnaies romaines.

Pour la connaissance des règles grammaticales de la langue latine, outre les ouvrages plus étendus, on peut faire usage de

Vossius (Aristarchus, Amsterd. 1662. in-4°.), et *Sanchez* (*Sanctii* Minerva, Amsterdam 1733. gr. in-8°.; nouvellement réimprimée par *Bauer*, Leipsic 1793. in-8°.); de la grande Grammaire de la Marche-Brandebourg, Erfurt 1754. gr. in-8°.; et de la petite par *Bernhardi*, Berlin 1795. in-8°. Il y a des méthodes meilleures encore, et qui mènent plus droit au but, comme la Grammaire latine détaillée de *J. J. G. Scheller*, Leipsic 1790 et 1791. in-8°.; et son Abrégé de la langue latine pour les collèges, Leipsic 1791. in-8°. On tire aussi beaucoup de fruit de la Grammaire-pratique de la langue latine à l'usage des collèges, dont la troisième édition a paru à Leipsic, 1796. in-8°.; et en extraits, *ibid.* 1795. in-8°., ainsi que de la plus moderne de toutes : Grammaire-pratique de la langue latine, par *Brœder*, troisième édition, Leipsic 1796. in-8°. — Pour se former au stile latin, on peut employer les Præcepta stili bene latini, Lips. 1797. 2 Vol. in-8°., de *Scheller*; et son Compendium Præceptorum stili bene latini, Lips. 1796. in-8°.; de la Méthode propre à se former au stile pur de la langue latine, par

C. L. Bauer, Breslau 1779. in-8ᵉ. Nous n'entrerons dans aucun détail sur une infinité d'autres Recueils et de Chrestomathies volumineuses et instructives dont l'Allemagne fourmille plus que tout autre pays; comme, parexemple, celle de *Büsching*, de *Miller*, de *Gedicke*, de *Plagemann*, les Chrestomaties *Cicéroniennes* de *Gesner* et de *Nœlting*; *Plinienne*, de *Gesner*; *poétique*, de *Harles*; et la plus récente, et la plus estimée, par M. *Ritzhaubt*, en 5 Vol., faite d'après le plan que lui a tracé un des savans qui ont acquis le plus de réputation en Allemagne pour l'instruction de la jeunesse; je veux dire le Cit. *Campe*; elle nous offre en même tems, dans deux de ses volumes, un excellent Abrégé d'histoire et d'histoire naturelle. La France, quoique bien moins riche en bons livres élémentaires, ainsi qu'en grammaires et dictionnaires pour cette langue, possède cependant plusieurs recueils estimables, parmi lesquels il faut citer, non les *Rudimens* les plus connus, tels que le *Despautère*, et les *Racines latines*, productions d'une méthode monacale, et qui ne peut servir qu'à corrompre

rompre de très-bonne heure le goût des jeunes gens, mais plutôt les Essais de versions interlinéaires, publiés par *Dumarsais* et *Luneau de Boisgermain* ; les Selectæ Historiæ, par *Heuzet* ; les Extraits faits de différens auteurs romains, par *Chompré* ; le Cours de Latinité, par *Vanière*, en 4 Vol.; et la nouvelle Grammaire et Manuel du Cit. *Boinvilliers*, etc. Parmi les meilleurs grands *Dictionnaires*, le Novus Thesaurus de *J. M. Gesner*, Leipsic 1749, en 4 Vol. in-folio, fait d'après l'ancien Thesaurus Faber, est le plus renommé. Le plus riche qui existe parmi les *Lexiques usuels*, est le Lexicon manuale latino-germanicum de *B. Hederich*, Leipsic 1739 ; le Dictionnaire latin et allemand, et allemand et latin, par *J. G. Scheller*, Leipsic 1791. 3 Vol. gr. in-8°. ; le Dictionnaire manuel (*Handlexicon*), par le même, Leipsic 1796. 3 Vol. in-8°.; le Dictionnaire allemand-latin, par *Bauer*, Breslau 1798. in-8°. Comme *vocabulaire*, mais excellent par rapport à la fixation des différentes acceptions des mots, à l'explication des phrases et à l'étymologie, le Petit dictionnaire latin de racines et leur dérivés, par *Scheller*, Leipsic 1791. in-8°. — *Voyez* aussi : Manuel bibliographique de la Littérature grecque et romaine, par *Brehm*, Vol. I. Leipsic 1797. in-8°.

Pour acquérir de bonne heure une connaissance de l'histoire des Antiquités, de la Géographie, etc., romaine, nous citerons ici, outre l'Histoire des Romains par *Ferguson*, Anglais, celle de *Rollin*, en 5 Vol.; le Compendium Antiquitatum Romanorum, par *Nieupoort*, Berol 1766. in-8°., avec les notes sur le même livre par *Hayman*, Dresde 1786. gr. in-8°., traduit en *français* par l'abbé *Desfontaines*; la Description de l'état domestique, scientifique et des mœurs des Romains, par *Nietsch*, Erfurt 1790. 2 Vol. in-8°.; l'Abrégé des Antiquités romaines à l'usage des gymnases et des collèges, par *Meyer*, Erlangen 1797. 2 Vol. in-8°.; l'Abrégé de l'histoire, de la géographie, de la littérature et des antiquités des Romains, par *Ruperti*, Göttingue 1797. in-8°.

Pour la connaissance plus particulière des écrivains romains, on peut consulter, outre les Notices détaillées, précitées, de M. *Hamberger*, les livres suivans:

J. A. *Fabricii* Bibliotheca Latina, s. Notitia Autorum veterum latinorum, — aucta diligentia J. A. *Ernesti*, Lips. 1773. 3 Vol. in-8°.

Introduction historique et critique pour la connaissance nécessaire des anciens écrivains romains par G. E. *Müller*, Dresde 1747-51. 5 Vol. in-8°.

J. C. *Zeunii* Introductio in linguam Latinam, Florence. 1799. in-8°.

Un livre plus étendu et qu'on ne saurait trop recommander, est:

Th. Ch. *Harles* Introductio in Notitiam Litteratura Romanæ, imprimis Scriptorum Latinorum, Lips. 1781.

Nous avons un ouvrage moins détaillé, intitulé:

Brevis Notitia Litteraturæ Romanæ et imprimis scriptorum latinorum, Lips. 1789. in-8°., par le même auteur. — Suplementa, Lips. 1798. in-8°. — Et

Essai d'une littérature complète des traductions allemandes des écrivains romains, par M. *Degen*, Altenburg 1794. seqq. 4 Vol. in-8°.

I I.

Notice des principaux Écrivains romains, et de ceux de leurs ouvrages qui nous sont parvenus.

1.) *Poètes* (1).

DANS les premiers siècles qui suivirent la fondation de leur ville, les Romains connaissaient très-peu la *poésie* dans toute l'étendue du mot; ils se bornaient, dans les solemnités et les festins, à célébrer par leurs vers les Dieux et les héros. On connaît les chants des prêtres Saliens que *Numa* avait institués. Ce ne fut que vers l'an 514 que la poésie dramatique et les représentations théâtrales prirent

---

(1) *Voyez :* Biographie des Poètes Romains, par *Louis Crusius*, traduite de l'anglais, avec des Annotations, par *C. G. Schmid*, Halle 1777-1778. 2 Vol. in-8°.

chez eux une forme régulière. On ne fut redevable du goût poétique, qui se perfectionna chaque jour de plus en plus, qu'aux chef-d'œuvres des Grecs, que les poètes de tous les genres, même ceux qui n'étaient point destitués de talens propres, imitaient avec succès. C'est ainsi que la fin de la république et le premier siècle des Empereurs devinrent la période la plus heureuse et la plus favorable à la poésie.

I. *Livius Andromicus*, à-peu-près deux cent trente ans avant J. C. Il était né en Grèce, et affranchi de M. Livius Salinator. Il fut le premier poète dramatique chez les Romains, et fit paraître son premier drame vers l'an de Rome 514. Son stile tenait encore beaucoup de celui des Grecs. Du grand nombre de poëmes qu'il écrivit dans plusieurs genres, et parmi lesquels il s'en trouvait un sur l'histoire romaine, il ne nous reste plus que quelques fragmens peu considérables qu'on trouve dans la Collection des anciens poètes dramatiques des Romains, par *Scriver*, publiée par *Vossius*, Leide 1610. in-8°.

II. *Cnéus Nævius*, de la Campanie, vécut à la même époque. Il fut banni de Rome, et mourut à Utique. Il écrivit un poëme historique sur la première guerre punique, des tragédies, des comédies, des satyres et des épigrammes, dans lesquelles on trouve beaucoup d'esprit, mais dont le stile est encore grossier et peu soigné. Ce qui nous reste de ses poésies se trouve dans la Collection précitée. Il faut le distinguer d'un autre poète nommé *Novius*, qui vivait plus tard, et qui fut auteur des *Drames atellanes*.

III. *Quintus Ennius*, poète du même siècle, né à Rudiæ en Calabre. Il écrivit dans le même tems. Caton l'ancien l'amena avec lui de Sardaigne à Rome, où il enseigna la langue grecque. Il se distingua beaucoup dans la littérature romaine; on le regarde comme le premier des poètes épiques. Les meilleurs écrivains postérieurs, surtout Cicéron et Virgile, en faisaient beaucoup de cas. Quintilien dit de lui (L. XI.) : *Ennium, sicut sacros vetustate lucos, adoremus, in quibus grandia et antiqua robora non tantam habent speciem quantam religionem*. Il a écrit les *Annales romaines*, poëme épique en dix-huit volumes, iutitulé: *Scipion* ; six livres de satyres, beaucoup de comédies, de tragédies, etc. De tous ses ouvrages, il ne nous reste que quelques fragmens épars, qui par hasard ont été cités et conservés par d'autres écrivains. La meilleure édition qui en existe est de *François Hessel*, Amsterd. 1707. in-8°.

IV. *M. Accius Plaute* vivait peu de tems après ces poètes, environ deux cents ans avant J. C. Il était né à Sarsina en Ombrie. Son indigence était telle, qu'il travaillait dans un moulin à pilon. Il avait les plus grands talens comme poète comique, un esprit fécond et distingué, une invention heureuse, et beaucoup de force comique. Il suivit pour modèles les grecs Épicharme et Diphile, et réussit surtout dans le bas-comique. Ce qu'on lui reproche, c'est que, pour plaire à son siècle, il passa souvent les bornes de la décence. De toutes ses comédies, qu'Aulu-Gelle a fait monter à cent trente, il ne nous en reste que vingt, qui souvent ont été imitées par les poètes dramatiques modernes. L'édition principale de cet auteur est celle de *Taubmann*, avec un ample commentaire, Wittemberg 1612. in-4°.; celle d'*Ernesti*, d'après l'édition de *Gronovius* (Amsterd. 1684.), Leipsic 1760. en 2 Vol. in-8°.; et à Denxponts 1788, en 3 Vol. in-8°. M. *Bothe*, à Berlin, en a commencé une nouvelle. Traduction *française* par *Guedeville*, Leide 1719. 10 Vol. (*Voyez* le traité de *Lessing*, sur la vie, etc., de cet auteur, dans les Eclaircissemens pour l'histoire et le progrès du théâtre, Studtgard 1750. in-8°.)

V. *M. Pacuvius*, de Brindes, vers le même tems, fils de la sœur du poète Ennius, également célèbre à Rome comme peintre et comme poète tragique. Quintilien loue en lui l'élévation des pensées, de l'expression et des caractères qu'offrent ses tragédies. Nous n'en avons que quelques fragmens peu considérables, qui se trouvent dans la collection ci-dessus de *Scriver*.

VI. *L. Accius*, ou plutôt *Attius*, né

à Rome, contemporain de Pacuve, et comme lui, poète tragique. Ce fut un des premiers poètes qui s'appliquèrent à donner plus de noblesse à l'idiôme romain. Il nous reste de lui une épitaphe pompeuse, dans laquelle il se promet que les Muses pleureront sa mort, et qui finit par ces vers avantageux :

> Qui postquam orcino conditus est thesauro
> Obliti sunt Romæ loquier latinâ linguâ.

On trouve aussi quelques fragmens de lui dans la collection ci-dessus.

VII. *P. Térence*, Africain, vivait de l'an de Rome 60 à 95. Quelques auteurs prétendent qu'il était natif de Carthage. Il était affranchi du sénateur romain *Térentius Lucanus*, et favori de Lelius et de Scipion. Comme poète comique, il était imitateur de *Ménandre*, et les six comédies qui nous restent de lui sont excellentes sous tous les points de vue, tant par rapport aux caractères qu'à la vérité, à la délicatesse du dialogue et à l'ensemble d'un plan sagement ordonné. L'invention chez lui était moins féconde; il avait moins de force comique que Plaute; mais en récompense plus de goût et de connaissance du cœur humain. Au reste, rien ne nous indique qu'il ait écrit plus que ces six pièces. Parmi ses interprètes anciens, les plus distingués sont : *Donatus*, grammairien du quatrième siècle, et *Eugraphe*, du dixième siècle. Éditions : de *T. Faber*, Salmurii 1671. in-12.; de *Bentley*, Cantabrigiæ 1726. in-4°.; de *Bœcler*, avec les Commentaires de *Guyet*, Strasbourg 1657. in-8°.; avec les notes de *Farnabius* et *Casaubon*, Padoue 1737. in-8°.; de *Fr. Hare*, Lond. 1724. in-4°.; de *Lindenbrog*, Francfort 1623. in-4°.; de *Westerhoven*, à la Haye 1726. 2 Vol. in-4°.; de *Zeune*, avec des notes choisies d'éditeurs précédens, Leipsic 2 Vol. in-8°.; et avec des explications savantes, par *Schmieder*, Halle 1794. in-8°.—Traductions *allemande*, par *Neide*, Leipsic 1784. 6 Vol. in-8°.; par *Schmieder*, Halle 1790-93. in-8°. *Italienne* par *Nic. Fortiguerra* in Venezia 1774.; avec un commentaire italien, par Sign. *Giovanni Fabrini de Fighine*, à Venise 1575. in-4°. *Espagnole*, 1599. *Française*, avec des remarques par Mme. *Dacier*, Rotterdam

1713. 3 Vol. in-8°.; et une très-connue par l'abbé *Monnier*, Paris 1771. 3 Vol. in-8°.

VIII. *C. Lucilius*, de Suessa en Campanie. Il vivait vers la fin du trente-neuvième siècle avant J. C., et était chevalier romain. A beaucoup de connaissance de sa langue, il joignait un grand talent pour la satyre, à laquelle il donna le premier, parmi les Romains, la forme de poëme didactique. Il en écrivit trente livres remplis d'esprit et de sarcasmes sanglans, sans parler de ses hymnes, de ses épodes, et en outre d'une comédie. Le peu de fragmens qui nous en restent, ont été publiés par *Dousa*, Leide 1597. in-8°.; et par *Haverkamp*, ibid. 1743. in-8°., comme supplément à *Censorinus*.

IX. *F. Lucrèce Carus*, chevalier romain, à-peu-près soixante-dix ans avant J. C., finit sa vie par le suicide. Son poëme philosophique *sur la nature des choses*, divisé en six livres, contient les dogmes de l'école Épicurienne, dont il était partisan zélé. Il les y présente de leur côté le plus séduisant, en les rassemblant avec beaucoup d'art dans un cadre, orné des couleurs poétiques les plus frappantes. A la vérité, son poëme n'est pas exempt d'uniformité et de sécheresse; mais c'est plutôt la faute de son sujet que la sienne, son stile dans plusieurs passages étant très-pittoresque et très-fleuri. Éditions: de *Lambinus*, Paris 1570.; de *Nardius*, Florence 1647.; de *Tan. Faber*, Saumur 1662. in-4°.; de *Fr. Car. Altes*, Vienne 1787., et à Leide 1595.; de *Parœus*, Francfort 1671. in-8°. — Une édition très-estimée est celle, avec une paraphrase en prose, par l'anglais *Th. Creech*, Londres 1716. gr. in-8°., réimprimée à Bâle 1770. gr. in-8°., et à Leipsic 1776. gr. in-8°. — Traduction *allemande*, avec l'original et des notes par *Meinecke*, Leipsic 1595. 2 Vol. in-8°.; *italienne*, par l'abbé *Rafaëlle*, Londres 1776. 2 Vol. in-8°.; *française*, par *Lagrange*, Paris 1768. 2 Vol. in-12. (nouvelle édition, l'an VI.) — Le cardinal de *Polignac* a fait paraître contre ce poëme son *Anti-Lucrèce*, imprimé à Paris 1747. 2 Vol. in-8°., et à Leipsic 1748. gr. in-8°. L'auteur s'y était proposé de propager des idées religieuses plus justes sur la Divinité et la Providence ; mais il est à regretter qu'avec de si bonnes intentions, il n'ait pas su atteindre, comme poète, au mérite de son adversaire.

X. *C. Valérius Catulle*, né l'an 668 de Rome, dans les environs de cette ville. Nous ne connaissons que peu de choses relatives à sa vie, si l'on en excepte son amitié avec Cicéron, dont son poëme quarante-neuvième nous offre une preuve. Comme poète lyrique, il a d'excellens morceaux dans le genre agréable, et beaucoup de délicatesse de sentime ns et d'expression, qui offrent cependant déja des traces de la corruption du goût. Il blesse aus i, dans ses vers, la décence et les bonnes mœurs. Nous avons perdu plusieurs de ses poésies. Celles qui nous restent ont été publiées conjointement avec celles de *Tibulle* et de *Properce*. La meilleure des éditions de ce poète est celle de *Grævius*, Utrecht 1680. in-8°. A part, par *Vossius*, Leide 1684. in-4°.; par *Volpi*, Padoue 1781. in-4°.; par *Scaliger*, avec un commentaire de *Muret*, Anvers. 1582. in-8°. La meilleure édition usuelle est celle de *Dœring*, Leipsic 1788. 2 Vol. in-8°., avec des notes instructives. — *Passerat* en a donné un commentaire in-fol., Paris 1608. — Traductions *allemandes* de plusieurs des poésies de Catulle, par *Schellhafer, Ramler, Burger, Werthes* et *Eisenschmidt*, Altenb. 1787.; *française*, par *Pezay*, l'auteur des *Soirées Helvétiennes*, 1772.

XI. *Albius Tibulle*, chevalier romain, vivait l'an de Rome 711 à 735. D'après le jugement de Quintilien, il occupe la première place parmi les poètes élégiaques romains. Il joint la délicatesse du sentiment à l'expression la plus noble et la plus vraie, et il offre la plus intéressante variété des conceptions, des images et des sentimens, sans recherche et sans ornemens ambitieux. Ses élégies forment quatre livres, dont quelques critiques lui refusent le quatrième, pour l'attribuer à *Sulpicie*. Édition par *Brockhuysen*, Amsterd. 1708. in-4°. Une autre plus splendide et plus correcte, est celle de *Volpi*, Padoue 1749. in-4°.; et la meilleure, celle par M. *Heyne* (troisième édition), à Leipsic 1798. in-8°. — Traduction *alle-*

mande en vers, avec le texte latin, par D. *Strombeck*, Göttingue 1799. in-8°.; *française*, par *Longchamps*, 1771.; par *Mirabeau*, 1798. 3 Vol. in-8°. (*Voyez* les additions au Dictionnaire de *Sulzer*, Vol. II. p. 190.)

XII. *Sextus Aurélius Properce*, né dans l'Ombrie, vivait de l'an 701 de Rome à l'an 739. Il était favori de Mécène. Il nous reste encore de lui quatre livres de vers élégiaques, dont les principaux mérites sont une expression passionnée, une poésie riche, et beaucoup de correction dans le stile ; mais il blesse trop souvent les mœurs et la décence, et en même tems il prodigue trop les ornemens poétiques. *Callimaque* et *Philétas*, dont nous ne possédons plus les élégies grecques, furent ses modèles. Éditions par *Brockhuysen*, Amsterd. 1727. gr. in-4°.; par *Barth*, Leipsic 1777. gr. in-8°. La plus complète est celle de *P. Burmann* le cadet, publiée par *Lor. de Santen*, Utrecht 1780. gr. in-4°. — Traduction *allemande*, avec Catulle et Tibulle, par *F. X. Mayr*, Leipsic 1786. 2 Vol. in-8°.; *fran-*

çaise, par *Longchamps*, 1771. (*Voyez* sa Caractéristique, par *Manso*, dans les additions au dictionnaire de *Sulzer*, Vol. III. p. 1.)

XIII. *Cornélius Gallus*, vivait au même tems. Il était né dans les Gaules et ami de Virgile, auquel il adressa la dixième de ses élégies. C'était un des poètes les plus heureux dans le genre de l'*élégie*, quoique cependant son stile soit moins agréable que celui de Tibulle et de Properce; mais ses poésies ont été perdues, et les six élégies qu'on lui attribue, ne sont certainement pas de lui, mais d'un poète postérieur et d'un mérite inférieur au sien. On trouve ces trois poètes réunis dans plusieurs éditions, et ils ont été imprimées à part à Strasbourg 1509, ainsi que dans la petite collection des Poètes latins, par *Wernsdorff* (*Poetæ latini minores*, cura. J. C. *Wernsdorff*, Altenburg 1780. seqq. 9 Vol. in-8°.) Traduction *française*, par *Pezay*, avec les poètes précédens.

XIV. *Publius Virgile Maro*, vivait vers l'an 734 jusqu'à l'an 760 de Rome. C'est le

plus

plus grand des poètes romains dans les genres de la poésie *pastorale*, *didactique* et *épique*. Ses dix *élégies* ou *Bucoliques* sont des imitations de Théocrite, mais pleines de beautés originales. Ses *Géorgiques*, ou *poëme sur l'agriculture*, en quatre chants, offrent un trésor de poésie et d'érudition. Son *Énéide*, en douze livres, est, à la vérité, une imitation des chants héroïques d'Homère; mais en même tems le plus beau fruit du génie et du goût. Eu égard au choix dans ses images et dans ses descriptions, il tient davantage à un siècle plus cultivé et plus philosophique, qu'au faire original d'Homère, qui le surpasse beaucoup, soit par rapport à l'éthopée, soit par rapport à la variété inépuisable de ses images et à l'ensemble de son plan. Néanmoins, Virgile a le mérite éminent de s'approprier tout ce qu'il emprunte d'autrui, et de le fondre de manière à ne faire qu'un avec tout ce qu'il tire de son propre fond. Il existe encore de lui d'autres poëmes inférieurs, qu'on lui attribue, et que l'on a coutume de comprendre sous le nom de ses *Catalectes*

(entr'autres le *Culex*, ou poëme héroï-comique sur un *cousin*, qui par sa piqûre sauve un cultivateur de la mort); mais l'authenticité de ce poëme est très-contestée. Parmi ses anciens interprètes, *Servius Honoratus Maurus*, grammairien du cinquième siècle, est le plus distingué. La vie de Virgile, supposée écrite par Donatus, contient trop de fables pour qu'on y ajoute quelque foi. Parmi les éditions de Virgile, voici les principales : celle de *Joh. Lud. de la Cerda*, Lugduni 1612. 3 Vol. in-fol.; de *Fr. Taubmann*, 1618. 2 Vol.; de *Pancrace Masvicius*, Venise 1735. 2 Vol. in-4°.; de *Car. Ruæus*, Paris 1675. in-4°. (une des meilleures ad usum Delphini) ; l'édition faite en 1741, semblable au Mst. tant de Florence que de Rome; celle de *P. Burmann*, en 2 Vol. in-4°., avec les scoliastes et des notes explicatives et critiques; enfin, celle de *Heyne*, avec un commentaire critique et philologique et des dissertations savantes sur plusieurs objets de mythologie, géographie, etc. qui y sont jointes sous la dénomination d'*Excursus*, et une nouvelle biographie de

Virgile (la troisième édition, Leips. 1800. 6 Vol. in-8°.); et un abrégé pour les collèges, en 2 Vol. in-8°., *ibid.* Il en existe aussi une avec un commentaire allemand, par *Schmieder*, Vol. I. Halle 1799. in-8°. — La traduction de tous les ouvrages de Virgile, par M. *Voss*, en vers hexamètres allemands, Brunswic 1798. in-8°., est, parmi la foule des traductions qui ont paru chez presque toutes les nations de l'Europe, celle qui, par l'exactitude et l'élégance, par l'expression fidelle de l'harmonie imitative et des autres beautés métriques de l'original, a le mieux retracé aux modernes toute la perfection et le faire de ce premier poète de Rome. L'auteur de cette traduction, célèbre d'ailleurs chez ses compatriotes par d'excellens poëmes dans le genre bucolique et lyrique, ajoute à cette gloire celle d'être un des plus savans et des plus judicieux philologues que cette contrée ait possédé. Avant de donner sa traduction entière de Virgile, il avait déja publié à part une édition latine des *Géorgiques*, avec une traduction en vers hexamètres à côté, et le commentaire le plus riche et le plus parfait, (surtout par rapport à l'explication des choses) de tout ce qui existe sur Virgile. Il vient d'achever le même travail sur les *Bucoliques*, Altona 1797. 4 Vol. gr. in-8°. Parmi les autres traductions, nous citerons ici : en *italien*, celle d'*Annibal Caro*, in versi sciolti; des Bucoliques, par *Antonio Ambrogi*, Rome 1770. 4 Vol. in-12.; et *Prospero Manura*, Padova 1769. — En *espagnol*, celle de *Fernandez de Velasco*, Toledo 1514. — En *anglais*, celles de *Dryden*, 1697, et *Straham*, 1767. — En *français*, celles de *Segrais*, 1668; de *Catrou*, 1715; celle de plusieurs livres de l'Énéide (à part), par *Ronsard*, par *Joachim du Bellai*, par *Berthaud* (trois poètes anciens remplis de génie, et dont *le faire* offre d'autant plus d'intérêt, que la langue alors n'était point fixée. Celle dite des *quatre Professeurs*, Paris.); de l'abbé *Desfontaines*, 1743. La traduction des Géorgiques, par *Lefranc de Pompignan*; et la belle paraphrase poétique des Géorgiques, par l'abbé *Delille*, de qui nous attendons sous peu celle de l'Énéide; une plus récente de *Leblond*, an VI, avec des notes et des discours préliminaires; des Géorgiques, en vers, par *Roux*, an X. Plusieurs poètes comiques se sont permis de travestir l'Énéide; entr'autres, chez les Français, *Scarron*, 1713 par *Moreau*; et chez les allemands, *Blumauer*. — On peut encore consulter, sur plusieurs parties de la composition de Virgile, les livres suivans : Virgilius collatione Scriptorum græcorum illustratus per *Ursinum*, nouvelle édition, par *Valkenaer*, 1747. — *Klotz* de verecundia Virgilii (dans ses opuscules comparées aux *Critische Waelder* de Herder.) — *Holdsworth* Remarcs and Dissertations on Virgil, publiées après sa mort par *Spence*, 1768.

XV. *Q. Horatius Flaccus*, l'an de Rome 688, né à Vénuse, ville municipale romaine dans la Pouille, favori d'Auguste et de Mécène. La majeure partie de sa vie il demeura dans une de ses terres, située dans le territoire des Sabins, ou dans sa campagne de Tibur. Il mourut l'an de Rome 745. Le caractère moral de ce poète, si souvent critiqué, a été défendu avec beaucoup de sagacité par *Lessing*, dans sa

Défense d'Horace. (*Voyez* ses OEuvres mêlées, Vol. II.) Horace excellait dans la poésie lyrique ; les quatre livres de ses *odes* et un livre d'*épodes* qui nous restent de lui, seront à jamais le plus excellent modèle en ce genre. Dans ses *satyres* et *épîtres poétiques*, il règne un ton noble et sérieux, assaisonné de la plaisanterie la plus délicate et de l'ironie la plus fine; l'épître adressée aux Pisons, sur l'*art poétique*, en est la plus détaillée et la plus instructive. Les éditions les plus distinguées de ce poète sont celles de *Turnebus*, Paris 1605.; de *Lambin*, Orléans 1605. in-8°.; de *Crucqius*, Anvers 1578. in-4°.; de *Torrentius*, Anvers 1608. in-4°.; de *Henri Étienne*, 1555; de *Dan. Heinsius*, Leide 1577.; de *Bentley* (surtout pour la partie critique), deuxième édition, Amsterd. 1713. et Leips. 1774.; de *Cuningham*, Londres 1721 ; de *Jo. Matth. Gesner*, d'après celle de *Bentley* et avec les notes de *Baxter*, Leips. 1772. in-8°.; réimprimée avec les notes de *Zeune*, Leips. 1788. — Parmi les éditions les plus récentes, il faut citer celle de *Jo. Valart*, Paris 1770.

in-8º., revue d'après soixante-seize manuscrits; celle de *Chr. Dav. Jani*, Lips. 1778, qui n'a été achevée qu'à moitié, mais refondue en entier dans la nouvelle édition que vient de donner M. *Mitscherlich*, à Göttingue 1800. en 4 Vol. — Parmi les éditions de luxe, sans parler de celle de *Pine*, entièrement gravée, la première et sans contredit de toutes et un chef-d'œuvre de typographie, est sortie des presses du Cit. *Didot*, l'an VIII. Quant aux traductions nombreuses d'Horace en toutes les langues, nous citerons, en *allemand*; celle de *J. F. Schmidt*, Gotha 1779. seqq. 4 Vol. in-8º. (des Odes); par *Ramler*, Berlin 1800. 2 Vol. in-8º.; par *Wieland* (en vers iambiques, contenant les satyres et les épîtres, avec des excellens et instructifs commentaires), Leipsic 1786; par *Harmsen*, Dessau 1782; par *Voss*, (qui va bientôt paraître.) — En *italien*, celle de *Giov. de Fighine*, 1669; de *Pallavicino*, 1736; de *della Riva*, 1746; de *Borgianelli*, 1746; de *Mattei*, 1777. — En *anglais*, celles de *Rider, Hawkins, Smiths, Holyday, Fanshaw, Broome, Creech* et *Francis*. — En *français*, celles de *Mondot*, 1579; de *Brueys*, 1697; de *Chabanon*, 1777; de *Dacier* (cinquième édition), Hamb. 1733; de *Sanadon*, Amst. 1756; de *Batteux*, 1766; et la nouvelle d'Horace en entier, du Cit. *Daru*, an IX, in-8°. (*Voyez* sur Horace : sa vie, par *Masson*, 1708; les Vindiciæ Horatii et Vindiciæ Venusinae, *Klotz*, 1770; *Jani* de ingenio et moribus Horatii; *Neuhaus* Bibliotheca Horatiana, 1775; *Leyser* de artis poet. Horat. virtutibus ac vitiis; *Wageneck* Horatius cum Græcis collatus; Leçons de *Briegleb* sur Horace (en allemand), 1770; une dissertation de *Manso*, dans les additions au dictionnaire de *Sulzer*, Vol. IV. p. 409., et le commentaire de *Rob. Hurd* sur l'Art poétique, Londres 1747, traduit en allemand par M. *Eshenburg*, 1772.

XVI. *P. Ovidius Nason*, vivait de même au tems d'Auguste jusqu'à l'an seizième après J. C. Il était d'une famille de chevaliers romains; il a fait lui-même le récit des évènemens de sa vie dans la dixième élégie de son livre de ses *Tristes*. Le plus remarquable est celui de son exil à Tomi, sur la côte de Thrace, dont on n'a encore pu démêler la véritable cause. Comme poète, il se distingua principalement par la richesse de son imagination et par un génie brillant et fleuri; mais son stile dégénère quelquefois en vain luxe, qui nuit à l'expression véritable du sentiment. Il était poète dans un degré éminent, et sa versification était facile et agréable. Son poëme le plus considérable et le plus étendu, est celui des *Métamorphoses*. Il est divisé en quinze livres. Il faut y ajouter vingt-une *Héroïdes*, trois livres *sur l'art d'aimer*, trois livres *d'élégies*, un livre intitulé: *Remède contre l'amour;* six livres de *Fastes*, ou *description poétique des fêtes Romaines pour la première moitié de l'année;* cinq livres de *Plaintes* et d'*Élégies* (*Tristium*); quatre livres d'épîtres poétiques, écrites du royaume de Pont, et quelques pièces légères dont l'authenticité est douteuse. Parmi ses ouvrages que nous avons perdus, sa tragédie de *Médée* semble avoir été le plus considérable. L'édition principale d'Ovide est celle de *Burmann*, Amsterd. 1727. in-4°. 4 Vol.

Les meilleures éditions usuelles sont celles de *Nic. Heinsius* par *Fischer*, Leips. 1748. 2 Vol. in-8°.; et de *Mitscherlich*, Göttingue 1796-98. 2 Vol. in-8°. — Les *métamorphoses* ont été expliquées séparément par *Gierig*, Leipsic 1784-87. 2 Vol. in-8°. Nous avons une traduction excellente des plus belles de ses métamorphoses par M. *Voss*, Berlin 1798. 2 Vol. in-8°. D'autres traductions, en prose *allemande*, sont : celle de *Rode*, Berlin 1791. 2 Vol. in-8°.; *hollandaise*, par *Vondel*, 1674; *italienne*, par *Anguillara*, 1566, et à Venise 1755; *espagnole*, par *Mey*, 1586, et par *Virna*, 1589; *anglaise*, par *Clarke*, 1721 (à laquelle ont travaillé *Garth*, *Sewel*, *Pope*, *Gay* et *Phillips*); *française*, en prose et avec un utile commentaire, par *Batteux*, 1727; et avec des gravures, 1732, ainsi que d'Ovide en entier, par *Lefranc de Pompignan*, avec les gravures dessinées par *Queverdo*, l'an VI, et une nouvelle des métamorphoses par *Saint-Ange*, L. VIII. *Voyez* aussi : Métamorphoses d'Ovide gravées sur les dessins des meilleurs peintres français par les soins des Cit. *Lemire* et

Bason, 1767. in-4°., et Galerie poétique, T. I., 1773. Sur le caractère élégiaque d'Ovide, voyez le traité par *Manso*, dans les additions au Dictionnaire de *Sulzer*, Vol. III. p. 325.

XVII. *Cornélius Sévère*, écrivain du même âge, mais plutôt versificateur que poète; titre qu'il eût peut-être mérité, s'il avait vécu plus long-tems; car on trouve dans le poëme *sur l'Etna*, qui nous reste de lui encore en entier, plusieurs passages qui annoncent une imagination brûlante. Quelques philologues croient que le fragment *sur la mort de Cicéron*, que l'on continue à lui attribuer, formait une partie de son poëme *sur la guerre de Sicile*. Édition par *Leclerc*, sous le nom de *Gorallus*, Amsterd. 1715. in-8°.; en *latin* et *allemand*, par C. A. *Schmid*, Brunswic 1769. in-8°.; plus récemment, dans le troisième volume de la collection Poetar. Lat. Min. de *Wernsdorff*; mais où l'on conteste à *Sévère* le poëme de l'*Etna*, que l'on attribue à *Lucide* le jeune.

XVIII. *C. Pedo Albinovanus*, contemporain et ami d'Ovide, et poète élégiaque. On a encore de lui un poëme *consolatoire* adressé à Livie, sur la mort de Drusus Néron, que quelques-unes attribuent à Ovide (*voyez* Carmina et fragmenta familiæ Augusteæ a *Jac. Schwarz*, Coburg 1755. in-8°.), et un fragment *sur la navigation de Germanicus dans l'Océan septentrional*. Ses épigrammes ont été perdues, ainsi que son élégie *sur la mort de Mécène* (édition par *Joh. Hen. Meibom*, Leide 1653, et *Bremer*, Helmstadt 1775. in-4°.), celle-ci que d'autres lui attribuent, ne semble pas être digne de lui. Édition par *Gorallus*, c'est-à-dire par *Leclerc*, Amsterdam 1715. in-8°. On trouve aussi ses fragmens dans l'édition de Virgile de *Masswiz*, et dans quelques autres, des Catalectes de ce poète.

XIX. *Gratius Faliscus*, poète romain du premier siècle, dont aucun autre écrivain ancien ne fait mention, si ce n'est Ovide, dans sa dernière lettre écrite du royaume de Pont. On a encore de lui un

Cynégéticon, ou *poëme didactique sur la chasse*, qui a été découvert en France par *Sannazar*, et imprimé pour la première fois chez *Aldus*, Venise 1524. in-8°., et plusieurs fois depuis, entr'autres avec *Némésien* (Leide 1728. in 4°. cum not. var. et *Kœmpferi*, à Mittau 1775. gr. in-8°.), et dans la collection de *Wernsdorff*. — *Voyez* aussi : *Pœtœ Latini rei venaticœ scriptores*, et *Bucolici antiqui*, par *Haverkamp*, Lugd. 1728. in-4°. Traduction *anglaise*, par *Wase*, Bat. 1654.

XX. *Publius Syrus*, esclave romain, qui fut affranchi à cause de ses talens distingués. Il vivait au tems d'Auguste, et était né en Syrie. Ses *Mimes*, ou *drames pantomimes*, du genre que Cicéron nomme *éthologique* ou *moral*, étaient très-estimées chez les Romains; nous n'en avons encore que quelques passages ou sentences, recommandables par leur mérite moral. Édition par *Gruter*, soignée par *Haverkamp* et *Preyger*, Leide 1768. in-8°. Elles sont aussi jointes à plusieurs éditions de Phèdre ; par exemple, à celle de Berlin, 1753.

in-8°.; et séparément, par *Ranisch*, Altenb. 1756. in-8°.

XXI. *Marcus Manilius*, né à Rome. On le place, avec assez de fondement, vers le même tems. Nous savons peu de chose des circonstances de sa vie. Le poëme qui nous reste de lui porte le titre d'*Astronomicon*, et consiste en cinq livres, mais dont le cinquième, non achevé, n'est probablement pas le dernier. Ce poëme est plus utile pour l'histoire de l'astronomie qu'il n'est remarquable par son mérite poétique, si l'on en excepte quelques passages, les descriptions et les exordes de quelques-uns des livres. Son obscurité dérive sans doute de la corruption des manuscrits que nous en avons. Éditions, de *Scaliger*, Paris 1579; de *Bœcler*, avec les notes de *Th. Reinesius* et d'*Ismaël Bullialdus*, Strasb. 1655. in-4°.; de *Rich. Bentley*, Lond. 1739. in-4°.; de *Stolberg*, Strasb. 1767. in-8°.; de *Fargus*, Paris 1689. in-4°.; de *Al. G. Pingré*, avec les *Arétées* de Cicéron et une traduction *française*, Paris 1786. 2 Vol. in-12.; avec des notes de *Scaliger*, de

Bæcler et d'autres savans, par *El. Stober*, Strasb. 1767. in-8°.; et par *E. D. N. Burton*, Lond. 1783. gr. in-8°.

XXII. *César Germanicus*, petit-fils d'Auguste, et fils de Drusus et de Livie, adopté par Tibère, mais empoisonné dans la suite à Antioche par ordre de cet empereur. Ses qualités physiques et morales sont très-vantées par les historiens. Comme poëte, il est connu par sa traduction en vers des *Phénomènes d'Aratus*, et par plusieurs fragmens, surtout d'un poëme nommé *Diosémeïes*, ou les *Auspices*. On a aussi de lui quelques épigrammes dans les Catalectes de Virgile. Édition, par *F. C. Schwarz*, Coburg 1715. in-8°.

XXIII. *Phèdre*, originaire de Thrace, et affranchi d'Auguste, célèbre par ses cinq livres de fables dans le goût d'Ésope, en vers iambiques, écrites avec toute la simplicité naïve dont la fable est susceptible. Nonobstant le peu de connaissance que nous avons de lui, et le silence de tous les anciens écrivains à son égard, on ne saurait pourtant point douter qu'il n'ait existé, comme l'a fait M. Christ (Leipsic 1747. in-8°.), qui prétendait que ses fables étaient une production moderne de *Perottus* au quinzième siècle. Éditions, par *Daw. Hoogstraaten*, Amsterd. 1701. in-4°.; par *Bentley*, Cambridge 1726. in-4°.; par *Brotier*, Paris 1782. in-12.; par *P. Burmann*, à la Haye, 1718, et à Leide 1727. in-4°. D'après cette édition a été faite celle à Miétau, 1723. in-8°. La plus usuelle est celle par *F. G. Schwabe*, Halle 1779-81. 3 Vol. gr. in-8° On a en *allemand* une bonne imitation en vers de ses fables, par *Schlotterbeck*, Studtgard 1790. in-8°. Traduction *française* dans l'édition de *Tanaquil Faber* Saumur 1664; par *Berost*, 1702; par *P. Fabre*, 1728; par *Bourgeois*, 1757; par l'abbé *Maupas*, 1758. — *hollandaise*, par *Hoogstraaten*, 1704. — *anglaise*, par *Ditche*, 1715.

XXIV. *Aulus Persius Flaccus*, de Volaterra en Étrurie, sur le milieu du premier siècle de J. C. Nous n'avons de lui que six satyres; et Quintilien même ne fait mention que d'un seul livre, mais qui lui a acquis beaucoup de renommée. Ces satyres contiennent une critique sévère et énergique de la corruption des mœurs de cette époque. A cause des fréquentes allusions qu'il fait aux évènemens de son tems, plusieurs passages nous offrent beaucoup d'obscurité, d'autant plus que son stile est très-serré et un peu embarrassé. On trouve ces satyres dans la plupart des éditions de *Juvénal;* et séparément, dans l'édition qu'en a faite *Casaubon,* avec un commentaire très-érudit, Leide 1695; par *Bond,* Paris 1644. in-8°.; par *Lubinus,* Amsterd. 1595. in-8°., et Paris 1701. in-4°. — Commentaire de Perse par *Dav. Wedderbunius,* Amsterd. 1664. Avec la traduction *française* par *Sinner,* Berne 1765. in-8°. La meilleure édition nouvelle est celle de M. *Fülleborn,* avec une traduction, une introduction et des notes abondantes, Züllichau 1795. in-8°. Traductions, *italienne,* par *Stelluti da Fabruario,* Roma in-4°.; par *Sylvestri de Rovigo,* Padova 1711; *française,* par *Tarteron,* Paris 1752. in-8°.; par l'abbé *Monnier,* Paris 1771; par *Guibert,*

Amsterd. 1771. in-8°.; par *Selis*, 1776. in-8°.; et en vers par *Dubois Lamolignière*, l'an X.

XXV. *Lucius Annœus Sénèque*, dans la première moitié du premier siècle. Il jouit d'une plus grande renommée parmi les philosophes que parmi les poètes. D'après le témoignage de Quintilien et de Tacite, on ne saurait douter qu'il n'ait été l'un et l'autre, quoique beaucoup de savans s'accordent à admettre deux Sénèques, dont le père a été poète tragique, et le fils, dont nous parlons, philosophe. Il était né à Cordoue en Espagne; mais il vint à Rome dès sa première jeunesse. Après plusieurs aventures, il parvint à être précepteur de l'empereur Néron, qui fut assez cruel pour le condamner à perdre la vie, en lui laissant toutefois le choix du genre de mort. Sénèque se fit ouvrir les veines. Quant aux dix tragédies qui nous restent sous son nom, il est vraisemblable que plusieurs appartiennent à d'autres, leur stile étant très-différent, et la dernière, intitulée *Octavie*, ne pouvant être de lui, attendu que Sénèque n'a pas vécu jusqu'à sa mort. En général, ses drames s'éloignent beaucoup de la simplicité noble des Grecs, et sont pour la plupart très-vicieux dans leur plan et dans leur exécution, quoiqu'ils offrent cependant plusieurs détails intéressans. Éditions par *Joh. Casp. Schroder*, Delft. 1728. 2 Vol. in-4°.; par *Gronovius*, Amsterd. 1682 et 1766.—Traductions, *allemande*, par *Rose*, dans le *Théâtre tragique des Romains*, Anspach 1777-81. 3 Vol. in-8°.; *italienne*, par *Dola*, 1560; *anglaise*, par *Sherburne*, 1708; *française*, par *Brumoi* et *Binasses*, 1647; par *Marolles*, 1652. (*Voyez* sur le caractère de *M.* et de *L. A. Sénèque*, considéré comme poète, un traité de M. *Jacob*, dans les additions du Dictionnaire de *Sulzer*, Vol. IV. p. 332.

XXVI. *M. Annœus Lucain*, poète du premier siècle après J. C., né l'an 38, et mort l'an 65 de J. C. Il était petit-fils de Sénèque l'ancien, et natif de Cordoue. L'empereur Néron devint jaloux de ses poésies; et Lucain, étant entré dans une conspiration contre lui, fut condamné à mort. Son poëme épique intitulé : *la Pharsale*, dont le sujet est la guerre civile qui, après la bataille de Pharsale, eut lieu entre César et Pompée, mérite plutôt le nom de *poëme historique* que de *poëme épique*. Trop fidèle à la marche des évènemens, il manque souvent de variété et de richesse d'invention; mais ce défaut est compensé par d'excellens tableaux des descriptions et des discours superbes qu'il met dans la bouche de ses acteurs. Éditions par *Hugo Grotius*, 1614. in-8º.; par *Corte*, Leipsic 1726. in-8º.; par *Oudendorp*, Leide 1726. in-4º.; par *Burmann*, 1740. in-4º.; par *Corte*, Leipsic 1726. in-8º., d'après le texte de *Burmann*, à Deuxponts 1783. in-8º. Traductions : *italienne*, par *Morigi*, 1577, qui en même tems a continué la *Pharsale* jusqu'à la mort de César; *espagnole*, par *Xauregui*, 1684; *française*, par *Brébœuf*, 1683; par *Marmontel*, 1766; par *Masson*, 1766; par *Laures*, 1773; par *Laharpe*, 1759; *allemande*, par M. de *Seckendorf*, 1695; par de *Bork*, 1749. (*Voyez* sur *Lucain* : Mélanges littéraires de *Laharpe*, 1759; *Pal-*

merii Epicherema pro Lucano contra Virgilium, 1704 ; Dissertationes Lucani Pharsalia, par *Meusel*, Halle 1777.

XXVII. *C. Valérius Flaccus*, vraisemblablement de Padoue, vivait sous le règne de Vespasien et de Domitien. Il choisit, d'après le modèle d'Apollonius de Rhodes, *le Voyage des Argonautes* pour sujet d'un poëme épique, dont il nous reste encore huit livres, mais dont la fin manque au dernier. Il était vraisemblablement composé de plusieurs autres. Ce poëme ne laisse pas d'offrir quelques beaux détails; mais le ton de la narration, en général, n'est pas assez animé, ni assez soutenu ; le stile manque quelquefois de clarté, et les descriptions, quoique pittoresques, offrent peu de liaison avec le reste. Édition par *Burmann*, Leide 1724. in-4°. La plus récente, avec des nouvelles notes, est celle de *Harles*, Altenburg 1781. gr. in-8°., et à Deuxponts, 1786. Traduction *italienne*, par *M. Ant. Pindemonte*, Verona 1776. in-8°.

XXVIII. *C. Silius Italicus*, poète du

premier siècle. On est en doute sur le lieu de sa naissance, quoiqu'on indique la ville d'Italica en Espagne. Dans l'éloquence, il affectait d'imiter *Cicéron*, et *Virgile* dans la poésie. Il s'en faut cependant de beaucoup qu'il égale ce dernier dans son poëme épique *sur la seconde guerre punique*, qui est en dix-sept livres, et qui, comme la Pharsale de Lucain, semble plus être l'ouvrage de la réflexion que d'une verve facile et originale; mais, par là même, il devient instructif, et peut servir aux historiens, pour en tirer ou pour constater plusieurs circonstances de cette histoire. Éditions : par *Cellarius*, Leipsic 1694. in-8°.; par *Dausqueius*, Paris 1618. in-4°.; par *Drackenborg*, Utrecht 1717. in-4°. D'après celle-ci, le texte a été réimprimé par *Schmid*, Miétau 1775. in-8°., et à Deuxponts 1784. in-8°. — Il a paru, avec un commentaire de *J. G. Ernesti*, à Leipsic 1791-92. 2 Vol. in-8°. meilleure édition, par *Ruperti*, Vol. I., Göttingue 1795. in-8°.; par *J. B. Fébure de Villebrune*, Paris 1781. in-12., de qui on a aussi une traduction *française* de cet auteur en 3 Vol. in-12., avec le texte.

XXIX. *P. Papinius Stace*, de Naples, dans la seconde moitié du premier siècle. Il était favori de Domitien. Le plus étendu de ses écrits est son poëme épique intitulé : *la Thébaïde*, en douze livres, dont le contenu est la prise de Thèbes par Thésée. On y desirerait cependant une plus grande richesse d'invention, et plus de naturel et d'harmonie. Sa diction manque quelquefois de vérité et de mérite classique. Un autre poëme du même auteur est l'*Achilléide*, qui devait célébrer les exploits d'Achille avant la guerre de Troye, mais qui n'a pas été achevé. Outre ces poëmes, il nous reste encore de lui cinq livres, intitulés : *Silvæ*, (ou *Mélanges*), d'un mérite très-inégal. Éditions, par *Barth*, 1664. 3 Vol. in-4°.; par *Bernart*, Anvers 1595. in-8°., et le commentaire de ce savant, *ibid.* 1599; par *Gryphius*, 1559, par *Markland*; Lond. 1778. in-4°.; par *Veenhusen*, Leide 1671. gr. in-8°.: et les *Silves*, par *Markland*, Lond. 1728. in-4°. Les œuvres complètes de Stace, Deuxponts 1785. in-8°. On attend une nouvelle édition de cet auteur par M. le professeur *Mitscherlich*, à Göttingue. —

Traductions : *italienne* (excellente), par le cardinal *Bentivoglio*, Rome 1729. in-fol.; *anglaise*, par *Lewis*, Londres 1767.; *française*, de la *Thébaïde*, de l'*Achilléide* et des *Silves*, par l'abbé *Corminiole*, Paris 1801.

XXX. *M. Valérius Martial*, de Bilboa en Celtibérie, poète du même tems. Il écrivit ses épigrammes sous Titus et Domitien. Elles ont été distribuées par lui-même en quatorze livres, auxquels il faut joindre encore un autre sur les spectacles, qui fait le commencement de ses œuvres, et qui est peut-être l'ouvrage de plusieurs auteurs. La plupart de ses épigrammes sont pleines de sel et de vivacité; leur nombre et l'esprit qui règne dans la plupart, donnent une haute idée de ce poète. Éditions, par *Jos. Lange*, Paris 1716. in-fol.; par *Farnabius*, Leide 1744. in-12.; avec un commentaire très-ample et très-savant, par *Rader*, Mayence 1677. in-fol.; par *Scriver*, Leide 1619. in-12., et Amsterd. 1650. in-12.; par *Schrevel*, Leide 1670. gr. in-8°.; par *El. Schmid*, Amsterd. 1701. gr. in-8°., et à Deuxponts

1784. in-8°. M. *Ramler* a donné des extraits de ce poète en *latin* et en *allemand*, traduits par lui-même et quelques autres de nos poètes, Leipsic 1788. seqq. 5 Vol. in-8°. Traduction *grecque*, par *Scaliger*. (*Voyez :* Florilegium Martialis ed. *Casaubon*, 1607.); *espagnole*, par *Sahnes*.

XXXI. *Décimus Julius Juvénal*, d'Aquino, vivait l'an de J. C. 38-119. Il cultiva d'abord l'éloquence, et ensuite il s'adonna à la poésie. Ce ne fut que sous l'empereur Adrien, et un an avant sa mort, qu'il publia ses Satyres. Nous en avons encore seize, qu'on divise quelquefois, quoique très-arbitrairement, en cinq livres; il y gourmande, avec une chaleur et une énergie noble, les vices et les folies de son tems; il les peint avec une franchise qui quelquefois est poussée à l'excès. Son stile a moins d'élégance que celui d'Horace; mais il n'a pas l'obscurité et la pesanteur qui règnent dans celui de Perse, dont on joint ordinairement les satyres à celles de Juvénal. Parmi les éditions de ce poète, celle de *Th. Marschal* est, à cause d'un commentaire suivi, une des plus utiles. Outre celle-ci, on peut recommander celles qui ont paru à Leide, 1695. gr. in-8°., par *Hennin*, c. not. var. Utrecht 1685. in-4°.; par *Schrevel*, Leide 1648. in-8°. L'édition faite à Paris, 1603. in-4°., et à Berlin 1749. in-8°. On attend une nouvelle édition de M. *Schwabe*. — Traductions: *allemande,* par *C. F. Bardth,* Dessau 1781. in-8°., et par *Abel*, Lemgo 1786. in-8°. *Italienne*, par *Sylvestri* (*voyez* l'art XXIV.) *Espagnole*, avec un commentaire par *Diego Lopez*, 1642. *Anglaise,* par *Holyday,* 1673; par *Shéridan*, 1739; par *Dryden,* 1697. *Française,* par *Tarteron,* par *Dussaulx,* 1770. in-8°.; et avec le texte *latin,* 1782. 2 Vol. in-8°.

XXXII. *Flavien Avius,* vivait vraisemblablement sous le règne des Antonins, au second siècle. Nous avons de lui quarante-deux fables en mètre élégiaque, mais dont le texte est très-altéré. Pour la facilité du stile, elles sont beaucoup au dessous de celles de Phèdre. Éditions : par *Kannegieter*, Amsterd. 1731. in-8°. La plus récente, avec beaucoup de soin et de critique, par *Nodell*, Amsterd. 1787. in-8°.; et dans les Fabulæ variorum Autorum opera *Isoaci Nic. Neveleti*, Francf. 1660. in-8°.

XXXIII. *Denis Caton*, écrivain, dont les circonstances de la vie sont peu connues, mais qui est probablement du même âge. Il a fait des sentences morales en distiques ; leur plus grand prix consiste dans leur contenu moral et instructif. Édition, par *Arnzen*, Utrecht 1735. in-8°., et Amsterd. 1754. in-8°. Sans commentaire, Misnie 1790. in-12.

XXXIV. *M. Aurèle Olympius Némésien*, poète du troisième siècle, natif de Carthage, était, en poésie, l'émule de l'empereur Numérien. Nous avons de lui un poëme sur la chasse, *Cynégéticon*, et quatre compositions pastorales, qui se distinguent avantageusement parmi celles de cet âge, soit par la diction, soit par la composition. Édition, conjointement avec le Cynégéticon, par *Gratius Falliscus*, Miétau 1775. gr. in-8°.; et ses églogues, avec celles du poète suivant, *ibid.* 1774. gr. in-8°. — Traduction *italienne*, par *Tom. Gius. Farsitti*, Venezia 1761. in-8°.

XXXV. *Titus Jule Calpurnius*, contemporain de Némésien, natif de Sicile. On a aussi de ce poète des *églogues* ou *idylles*, qui ne sont pas sans mérite dans leur genre, et qui se rapprochent de celles de Virgile. Il les a dédiées à Némésien. D'après l'opinion de quelques savans, les idylles qu'on attribue à celui-ci sont de *Calpurnius*. On les trouve dans la plupart des éditions de Némésien ; par exemple, dans celle de Miétau 1774. gr. in-8°., et dans la Collection des moindres poètes latins, par *Wernsdorf*.

XXXVI. *Magnus Ausone*, natif de Burdégala (Bordeaux), grammairien, rhéteur et poète du quatrième siècle, et précepteur de l'empereur Gratien, sous lequel il vivait. Il devint, par la suite, consul à Rome. Les petits poëmes qui nous restent de lui, appartiennent, pour la plupart, au genre épigrammatique. Plusieurs sont des épitaphes et des vers mémoratifs, et ses vingt idylles sont plutôt de petits poëmes que des idylles proprement dites. Éditions, par *Tollius*, Amsterd. 1671. in-8°.; par *Floridus* (*Fleury*), Paris 1730. in-8°., et à Deuxponts 1785. in-8°.

XXXVII. *Claude Claudien*, d'Égypte, poète grec et romain du quatrième et cinquième siècle, et en même tems habile guerrier. Les poëmes latins qui nous restent de lui, sont en partie des poëmes de circonstance, et en partie des poëmes épiques, parmi lesquels la *Gigantomachie* et *le Rapt de Proserpine*, en trois livres, sont les plus considérables. Il ne nous reste que le premier livre de celui intitulé : *De la guerre de Gildon*, qui en contenait deux. Il a fait aussi deux poëmes satyriques contre *Rufin* et *Eutrope*, rivaux de Stilicon. Parmi les épigrammes et les autres poëmes de moindre étendue, on en trouve quelques-uns qui ne sont point sans mérite. Mais en général, ses pensées, ses images et ses expressions portent déja l'empreinte de ce goût factice et peu naturel de son siècle, quoiqu'il s'y trouve çà et là des étincelles de génie, et de la verve poétique. Éditions : par *Nic. Heinsius*, Amsterd. 1665. in-8°.; par *Gesner*, Leipsic 1759. gr. in-8°.

XXXVIII. *Aurèle Prudence*, surnommé *Clément*, natif d'Espagne, poète chrétien du quatrième siècle, dont les hymnes sacrés se distinguent par une bonne expression poétique, et encore plus par des idées religieuses et pleines d'onction. Éditions: par *N. Heinsius*, Amsterd. 1767. in-12.; par *Cellarius*, Halle 1703. in-8°.

XXXIX. *Cœlius Sédulius*, au cinquième siècle. On croit qu'il était né en Écosse, ou plutôt en Irlande, qui alors était appelée de ce nom. Il était doyen de son église. Ses poésies ont plus de mérite relativement à la religion et à la morale, qu'à la poésie. Éditions, par *Cellarius*, Halle 1704. in-8°.; par *Gruner*, Leipsic 1747. in-8°.; par *Arévalo*, Rome 1794. in-4°.

XL. *Claude Rutilius Numatianus*, poète du cinquième siècle, natif des Gaules, et préfet à Rome. Il alla finir sa vie dans sa patrie, il a décrit un de ses voyages sur mer dans un poëme, dont une partie nous a été conservée, et qui n'est pas sans beautés poétiques. Éditions : par *Gœtz*, Altdorf. 1741. in - 8°.; par *Damm*, Berlin 1762. in-8°.; par *Kappe*, Erlangen 1786. in-8°. La meilleure édition de cet auteur se trouve dans le cinquième volume de la collection précitée des poètes de *Wernsdorff*.

2.) *Orateurs et Epistolographes.*

L'*éloquence* était l'étude favorite des Romains, et sa culture formait une partie essentielle de leur éducation, lorsque, dans les tems postérieurs de la république, ils se furent convaincus de son influence et de son utilité, et qu'en général ils commencèrent à faire plus d'accueil aux sciences et à les encourager. D'abord, les rhéteurs ou les professeurs d'éloquence étaient presque tous Grecs. Il est vrai, qu'avant que, par le progrès des lumières à Rome, cet art eût pris faveur, on y avait tant de préjugés contre l'éloquence, que vers l'an 593 après la fondation de Rome, on exila tous ceux qui l'enseignaient par un décret du Sénat, qui fut renouvelé l'an 663, et dont une des raisons était sans doute l'abus que les sophistes en faisaient.

Par la suite, la *rhétorique* devint l'occupation des affranchis, parmi lesquels on nomme surtout *L. Plotius*, *Gallus* et *L. Otacilius Pilirus*. On commença cependant à s'apercevoir de plus en plus de son utilité, et c'est surtout par l'usage que le desir de l'apprendre naquit et se répandit dans Rome. A la théorie, on joignait des exercices qu'on nommait *déclamations*, auxquelles on appliquait de très-bonne heure la jeunesse, que l'on préparait par-là à parler en public. L'instruction des jeunes orateurs était facilitée, d'ailleurs, par la fréquentation des plus célèbres orateurs grecs à Athènes, ou au moins par la lecture assidue de leurs harangues. Au surplus, l'éloquence judiciaire fut presque chez les Romains le genre dominant. Nous ne connaissons la plupart des orateurs romains que de nom, et par l'éloge qu'en font Cicéron, Quintilien,

Quintilien, et autres écrivains. Il faut compter, parmi eux, *Cotta*, *Sulpicius*, *Hortensius*, *Brutus* et *Messala*. Le petit nombre des ouvrages qui nous restent dans ce genre, sont des auteurs suivans :

I. *Marcus Tullius Cicéron*, le premier des orateurs romains qui se forma à l'école des Grecs, et qui, comme orateur, réunissait en lui la force de Démosthène, la plénitude de Platon, et la douceur d'Isocrate. Il naquit l'an 648 de Rome, et mourut l'an 711, ou quarante-trois ans avant J. C. Sa vie a été écrite, avec beaucoup de détails, et avec tout le talent du littérateur et de l'homme d'état, par l'anglais *Middleton*; et plus en abrégé, par *Gesner*, dans l'avant-propos qui précède sa Chrestomathie Cicéronienne, ainsi que par M. *Meierotto*, à Berlin. Nous ne ferons mention ici que de quelques circonstances principales de sa vie. Cicéron était né à *Arpinum*; le poète *Archias* fut son premier instituteur dans l'art oratoire; puis il suivit les leçons d'*Apollonius Molon* de Rhodes : il alla ensuite à Athènes. Après son retour à Rome, il devint d'abord questeur en Sicile, et enfin consul. Dans cette dignité, il s'acquit beaucoup de gloire en déjouant la conjuration de Catilina. Proscrit par la cabale du tribun P. Clodius, il fut exilé, et alla volontairement en Grèce ; mais bientôt rappelé de la manière la plus honorable, il fut revêtu de la dignité de proconsul et du gouvernement de Cilicie, où il donna l'exemple d'un rare désintéressement. Dans la guerre civile entre César et Pompée, il fut du parti de ce dernier. Après la bataille de Pharsale, il se réconcilia avec César ; mais proscrit de nouveau par M. Antoine, il succomba enfin, et fut assassiné par le centurion Popilius. Dans cet article, nous ne le considérerons que comme orateur et sous le rapport de l'éloquence, qui en effet était le premier de ses mérites. Il nous reste encore de lui cinquante-neuf *oraisons*, en grande partie du genre judiciaire, soit pour accuser, soit pour défendre ; ce sont autant de chef-d'œuvres, et elles offrent les plus beaux modèles de stile et d'éloquence romaine. La meilleure édition de ces oraisons, avec des commentaires, est celle de *Grœvius*, Amsterd. 1692, en 6

Vol. gr. in-8°. Parmi les éditions complètes de Cicéron, il faut placer au premier rang celle de *J. A. Ernesti*, Halle 1773, en 7 Vol. gr. in-8°., avec l'Index le plus détaillé et le plus riche, et qui surtout est de la plus grande utilité pour la partie grammaticale et philologique. L'impression de cet auteur qui a paru à Deuxponts 1780. seqq. en 13 Vol., est élégante, et n'est point sans mérite quant à la critique. M. le professeur *Beck* en a commencé à Leipsic, 1799-1800, une nouvelle édition usuelle. Parmi les éditions qui contiennent un choix d'oraisons de cet auteur, la meilleure est celle d'*Otto*, à Magdebourg, 1777. 2 Vol. in-8°. Traductions : *allemande*, par *Schmidt*, Würtzburg 1788-94. 6 Vol. in-8°.; *française* des Catilinaires de Cicéron, par l'abbé *Olivet* (troisième édition), Paris 1744. in-8°.

II. *C. Pline le jeune*, vécut de la deuxième moitié du premier siècle jusqu'aux premières années du second; il était, pour l'éloquence, disciple de Quintilien. Comme avocat, il fut très-goûté à Rome, et s'y acquit beaucoup de gloire. Sous le règne de Domitien, il devint préteur, et obtint enfin le consulat sous Nerva et Trajan. Son *Panégyrique de Trajan* est un remercîment de cette dignité. C'est le seul monument qui nous reste de son éloquence, sur laquelle il nous a laissé son propre jugement dans une de ses Lettres (Livre III. Lettre 13.) Malgré le grand nombre des beautés de ce panégyrique, on ne saurait cependant disconvenir que son auteur n'y ait trop prodigué la louange et les ornemens oratoires. Il se trouve réuni, dans les éditions principales, aux Lettres de cet auteur. M. *Schwarz* en a donné une édition séparée, avec un commentaire très-érudit et très-utile, Nuremberg 1746. in-4°., après laquelle est soigné le texte de celle de *Gesner*, Göttingue 1749. in-8°. Traduction *allemande*, par *Scheffer*, Onolzbach 1784. in-8°.

III. *Marcus Fabius Quintilien*, contemporain de Pline le jeune, Espagnol de naissance, et originaire de Calahorra. Il vint dès sa tendre jeunesse à Rome; il y donna des leçons dans l'art oratoire avec le plus grand succès, et forma des élèves parmi les Romains les plus distingués, autant par l'exemple que par les préceptes. Dans la suite, il parvint sous Domitien au consulat. On lui attribue ordinairement une collection de dix-neuf discours d'exercice, ou *déclamations*, et cent quarante-cinq autres de moindre étendue, quoiqu'il soit probable qu'elles ne sont pas toutes de lui, leur mérite et leur stile étant très-inégal, et en grande partie indigne d'un si grand maître. L'édition principale de ses œuvres est celle par *Burmann*, Amsterd. 1720. in-4°. Nous parlerons, dans un paragraphe ci-après, de son excellente *Institution oratoire*.

En outre, il nous reste, d'une époque postérieure de la littérature romaine, quelques discours de plusieurs Panégyriques, mais qui ne sont précieux que comme monumens littéraires, et non comme modèles de la véritable éloquence; le bon goût, la pureté de la diction et la noblesse de la composition oratoire étant déja sensiblement déchus et corrompus à cette époque. Les auteurs de ces panégyriques sont :

Claude Mamertinus, *Euménius*, *Nazarius* et *Latinus Pacatus Drepanius*. Ces discours ont été recueillis et publiés par plusieurs savans ; l'édition la meilleure et la plus complète est celle de *Schwarz*, terminée et publiée par *Jœger*, Nuremberg 1778-79. 2 Vol. gr. in-8°.

Nous avons en grand nombre des lettres latines qui offrent des modèles dans leur genre, et qui sont des auteurs suivans :

I. *M. T. Cicéron.* La collection de ses lettres consiste : 1.) en seize livres de lettres adressées à plusieurs de ses parens et amis (*ad Diversos*). On y trouve réciproquement les lettres et les réponses de ceux à qui il écrivait. Le huitième livre ne contient que des lettres de *Marcus Cœlius* à Cicéron. Edition par *Grævius*, avec des commentaires, Amsterd. 1684. 2 Vol. gr. in-8°., et à Bâle 1781. 2 Vol. in-8°. — 2.) en seize livres de ses lettres à *Atticus*, pleines d'anecdotes intéressantes et de détails instructifs, relativement à l'histoire Romaine de son tems,

Édition par *Grævius*, Amsterd. 1684. 2 Vol. in-8°., et Bâle 1781. 2 Vol. in-8°. — 3.) en trois livres de lettres à son frère *Quintus*, où il lui donne des conseils et des règles pour se conduire dans le gouvernement qui lui avait été confié. Elles ont été souvent imprimées avec celles à Atticus. — 4.) en un livre de lettres à *Brutus*, qui ne contient que dix-huit lettres, et sept douteuses, postérieurement découvertes. Ces dernières collections ont été imprimées séparément, et avec les notes de plusieurs savans, à la Haye 1725. gr. in-8°., d'après le modèle des éditions de *Grævius*. On trouve aussi ces lettres réunies dans les œuvres complètes de Cicéron. Il a paru un choix des lettres les plus courtes et les plus faciles de Cicéron, à l'usage de la jeunesse, par *Harles*, Cobourg 1779. 8. in-8°.; un autre choix de ces lettres, placées d'après leur chronologie, avec des notes utiles, par M. *Stroth*, Berlin 1784. Cet ouvrage est intéressant pour faire connaître l'histoire de cet âge. Il faut y ajouter l'édition par *Wetzel*, à Leipsic 1793. in-8°.; et une autre, estimable par son travail critique, par *Be-*

nedict, Leipsic 1793. 2 Vol. in-8°. Traductions: *française* des Lettres de Cicéron à Atticus et à Brutus, par *Mongault* (édition nouvelle 1775); et de ses lettres *ad Familiares*, par *Prévost* (qui a aussi traduit la Vie de Cicéron par *Middleton*, en y apportant des changemens considérables) nouvelle édition, revue par *Goujon* (*de la Somme*), an IX.

II. *C. Pline le jeune*, le même que nous avons mis ci-dessus parmi les orateurs, est auteur de la plus grande partie des lettres sous son nom, recueillies en dix livres. Plusieurs de ces lettres semblent n'avoir pas été écrites dans l'occasion qui en fait le sujet, mais dans le seul dessin de les publier. Elles sont adressées aux amis de l'auteur. Quoiqu'elles ne présentent pas, à la vérité, tout le naturel, et toute la simplicité du stile qui distinguent celles de Cicéron, elles ne laissent pas d'avoir toujours beaucoup de mérite, relativement à leur contenu, et à leur composition. Un des livres les plus intéressans de cette collection, est le dixième, dans lequel on trouve des lettres de l'empereur Trajan écrites à l'Ruteur. Éditions par *Corte* et *Longolius*, Amsterd. 1734. in-4°.; par *Gesner* et *Ernesti*, Leipsic 1770. gr. in-8°., ainsi qu'à Deuxponts 1789. in-8°. Il en vient de paraître une nouvelle par *Gierig*, Vol. I. Leipsic. 1800.

III. *Lucius Annæus Sénèque.* Nous avons parlé de sa vie à l'occasion des poètes romains (XXV). Comme épistolographe, il faut citer de lui cent vingt-quatre lettres à *Lucile*, gouverneur de Sicile, et en même tems écrivain très-estimé. Leur contenu est très-instructif, et concerne, en grande partie, la philosophie-pratique, surtout celle des Stoïciens. On peut surtout recommander la lettre quatre-vingt-huitième aux jeunes étudians. Le stile de ces lettres n'est pas leur principal mérite; elles abondent en expressions néologiques et recherchées, en pensées décousues antithétiques et sentencieuses, mais parmi lesquelles on en trouve cependant de très-spirituelles. Elles paraissent aussi avoir été écrites, au moins en grande partie, dans le dessein d'être publiées. Éditions, celle de

Venise, 1643. 3 Vol. in-8°.; celle par *Gronovius*, Amsterd. 1672-1673-1773. 3 Vol. gr. in-8°., avec les autres œuvres de cet auteur et ceux de son père M. Sénèque; celles qui ont paru à Leipsic, 1770, en 2 Vol. gr. in-8°., et à Deuxponts 1782. 4 Vol. in-8°., ont pris pour base la précédente. Une autre plus récente encore, et la meilleure, est celle de *Ruhkopf*, Leipsic 1797-1800., jusqu'à présent 2 Vol. in-8°.

IV. *O. Aurélius Symmachus*, écrivain de la fin du quatrième siècle, Romain de naissance, dans la suite proconsul d'Afrique, et enfin préfet de Rome. Ses lettres posthumes ont été recueillies par son fils, en dix livres. On y voit un imitateur assez heureux de Pline le jeune, mais non sans quelques traces de mauvais goût qui commençait alors à régner. La lettre soixante-unième en est la plus grande preuve. Éditions, par *Parœus*, Neustadt an der Hart, 1607. in-8°., et Francfort 1651. in-8°.

V. *Sidonius Apollinaris*, ou pour mieux dire *C. Sollius Apollinarius Sidonius*, écrivain né Gaulois, vivait vers le milieu du cinquième siècle. Il est aussi connu comme poète, et surtout remarquable à cause de l'époque où il vécut. Dans ses poëmes, qui comprennent aussi quatre panégyriques, on trouve beaucoup d'esprit et de feu, mais en même tems beaucoup d'affectation et d'hyperbole. Il était évêque de Clermont en Auvergne. Nous avons encore de lui une suite de lettres en neuf livres, plus intéressantes par rapport à leur contenu historique que par rapport à leur stile. On y trouve une oraison faite par lui à l'occasion du choix d'un évêque de Bourges. Éditions de ses ouvrages, par *Elmenhorst*, Hanau 1617. in-8º.; par *Sirmond* (la seconde), 1652. in-4º.

3.) *Grammairiens et Rhéteurs.*

Avec l'accueil que les arts et les sciences reçurent à Rome, lorsque les Romains eurent assouvi leur soif pour les conquêtes, l'étude de leur langue ne tarda pas à s'y introduire. Parmi le grand nombre de savans qui se livraient exclusivement à la culture de la langue grecque, une foule de patriotes Romains s'occupèrent plus particulièrement de l'idiôme de leur nation, et donnèrent aux jeunes Romains des leçons, non-seulement de justesse, mais encore d'agrément de stile. Aussi, dans la suite, lorsque les lettres s'altérèrent parmi eux, les grammairiens cherchèrent néanmoins à conserver le goût des bons écrivains, surtout des poètes et des orateurs, en expliquant et en vantant leurs beautés. Dans les derniers tems, ces philologues étaient presque seuls en possession de la littérature : il est vrai que leur travail ne prit pas toujours la meilleure direction, et qu'ils s'éloignèrent souvent des vraies règles du goût. Ils se livrèrent fréquemment à des spéculations futiles, à des analyses fastidieuses, à des subtilités et à des principes arbitraires, qui finirent par donner à ce genre d'études un aspect rebutant. Quelques-uns mirent par écrit leurs réflexions sur la langue, et il nous en est resté plusieurs documens. Avant d'entrer dans le détail sur les meilleurs auteurs qui ont écrit sur la langue romaine, nous nommerons ici les meilleures *Collections des Écrits de leurs Grammairiens.* (Voy. *Fabricii* Bibliotheca Latina ex. ed. *Ernesti*, L. IV. c. 4.)

Grammatici illustres XII, Paris. ex. Off. Ascens. 1716. in-fol.

Auctores Latinæ Linguæ, in unum redacti corpus, adjectis Notis *Dionysii Gothofredi*, S. Gervasii, Genevæ 1595. 1602. 1622. in-4°.

Grammaticæ latinæ Auctores antiqui, opera *Heliæ Putschii*, Hanov. 1605.

Nous avons déja parlé des rhéteurs romains au commencement de la section précédente. Nous nous contentons d'ajouter ici l'observation, que leur enseignement concernait moins la *composition en général* que *l'art de l'orateur*. Les beautés du stile, en toute autre matière que celle des oraisons, étaient examinées par les professeurs de langue, soit de vive voix, soit par écrit. Au reste, on a aussi fait des *collections* des méthodes des autres rhéteurs latins qui nous sont restées. (Voyez *Fabricii* Bibliotheca latina, Vol. III. p. 456. seqq.)

Antiqui Rhetores latini — — ex Bibliotheca *Fran. Pithoei*, Paris 1599. in-4°.

Antiqui Rhetores latini, emendavit et notis auxit, *Claudius Capperonerius*, Argent. 1750. in-4°. (Ce livre n'est proprement qu'une nouvelle édition de la collection précédente).

Le livre suivant offre un extrait utile des principaux élémens de rhétorique de l'antiquité :

F. A. Wideburgi Præcepta rhetorica e libris Aristotelis, Ciceronis, Quintiliani, Demetrii, Longini, et aliorum, excerpta ac disposita, Brunov. 1786. in-8°.

Parmi les professeurs de grammaire et de rhétorique anciens, les plus remarquables sont les suivans :

I. Le savant *Marcus Terentius Varron*, Romain qui vivait vers le tems de la naissance de J. C. C'était un écrivain très-fertile. Dans la jeunesse, il servit dans le parti de Pompée. Après la mort de ce chef, il s'unit au parti de César, qui le fit conservateur de sa bibliothèque. Il fut proscrit par Antoine ; mais sous Auguste il revint avec les autres exilés, et finit sa vie dans la tranquillité des champs. Son ouvrage *sur la langue latine,* consistait originairement en vingt-quatre livres ; mais il ne nous en reste plus que les livres V et

VI, qui traitent de *l'étymologie*, et les livres VII, VIII et IX, sur *l'analogie de la langue*. Nous n'avons des autres livres que des fragmens épars. Ces restes de l'ancienne instruction sur la langue latine, méritent bien, à cause de leur ancienneté et de leur exactitude, d'être placés au premier rang parmi les ouvrages grammatiques romains. Tout ce qu'on peut reprocher à cet auteur, c'est d'avoir outrepassé la mesure dans son examen des mots, et de s'être trop attaché à vouloir démontrer l'origine indigène des expressions latines. Éditions de ses œuvres complètes : Paris 1581-1585. in-8°.; Dortrecht, 1619. gr. in-8°.; Amsterd. 1623. in-8°., et dans plusieurs Collections de grammairiens romains. La plus récente est celle de Deuxponts, 1788. 2 Vol. in-8°.

II. *M. T. Cicéron*, n'était pas seulement orateur, c'était encore le meilleur et le plus zélé professeur de son art. Ses écrits sur la rhétorique sont : 1.) les quatre livres nommés *Rhetorica*, adressés à *C. Herennius*, mais dont l'authenticité est douteuse, quoique l'auteur paraisse contemporain de Cicéron;

2.) deux livres de l'*invention oratoire*, qu'il écrivit à l'âge de dix-huit ans; 3.) trois livres *sur l'orateur*, adressés à son frère Quintus, et rédigés en forme de dialogue; 4.) un livre intitulé : *Brutus*, qui contient un tableau des orateurs les plus célèbres, adressé à M. Brutus; 6.) les *Topiques*, ou *la doctrine des preuves judiciaires*, adressés au jurisconsulte Trebatius; 7.) de l'*analyse et de la division oratoire*, en forme de dialogue entre lui et son fils; 8.) sur *le meilleur genre des orateurs*, comme préface de sa traduction latine des oraisons réunies de Démosthène et d'Eschine : les troisième, quatrième et cinquième de ces écrits sont les plus recommandables. Éditions de ces ouvrages séparément, Oxford 1718. in-8°., et de plusieurs autres ; par exemple, les livres sur l'orateur par *Harles*, Nuremberg 1776, in-8°.; par *Wetzel*, Brunswic 1795. in-8°.; et le Brutus, *ibid.* 1795. in-8°.

III. *Asconius Pedianus*, natif de Padoue, grammairien du premier siècle, a écrit des observations sur quelques oraisons de Cicéron, dont il ne nous reste que quelques

quelques fragmens. Éditions, Leide 1644. 12. 1675. in-12.

IV. *Marcus Sénèque*, de Cordoue en Espagne, père de *Lucius Annœus Sénèque*, dont il est parlé ci-dessus. C'était un rhéteur très-célèbre sous les empereurs Auguste et Tibère. Il a écrit des causes civiles, ou *Controversiœ*, en dix livres, que nous n'avons encore qu'en partie ; [savoir, les livres I, II, VII, IX et X, encore ne sont-ils pas entièrement complets. Ils appartiennent à la classe des ouvrages sur la rhétorique, attendu que la méthode des orateurs romains y est examinée et comparée, tant par rapport à l'invention, qu'au stile et aux formes oratoires. On a de lui, sous le titre *Suasoriœ*, des discours qui ne sont peut-être qu'un appendice au premier ouvrage, et qu'on croit incomplets. Le stile, dans tous les deux, est assez serré; mais il n'est pas sans quelqu'embarras. On trouve ces écrits joints aux éditions ci-dessus des œuvres de son fils.

V. *M. Fabius Quintilien* a déja été nommé ci-dessus parmi les orateurs romains;

mais son plus grand mérite concerne la théorie de l'éloquence. Son ouvrage inappréciable, et plus propre que tous ceux que nous ont laissé les anciens pour se former au bon goût de l'éloquence, est intitulé : *de Institutione Oratoria*. Il consiste en douze livres, et joint aux meilleures règles les exemples et les citations des meilleurs modèles. Dans ce traité, plein de goût et de solidité, l'élève en rhétorique est conduit depuis sa première éducation jusqu'aux études les plus relevées. Le livre le plus instructif est le dixième. Éditions : par *Burmann*, Leide 1720; par *Gesner*, Göttingue 1738. in-4°. et Deuxponts 1784. 4 Vol. gr. in-8°.; en extrait, par *Rollin*, Paris 1715. 2 Vol. in-12.; et après celle-ci, par *Harles*, Altenburg 1773. in-8°. M. *Spalding*, à Berlin, s'occupe maintenant d'une nouvelle édition de Quintilien, dont le premier volume, où l'éditeur donne des preuves du plus grand savoir, a paru à Leipsic 1798. Traduction allemande sous le titre : *Institution de Littérature de la prose, du latin de Quintilien*, par l'abbé *Henke*, Helmstadt 1775. 1776. 3 Vol.; *française* (du plus grand mérite), par l'abbé *Gedoyn*. La plus récente, édition est de 1770. in-12. Il nous reste encore de Quintilien un dialogue *de Caussis corruptæ eloquentiæ*, mais que quelques savans attribuent à Tacite, avec les ouvrages duquel il se trouve ordinairement imprimé. Une édition à part, est celle de *J. H. A. Schulze*, Leipsic 1788. in-8°.

VI. *Aulu-Gelle*, professeur de langue à Rome, au deuxième siècle, sous l'empereur Antonin. Les *Noctes Atticæ* qui nous en restent, sont un recueil de morceaux très-variés, qu'étant à Athènes il avait extraites, dans ses soirées d'hiver, des meilleurs écrivains grecs et romains, pour l'usage de ses enfans. L'ordre n'en est pas excellent; elles ne consistent qu'en des observations isolées; mais, par leur variété, elles ne laissent pas d'amuser. Des quinze chapitres qui composaient son premier livre, il ne nous est resté que la table des matières. C'étaient originairement vingt livres, dont le huitième et le commencement du sixième ont été entièrement perdus. Ils contiennent beaucoup de choses utiles pour le philologue et le critique. Éditions : par *Ant. Thyst.* et *Jac. Oisel*, Leide 1666. in-8º.; par *J. F.* et *J. Grævius*, Leide 1706. in-4º., et Leipsic 1762. gr. in-8º.

VII. *Censorinus*, dans le troisième siècle, célèbre par son ouvrage *De die natali*, qu'il a dédié à son ami *Cerellus* le jour de sa naissance, et dans lequel on trouve beaucoup d'érudition. Cet écrit concerne surtout les différentes époques de la vie humaine, les jours, les nuits et les mois, etc. On trouve quelques morceaux d'un de ses écrits, sur les *accens*, chez *Priscien*. Éditions : par *Lindenbrog*, Leide 1642; par *Haverkamp*, Leipsic 1743. in-8º.

VIII. *Nonius Marcellus*, né à Tivoli, professeur de langue à Rome au quatrième siècle. Il existe de lui un écrit : *Compendiosa doctrina de proprietate sermonum*, en neuf sections, qu'il avait composé à l'usage de son fils, et qui, tant par son contenu que par plusieurs fragmens des anciens écrivains qu'il y a recueillis, mérite d'avoir été conservé. Édition : par *Josias Mercerus*, Paris 1614. in-8º.

IX. *Sextus Pomponius Festus*, vraisemblablement du même tems, écrivit un ouvrage : *De veterum verborum significatione*, en vingt livres, qui ne sont proprement que des extraits d'un grand ouvrage de grammaire de *Verrius Flaccus*. De cet abrégé de Festus, *Paulus Diaconus*, qui vivait au huitième siècle, a fait un nouvel extrait, qui était le seul que l'on connût, lorsqu'enfin on découvrit en Illyrie l'original de Festus. Ses leçons de grammaire sont très-instructives et pleines de précision. Editions : celles par *Dacier* et *Leclerc*, Amsterd. 1699. in-4°.

X. *Macrobius Ambrosius Aurélius Théodosius*, dont l'origine est incertaine. Il vivait, à ce qu'il paraît, dans la première moitié du cinquième siècle. Outre un commentaire sur *le Songe de Scipion* (de Cicéron), en deux livres, et qui contient quantité de détails très-instructifs concernant la mythologie et la philosophie, ses sept livres des *Saturnales*, ou *Entretiens de table*, sont très-importans pour la philologie, quoiqu'ils n'offrent guères qu'une compilation d'après différens écrivains grecs et romains. Une grande partie de ce livre est prise d'*Aulu-Gelle*, et le septième volume presque tout-à-fait de *Plutarque*. Il est aussi auteur d'un autre écrit, appartenant plus particulièrement à la grammaire, *Sur la différence et l'affinité des mots romains et grecs*, dont nous possédons encore un extrait fait par un nommé *Jean*, qui est peut-être *Jean Erigena* d'Écosse. Éditions : par *Gronovius*, Leide 1670. gr. in-8°.; et d'après elle, par *Zeune*, Leipsic 1774. gr. in-8°.

XI. *Ælius Donatus*, célèbre professeur de grammaire à Rome au quatrième siècle, et maître de Saint Jérôme. Nous avons encore de lui plusieurs articles de Grammaire, qui sont devenus, surtout pour les philologues modernes, une source très-abondante d'observations. Ils traitent des élémens de la langue et de la prosodie, ainsi que de l'éloquence. Le plus estimable de tous ses écrits est son commentaire sur cinq comédies de Térence, où non-seulement il passe en revue la plupart des pièces de son auteur, mais où il en analyse encore toute la charpente et la représentation théâtrale. Ses écrits grammatiques se trouvent dans la Collection de *Putschius* que nous avons déja citée plus haut. On les a donnés aussi à Paris, 1543. in-8°., avec les commentaires de *Sergius* et *Servius*. Son commentaire sur Térence est annexé au texte dans plusieurs éditions de ce poète dramatique.

XII. *Priscien*, grammairien romain, natif de Césarée, vivait, selon toute apparence, à Constantinople dans le milieu du sixième siècle. Ses *Commentaires de Grammaire*, en dix-huit volumes, sont l'ouvrage le plus ample sur les élémens de la langue, et ont obtenu une autorité classique dans leur genre. Ils consistent en dix-huit livres, dans lesquels l'auteur traite amplement des parties de l'oraison. On le nomme ordinairement le *grand Priscien*; et les deux derniers, qui concernent la construction, le *petit Priscien*. Il y faut compter encore des moindres articles sur les accens, etc. Éditions, Venise 1527. in-8°.; Bâle, 1768. in-8°.

XIII. *Diomède* était vraisemblablement contemporain de Priscien, ou vivait peut-être avant lui, parce qu'il se trouve cité dans ses écrits. Ses écrits de grammaire concernent le stile en général, les parties de l'oraison, et les différens genres d'éloquence. Ils se trouvent dans la collection de *Putschius*, p. 270. On les a aussi séparément, Paris 1522. in-fol.

XIV. *Flavius Sosipater Charisius*, vivait au même tems. Il était chrétien, et natif de la Campanie. Ses *Institutions Grammaticales*, en cinq livres, sont adressées à son fils. Éditions : par *Georg. Fabricius*, Bâle 1551. in-8°., et au commencement de la collection de *Putschius*.

4.) *Philosophes.*

La *philosophie romaine* est fille de la *philosophie grecque* ; car les vestiges qu'on rencontre de cette science chez les Romains dans un âge reculé sont de peu d'importance, et dans les cinq premiers siècles de Rome elle n'y trouva pas beaucoup d'accueil, parce qu'elle était regardée comme tendant à contrarier l'esprit dominant des conquêtes, et à énerver la vigueur de l'ame. Parmi les cinq ambassadeurs que la ville d'Athènes envoya à Rome au sixième siècle, était *Carnéades*, qui trouva beaucoup d'admirateurs, tant à cause de sa philosophie que de son éloquence : mais Caton obtint du Sénat un décret qui força les philosophes à retourner en Grèce; et par la suite, les rhéteurs furent entièrement bannis de Rome. Cependant, les conquêtes que l'on fit en Grèce, donnèrent occasion à plusieurs jeunes Romains de se familiariser avec les philosophes de cette contrée, ainsi qu'avec leurs écoles et leurs principes; et par les soins de *Scipion l'Africain* et de *Lucullus*, l'amour de cette science se répandit de plus en plus. Depuis cette époque, la philosophie fleurit à Rome, et presque toutes les écoles grecques y trouvèrent des partisans, mais surtout l'ancienne école académique et celle d'Épicure. — Au reste, la philosophie ne formait point à Rome une profession particulière; mais les premiers personnages et les plus considérés de l'état en faisaient leur étude favorite, et y consacraient en partie leurs travaux. De ce nombre sont les auteurs suivans :

I. *M. T. Cicéron*, dont nous avons parlé ci-dessus comme orateur et comme rhéteur. Quant à ses opinions philosophiques, il était *platonicien*, ou plutôt attaché au systéme de l'ancienne Académie, quoique dans ses écrits il expose les principes de toutes les différentes sectes philosophiques en véritable éclecticien; il les favorisait presque toutes, excepté celle d'Épicure. Parmi ses ouvrages philosophiques, ses *Qnestions académiques*, en deux volumes, sont les plus estimables. On trouve aussi beaucoup d'instruction, surtout pour l'histoire philosophique, dans ses cinq livres *sur le bien et le mal supréme (de finibus bonorum et malorum)*, dans ses cinq livres *des Tusculanes*, dans ses trois livres *sur la Nature des Dieux*, dans ses deux livres de la *Divination*, dans un livre *sur la Destinée*, dans ses trois livres *sur les Lois*, dans ceux *sur les Offices*, et dans les deux écrits *sur la*

Vieillesse et l'Amitié, auxquels il faut encore ajouter les *Paradoxes* et quelques fragmens. Tous ces écrits de Cicéron ont été publiés par *Davis* à Cambridge, aux années 1709-36. gr. in-8°. La meilleure édition critique et la plus complète de ses *Offices* est celle par *Heusinger*, Brunswic 1783. gr. in-8°.; et avec les notes en extraits, *ibid.* 1784. in-8°. M. *Garve*, célèbre philosophe allemand, en a donné une excellente traduction, avec des notes et plusieurs traités instructifs, Breslau 1792. 3 Vol. gr. in-8°. Les autres traductions *allemandes* de plusieurs écrits philosophiques de ce grand homme, sont : de ses livres *sur les Lois*, par *Heinse*, Weimar 1783. in-8°.; des livres *sur la Nature des Dieux*, par *Kindervater*, Zuric 1787. in-8°.; des livres *sur la Divination*, par *Hottinger*, Leide 1789. in-8°. *Française* : des *Offices* (avec le texte latin), Paris 1758. in-12.; des livres *sur la Vieillesse*, *l'Amitié* et *les Paradoxes*, par *Dubois*, Paris; des *Questions académiques*, par M. de *Castillon*, Berlin 1779. 2 Vol. in-8°. On doit encore citer ici : M. T. Ciceronis Historia philosophiæ antiquæ, ex omnibus illius scriptis collecta — a *F. Gedicke*, Berolin 1781. in-8º.

II. *L. A. Sénèque*, était un zélé partisan de la philosophie stoïcienne, quoiqu'avant de s'y adonner il se fût familiarisé avec les principes de toutes les autres écoles. Ses écrits philosophiques montrent la plus rare sagacité, et offrent beaucoup de matière à la réflexion. On doit cependant avouer que son stile est trop rempli de pointes, et devient quelquefois fatiguant à force d'antithèses. Ses écrits traitent *de la Colère*, en trois livres; *de la Providence*, *de la Tranquillité de l'ame*, *de la Clémence*, *de la Brièveté de la vie humaine*, et *de la Bienfaisance*. Il faut y ajouter ses sept livres de *Recherches physiques*, et surtout *météorologiques*. Les meilleures éditions de ses ouvrages ont déja été citées ci-dessus.

III. *C. Pline second*, surnommé *l'ancien* (*major*), pour le distinguer de son neveu, dont il a déja été parlé, et qu'on nomme ordinairement *Pline le jeune*. Pline l'ancien vivait dans le premier siècle de J. C. Il était né à Vérone, et était un des Romains les plus savans. (*Voyez* les lettres de Pline le jeune III. §. VI. 16.) Son *Histoire naturelle* est un ouvrage plein de connaissances et le monument le plus considérable qui nous reste de l'ancienne érudition; il est d'une grande utilité, non-seulement pour le naturaliste, mais encore pour le géographe et l'amateur de l'art. D'après le propre témoignage de son auteur, c'est une compilation recueillie de près de trois mille écrivains, dont la plus grande partie a été perdue. Pline le jeune l'appelle avec raison : *Opus diffusum, eruditum, nec minus varium quam ipsa natura.* Cet ouvrage consiste en vingt-sept livres, dont le premier donne un aperçu de l'ensemble; le livre II jusqu'au V comprend la *cosmographie* et la *géographie*; le livre VI-X, l'*histoire des animaux*; le livre XI-XIX, *les plantes*; le livre B. XX-XXXI traite *des médecines prises dans le règne animal et végétal*; le livre XXXIII-XXXVII, des *métaux*, de la *sculpture* et de la *peinture*, et donne en même tems une notice sur l'histoire des principaux artistes et de leurs ouvrages. Le commentaire le plus ample sur Pline et ses écrits est du comte *Rezzonico*, sous le nom de : Disquisitiones Plinianæ, Parmæ 1763. seqq. en 3 Vol. in-fol. Éditions de Pline : par *Hardouin*, Paris 1732. 3 Vol. in-fol.; et d'après celle-ci, par *Franzius*, Leipsic 1778-91. 10 Vol., avec les notes de *Gesner* et de *Fischer*: par *J. P. Miller*, Berlin 1766. 5 Vol. in-8°.; par *Brotier*, Paris 1779. 6 Vol. in-12., et le neuvième livre séparément, par *L. Th. Gronovius*, Leide 1778. in-8°. Avec une traduction *française* et des notes critiques, par *Poinsinet de Sivry*, Paris 1771-82. 12 Vol. in-8°. — Traductions *allemandes* : par M. *Denso*, Rostock 1766; par *Grosse*, Francf. 1781-88. 12 Vol. in-8°. Un extrait de Pline intitulé : Ex *Plinii Sec*. Hist. Nat. Excerpta, quæ ad artes spectant, cur. *Heyne*, Göttingue 1790. in-8°.

IV. *Lucius Apulée*, né à Madaure, colonie romaine en Afrique, vers la fin du deuxième siècle, sous le règne de Marc-Aurèle. Il exerça à Rome la profession d'avocat, et suivit la philosophie de Platon. Il fit de longs voyages, pendant lesquels il s'associa à quantité de confréries, et s'acquit la renommée de *Thaumaturge*. Ses écrits sont pleins d'imagination et d'intérêt ; son stile est pompeux et brillant ; mais il manque souvent de correction et de cette simplicité qui distingue les auteurs du siècle d'Auguste. Son ouvrage le plus étendu et le plus fameux est celui qui a pour titre : l'*Ane d'or*. C'est un recueil de fables milésiennes, parmi lesquelles se trouve le récit des amours de Psyché, la plus ingénieuse de toutes les allégories antiques. Les autres roulent sur la philosophie de Platon ; encore plusieurs ne paraissent pas être de lui. Éditions : par *Pricon*, Paris 1635. in-4°. ; par *Elmenhorst*, Lyon 1614. 2 Vol. in-8°. ; par *Floridus*, Paris 1688. in-8°. ; par *Oudendorp*, Leide 1786. in-4°. Une autre, à Paris *ad usum Delphini*. Une nouvelle édition à Altenburg, 1779. 2 Vol. in-8°. Ce fut à Rome que cet auteur fut imprimé pour la première fois, en 1469, 1 Vol. in-fol. Il en existe trois traductions en *italien*, une de *Bojardo*, une autre de *Vizzani*, et la troisième du célèbre *Firenzuola*, réimprimée à Paris en 1781. La première traduction *française* est de *Jean Louveau*, dont l'édition avec figures, par M. *Lasne*, est très-recherchée. Vient ensuite celle de *Montlyard*, de 1723. La dernière, de 1707, est de l'abbé *Compain*, de M. *Martin*, retouchée par *Bastien* en 1787. Chacun connaît l'imitation que *Lafontaine* a donnée de l'épisode de Psyché, dont le Cit. *J. F. C. Blanvillain*, Orléanais, a donné une traduction estimée, Paris 1797, avec des notes intéressantes, accompagnées du texte. Il existe encore une imitation en vers de cet épisode, en quatre chants, par l'abbé *Aubert*.

V. *Titus Pétronius Arbiter*, doit plutôt être rangé parmi les auteurs de pur amusement que parmi les philosophes proprement dits. Il vivait dans le premier siècle, sous Néron. Il porte le surnom d'*Arbiter*, à cause de l'emploi d'inspecteur des plaisirs et amusemens publics que lui avait confié Néron. Son *Satyricon*, que l'on regarde comme son meilleur ouvrage, peint, avec un stile très-libre, mais avec beaucoup de feu et d'esprit, dans une prose entremêlée de vers, le débor-
dement

dement des mœurs de son siècle : on y trouve aussi un poëme sur *la guerre civile*. Editions : par *J. P. Lottichius*, Francfort 1628. 2 Vol. in-4°.; par *Burmann*, Leide 1742. in-4°.; par *Anton*, Leipsic 1784. gr. in-8°. Une édition nouvelle et élégante à Berlin, 1785. in-8°. Les *Priapeïa* de Pétrone, à Lipsic 1781. Le fragment trouvé en Dalmatie, séparément, par *Scheffer*, Upsal 1664. in-12. — Traductions : *allemande*, par *Heinse*, sous la fausse date de *Rome*, 1783. in-8°.; *française*, Cologne 1694. 2 Vol. in-12.; et 1713; avec le nouveau manuscrit trouvé à Belgrade, 1688; par le président *Bouhier*, Amsterd. 1737. in-4°.

VI. *Martianus Capella*, de Carthage, vivait au quatrième siècle, et écrivit dans sa vieillesse, vraisemblablement sous Léon de Thrace, une espèce d'Encyclopédie, qui, à cause de son contenu très-varié, a aussi été intitulée *Satyricon*. Cet ouvrage est divisé en neuf livres, dont les deux premiers contiennent une allégorie très-intéressante, en vers et en prose, *du mariage de Mercure avec la Philologie*. Les sept autres offrent un éloge relatif à la *grammatique*, à **la** *rhétorique*, à la *géométrie*, à l'*arithmétique*, à l'*astronomie* et à la *musique*, avec leurs principes généraux. Le langage de cet auteur est assez rude et assez vicieux, quoique le goût et certaines étincelles d'esprit qu'on y rencontre d'ailleurs, ne laissent pas que d'attacher le lecteur. Éditions: Leide, 1599 et 1619. in-8°.; et par *Walthard*, Berne 1763. in-8°.

5.) *Mathématiciens, Géographes et Écrivains d'Économie.*

Les Romains se distinguèrent peu dans les *mathématiques*, quoique dans les tems où ils accordèrent leur protection et leur accueil aux sciences en général, ils ne négligeassent pas totalement celles qu'on nomme *sciences exactes*. Les applications et la partie pratique de ces connaissances trouvaient plus d'encouragement de leur part, attendu qu'elles favorisaient l'amour du luxe et l'esprit de conquêtes qui dominaient chez eux. De même, dans la *géographie*, leurs lumières ne s'étendirent pas beaucoup plus loin que les pays qu'ils avaient conquis, et qui semblaient, à leur orgueil national, composer tout le monde habité. Il n'y eut qu'un très-petit nombre d'écrivains qui s'occupèrent d'une description exacte de la terre. Ils apportèrent cependant plus de soin aux connaissances et aux essais dans la science de l'*économie*, qui devint aussi l'objet de quelques écrits, dont les principes, à la vérité, ne sont plus d'une grande utilité pour les agronomes d'aujourd'hui, mais qui contiennent cependant quelquefois des observations justes, et ne laissent pas d'être encore très-importans par rapport à leur mérite historique.

Mathématiciens. — I. *Marcus Vitruvius Pollion*, de Vérone, dans la première moitié du premier siècle, fut employé dans les armées au commencement du règne de César, et fut nommé par Auguste inspecteur des armemens et des bâtimens publics. L'aspect extérieur de Rome fut tellement embelli sous la direction de Vitruve du tems de cet Empereur, que, selon Suétone, il a pu dire, sur la fin de ses jours, qu'*il l'avait trouvée de brique, et qu'il la laissait toute de marbre.* (*Lateritiam inveni, marmoream reliqui.*) L'ouvrage de Vitruve sur *l'architecture* a dix volumes, et nous a été conservé, excepté les plans, presqu'en entier. Il n'y a proprement que les sept premiers qui traitent de l'architecture ; le huitième a pour objet les *aqueducs*, le neuvième les *cadrans solaires*, et le dixième roule sur la *mécanique*. Quant au stile, on lui reproche d'avoir peu d'élégance; mais on ne fait pas assez attention que la nouveauté et la nature des matières qu'il traite en était peu susceptible, sans compter que le texte de cet auteur exige des corrections considérables. Éditions : par *Guil. Filander,* Leide 1586. in-4°.; par *J. V. Laet,* Amsterd. 1649. in-fol.; par le marquis *Galiani,* avec une traduction *italienne,* ouvrage de luxe, qui a paru à Naples, 1788. in-fol.; par *Frasocondo* (avec *Frontin.*) Celle qu'on peut citer comme la plus utile peut-être et la plus récente, est celle de M. *Rode,* Berlin 1800. in-4°., qui avait déja donné une traduction *allemande* de cet auteur, Leipsic 1796. 2 Vol. in-4°.

II. *Sextus Julius Frontin*, vers la fin du premier siècle. Il est auteur de deux écrits, dont le premier traite des *aqueducs* de Rome, dont il avait l'inspection. Éditions : par *J. T. Corradino de Allio*, Venise 1742. in-4°.; par *Polemus*, Padoue 1722. in-4°., et dans le quatrième volume du *Trésor des Antiquités Romaines*, par *Grævius*, réimprimée par *M. Adler*, Altona 1792. in-8°. Les *Stratagematica* sont encore plus connus. Ils contiennent, en quatre livres, une relation des stratagèmes et des sentences mémorables des hommes célèbres chez les Grecs et les Romains. Le quatrième enseigne les préceptes les plus importans de la tactique. Éditions : par *François Oudendorp*, Leide 1721. in-8°.; par *Schwebel*, Leipsic 1772. gr. in-8°. — Traduction *française* par *Bourdon de Sigrais*, Paris 1759. in-8°.

III. *Flavius Vegèce Renatus*, Romain, dans le quatrième siècle. Il vécut tantôt à Rome, et tantôt à Constantinople, et l'on croit qu'il était chrétien. Il est auteur d'un ouvrage en cinq livres, *sur l'art militaire*, qu'il dédia à l'empereur Valentinien II, et qu'il tira des écrits de Caton, de Celsus, de Frontin, et autres : il s'est servi aussi des ordonnances militaires de plusieurs Empereurs. Editions : par *Strewechius* et *Scriver*, Anvers 1607. in-4°.; par *Schwebel*, Nuremb, 1767. in-4°., et par *Valart*, Paris 1763. in-12. Tous ces deux auteurs, savoir : *Frontin* et *Vegèce*, se trouvent, conjointement avec les écrits d'autres auteurs sur l'art militaire, dans une collection intitulée : Veteres de re militaria Scriptores, imprimée à Paris 1535. in-fol., et à Wesel, 1670. in-8°.

IV. *Julius Firmicus Maternus*, de Sicile, vivait au même tems, peut-être un peu auparavant. Il écrivit un ouvrage intitulé *Mathesis*, en huit livres, mais qui ne traite proprement que de *l'astrologie*. Outre cela, on a encore de lui un ouvrage *sur les erreurs des Païens*, qu'il écrivit après avoir embrassé le christianisme. La meilleure édition de son ouvrage astronomique est celle de *N. Pruckner*, Bâle 1551. in-fol., conjointement avec d'autres écrivains grecs et romains. Son écrit: *De errore profanarum religionum*, Rotterdam 1743. in-8°.

Géographes. — V. *Pomponius Mela*, écrivain du premier siècle, né en Espagne. Sa Géographie (*de situ orbis*) est divisée en trois livres, remarquables par un excellent stile, et la brièveté et l'exactitude qui y règne. Éditions : par *Abr. Gronovius*, Leide 1722. in-8°., et avec les notes de *H. Vossius*, Francfort 1700.; par *A. W. Ernesti*, Leipsic 1773. in-8°., et par *Kappe*, Hof. 1774. in-8°. Traduction *allemande* par *Dietz*, Giessen. 1774. in-8°.

VI. *Vibius Sequester*, dont on ignore l'époque, a écrit une nomenclature géographique des *fleuves*, des *lacs*, des *montagnes*, des *forêts*, etc., à l'usage de son fils Virgilianus; livre dont on peut tirer des choses très-utiles pour l'explication des écrivains, et surtout des poètes. Éditions : par *François Hessel*, Rotterd. 1712. in-8°.; par *J. F. Oberlin*, Strasb. 1770. gr. in-8°.; et par *Danville*, Paris 1777. Il faut citer encore la collection : *Vetera Romanorum Itineraria*, *Antonini Augusti* Itinerarium Hierosolymitanum, et Hieroclis Grammatici Synecdemus, cur. *Pet. Wesseling*, Amsterd. 1735. in-4°.

VII. *C. Julius Solinus*, d'une époque incertaine, mais, à ce qu'on présume, vivait au troisième siècle. Il écrivit une collection de curiosités diverses, que dans une seconde édition il a intitulée *Polyhistor*, et qui contient principalement des notices géographiques. Il l'a prise presqu'en entier de Pline l'ancien, quelquefois même mot pour mot, et sans y montrer aucune véritable connaissance, ni aucun goût. Éditions : par *Claude Saumaise*, Utrecht 1689. 2 Vol. in-fol., dans ses *Exercitationes Plinianæ*, avec un commentaire fort savant, mais mal digéré, sur Pline l'ancien. Le *Polyhistor* de cet auteur a été donné à part par *A. Goetz*, Leipsic 1777. in-8°.

Économes. — VIII. *M. Porcius Caton*, célèbre dans les derniers tems de la république Romaine, à-peu-près trois cents ans avant J. C. On le distingue du célèbre Caton d'Utique, son grand-père, par le surnom d'*ancien*; et il obtint encore, par rapport à la sévérité de ses mœurs, celui de *Censeur*. Sa vie a été écrite par *Plutarque* et *Cornélius Népos*. De la multitude de ses écrits dans le genre oratoire et historique, il ne nous reste que quelques fragmens. Nous n'avons de lui qu'un seul livre sur l'*agriculture* qui porte son nom, dont l'authenticité est très-suspecte, et qui, s'il faut le lui attribuer, a dû être très-corrompu par les copistes, attendu qu'il n'est pas digne de l'esprit et de l'excellent stile qu'attribuent à Caton les anciens écrivains. Éditions : par *Anson*, Leide 1590. in-8°.; par *Popma*, Franeker 1620. in-8°., et dans la collection intitulée : Auctores finium regundorum à *Nic. Rigaltio*, ainsi que dans une autre plus connue : Scriptores rei Rusticæ, cura *Jo. Matth Gesneri*, Lips. 1735. in-4°., et 1773-74. 2 Vol. in-4°., qui ont été donnés nouvellement, avec des augmentations et des corrections, par M. *Schneider*, Leipsic 1794. in-4°. — Traduction *allemande* par *Grosse*, Halle 1787. in-8°.

IX. *M. Terentius Varron*, dont nous avons parlé à l'article des grammairiens romains. Il écrivit dans sa vieillesse trois livres sur l'*agriculture*, qui doivent être placés au premier rang parmi les ouvrages des anciens. Cet ouvrage contient beaucoup de choses utiles, non-seulement par rapport à son but particulier, mais encore par rapport à la littérature en général. On le trouve tant dans la collection des ouvrages cités ci-dessus, que dans celle des écrivains relatifs à l'agriculture par *Gesner*. Il a paru séparément à Hálle, 1720. in-12. Traduction *allemande* par *Grosse*, Halle 1688. in-8°.

X. *J. M. Columella*, Espagnol de naissance, vivait au premier siècle, et écrivit douze livres sur l'*économie rurale*, dont il faut regarder le treizième, *sur la culture des arbres*, comme un appendice ; peut-être aussi formait-il un volume d'un ouvrage à part. Le dixième de ces livres est en vers, et contient des préceptes sur le *jardinage*. Leur mérite n'est pas tant dans la beauté du stile que dans l'utilité de leur contenu. Édition : Leide 1548 in-8°., et dans la collection de *Gesner*. Le livre écrit en vers, séparément, avec d'autres poëmes d'un contenu pareil, à Paris 1543. in-4°. (*Voyez* : Traductions d'anciens ouvrages latins relatifs à l'*agriculture* et à la *médecine vétérinaire*, par M. *Saboureux de la Bonneterie*, dont les tomes III et IV contiennent la traduction de *Columelle*, Paris 1772. in-12.)

XI. *Palladius*, que l'on croit Romain, existait vers la fin du deuxième siècle ; il était savant, plein de connaissances en littérature, principalement dans la grecque. Nous avons de lui quatorze livres sur l'*Économie*, écrits avec beaucoup d'exactitude et de simplicité de stile, dont le dernier est en vers élégiaques. Éditions : à Heidelberg et dans la Collection de *Gesner*.

XII. *Caelius Apicius*. On connaît si peu ce qui concerne sa vie, qu'on pense, avec assez de probabilité, que l'ouvrage qui porte son nom et le titre *de Arte coquinaria*, divisé en dix livres, est d'un autre écrivain du troisième siècle, qui a adopté celui d'un des fameux gourmets de Rome. Éditions : par *Mart. Lister*, Lond. 1708, et après celle-ci celle de *Almeloveen*, Amst. 1708. in-8°. La plus récente est celle de *Bernhold Uffenheim.* 1799.

---

6. *Mythographes.*

Comme le système de la fable, chez les Romains, avait, en général, beaucoup de rapport avec la mythologie des Grecs, les mythographes Romains puisèrent en plus grande partie dans les sources grecques ; et voilà pourquoi l'on trouve dans leurs récits, ainsi que dans leurs explications et applications de la fable, si peu d'originalité. La mythologie indigène des Romains, eu égard aux additions que reçut postérieurement leur système religieux, s'apprend mieux dans leurs auteurs historiques et antiquaires, que dans les compilateurs de Mythes détachés. *Thom. Munker*, à Amsterd. 1681. in-8°.; *Jérôme Commelin*, 1799. in-8°.; et plus amplement encore, *Augustin v. Staveren*, à Leide 1742. in-4°., en ont soigné une collection. Les principaux de ces écrivains sont :

I. *J. Jules Hygin*, affranchi de l'empereur Auguste, et conservateur de sa bibliothèque. Nous savons très-peu de chose sur les autres circonstances de sa vie. Il serait possible qu'il fût d'un âge postérieur ; savoir des tems d'Antonin. Nous avons de lui une collection de deux cent soixante-dix-sept contes mythologiques, que non sans vraisemblance l'on croit être des sommaires d'anciennes tragédies grecques et romaines. Ils ont été peut-être en plus grand nombre encore : on les a divisés en deux livres. Outre cet écrit, il nous est resté sous son nom un *Astronomicon poeticum*, pour l'explication des astres et des constellations anciennes. Éditions : par *Scheffer* et *Munker*, Hamstadt et Amsterd. 1674. in-8°., et par *van Staveren*, dans la Collection précitée des mythographes latins.

II. *Fabius Planciades Fulgentius*, Africain, dont les circonstances de la vie sont très-incertaines : on présume qu'il ne remonte pas plus haut que le sixième siècle. Son plus grand ouvrage consiste en trois livres de fables mythologiques; il est dédié à *Catus Presbyter :* les autres sont d'un contenu philologique. Éditions : par *Jac. Locher*, sous le nom de *Philomusus*, Augsb. 1521. in-fol. On les trouve aussi, avec deux autres articles philologiques de lui, dans la collection de *van Staveren*.

III. *Lactance Placidus*, de même d'un âge incertain. On le croit assez communément le même que *Lutatius*, grammairien chrétien du sixième siècle, qui a écrit un commentaire sur la Thébaïde de Stace. Nous avons de lui un extrait des *Métamorphoses d'Ovide*, en plusieurs livres. *Van Staveren* les a mis dans sa collection de mythographes, avec des notes de *Munker*.

IV. *Albricus*, dont on écrit le nom aussi par *Albericus* et *Alfricus*, n'appartient pas proprement aux écrivains classiques de l'ancien tems, attendu qu'il n'est venu qu'au treizième siècle en Angleterre. Son ouvrage traite de l'origine et des images des Dieux des Payens. Dans quelques manuscrits, il porte le titre de *Pœtria* ou *Pœtarium*, et concerne principalement la représentation symbolique des Dieux anciens, avec des éclaircissemens abrégés des circonstances qui leur ont donné naissance. Il est presqu'entièrement de *Fulgence*. Éditions : avec le livre de *Fenestella*, sur les magistrats de Rome, à Rome 1517. in-4°. Il se trouve aussi dans les deux éditions de *Hygin*, 1449 et 1570. in-fol. La meilleure est, avec les notes de *Munker*, parmi les mythographes de la collection de *Van Staveren*.

7.) *Historiens*.

On commença, dès les premiers tems de la république romaine, à mettre par écrit les évènemens les plus remarquables de cet état. Ces écrits historiques, cependant, n'étaient d'abord autre chose que des catalogues secs et décharnés de faits et de circonstances mémorables, la majeure partie écrite dans un stile poétique et en forme d'*Annales*. De ce genre étaient les poëmes d'*Ennius* et de *Novius*, dont le premier écrivit toute l'histoire des Romains en vers héroïques, et le dernier les évènemens de la première guerre punique en vers saturnins. *Q. Fabius Pictor* fut le premier parmi les Romains qui écrivit en prose ; mais de ses livres il ne nous reste plus que quelques fragmens. Les ouvrages historiques perdus d'*Albinus Posthumius*, de *Cassius Hermina*, de *C. Fannius*, de *M. Porcius Caton*, de *Asellius Sempronius*, etc., étaient du même genre. *Riccoboni* a recueilli les fragmens de ces historiens, à Venise 1568. in-4°. (édition nouvelle à Bâle 1579. in-8°.), ainsi que *Ausonius Popma*, Amsterd. 1620. in-8°. Dans la suite, on commença à imiter aussi les écrivains grecs dans ce genre, parmi lesquels il s'en trouva même plusieurs (par exemple, *Denys d'Halicarnasse*, *Dion Cassius*, *Hérodien*, *Appien* et *Zosime*), qui dans cette langue écrivirent l'histoire Romaine. Nous citerons ici comme des sources pour connaître la littérature des principaux historiens romains : *Mart. Hanii* de Romanarum Rerum Scriptoribus, Lib. III.,

Lips.

Lips. 1669-1775. in-4°., et *G. F. Vossii* de Historicis Latinis, Libri III. L. B. 1657. in-4°., que *A. J. Fabricius* a publié à Hamb. 1709. in-8°., avec des supplémens. On les trouve plus entiers encore dans la Bibliotheca historica de *Meusel*.

I. *Jules César*, célèbre par ses exploits et l'usurpation du pouvoir suprême à Rome, qui mit fin à la constitution aristocratique et républicaine, est aussi très-connu comme historien, par ses *Commentaires sur la guerre civile des Gaules*. Les premiers sont divisés en sept livres, et comprennent un nombre pareil d'années de l'histoire romaine : le huitième livre passe pour avoir été ajouté par *Aulus Hirtius*. On attribue de même à cet ami de César les livres *sur la guerre d'Espagne et d'Alexandrie*, qu'on trouve ordinairement dans les éditions des Commentaires. Ces deux ouvrages sont d'un mérite distingué, tant parce que l'auteur lui-même avait été témoin oculaire et acteur principal des faits qu'il raconte, que par le naturel, la simplicité du stile, et leur brièveté également éloignée de la recherche et de la sécheresse. Éditions : par *Sam. Clarke*, Lond. 1712. gr. in-fol., avec 87 gravures; par *Oudendorp*, Leide 1727. in-4°.; et d'après cette édition, avec des notes excellentes, par le docteur *Morus*, Leips. 1780. gr. in-8°. L'édition de Deuxponts, 1782, en 2 Vol. in-8°., mérite aussi d'être citée. — Traduction *allemande* par *Wagener*, Studtgard 1765. in-8°.

II. *C. Sallustius Crispus*, né dans la Sabinie, vivait au tems de J. C. Son mérite comme écrivain l'emporte de beaucoup sur son caractère moral, qui peut-être, par l'exagération de ses ennemis, est assez décrié. Quant à son stile, on voit qu'il a cherché à imiter Thucydide. Une grande brièveté et une grande concision, jointe à une peinture animée des faits qu'il décrit, furent les fruits heureux de son émulation. Les ouvrages que nous avons de lui se bornent au récit de deux évènemens majeurs de l'histoire romaine; savoir, la *conjuration de Catilina*, et la *guerre des Romains contre Jugurtha*, roi de Numidie. Il ne nous reste qu'un très-petit nombre de fragmens de sa grande Histoire romaine, en six livres, indépendamment de deux oraisons et d'un pareil nombre de déclamations qu'on lui attribue sans beaucoup de fondement. Éditions : à Venise, 1737. in-4°.; Francfort, 1607. in-8°.; par *Gottl. Corte*, Leipsic 1724. in-4°.; par *Oudendorp*, Leide 1730. in-4°.; par *Haverkamp*, Amsterd., la Haye et Utrecht, 1742. 2 Vol. in-4°.; par *Harles*, Nuremb. 1778. in-8°.; par *Hottinger*, Zuric 1778. in-8°.; par *Croll* et *Emser*, Deuxponts 1780. gr. in-8°.; par *W. A. Teller*, Berlin 1790. in-8°.; par le président de *Brosses*, avec une Continuation qui remplit les lacunes que laisse le récit des deux histoires traitées par cet auteur. Traduction *allemande* de la *guerre de Catilina*, par *Th Abbt*, Stadthagen 1767. in-8°. : et de *Saluste* en entier, par *Hrcck*, Francf. 1782. in-8°.; *française*, par *Beauzée*, Paris 1769. 1772. et 1788., et par *Debrosses*; *espagnole*, par l'Infant *D. Gabriel* (édition de luxe de la typographie d'*Ybarra*.)

III. *Cornélius Népos*. Les circonstances

de sa vie sont presqu'inconnues. Tout ce que nous savons de lui, c'est qu'il a vécu peu de tems avant J, C. Le lieu de sa naissance était Hostilia, bourgade près de Vérone. Nous n'avons conservé de ses écrits que les *Vies des Capitaines illustres*, qu'on attribuait d'abord à *Émilius Probus*, qui cependant n'a fait que copier cet auteur. Ses Vies sont des modèles précieux en fait de biographie, à cause de leur brièveté féconde et de la beauté naïve et inimitable de leur stile. Au reste, il était auteur de plusieurs autres ouvrages, mais dont une grande partie n'existait déja plus dans des tems assez anciens. Éditions : par *van Staveren*, Leide 1734-1773. in-8°.; par *J. M. Heusinger*, Eisenach 1747. in-8°. D'après l'édition de *Bose*, avec les notes de *Cellarius*, par *C. A. Kriegel*, Leipsic 1774. in-8°. D'après celle de *van Staveren*, par *Harles*, 1774. in-8°., et une très-élégante à Berne 1779. in-8°. Traduction *allemande* par *Bergstrasser*, Francfort 1782. in-8°.

IV. *Tite-Live*, né à Padoue, vivait à Rome vers le tems de J. C. jusqu'à la mort d'Auguste, et après cette époque dans sa patrie, où il mourut l'an de Rome 770. Il mérite la première place parmi les écrivains qui ont donné l'histoire détaillée des Romains. La sienne, telle qu'elle sortit de sa plume, embrassait tous les évènemens qui se sont passés chez ce peuple célèbre depuis l'arrivée d'Énée en Italie jusqu'à l'an 744 après la fondation de Rome, et consistait en cent quarante ou cent quarante-deux livres, mais dont il ne nous reste qu'une petite partie; savoir, les dix premiers livres, et ceux du vingt-unième jusqu'au quarante-cinquième. Ils ont été distribués, par les copistes, en *Décades*. Le savant *Freinsheim* a cherché à remplir ce vide immense, et à suppléer aux lacunes de cet auteur, par quatre-vingt-quinze Supplémens tirés d'autres auteurs anciens qui ont écrit l'histoire de Rome. On les trouve dans plusieurs grandes éditions de cet auteur. Tite-Live réunit en lui toutes les qualités d'un véritable historien, la fidélité, le discernement, l'exactitude, l'esprit d'observation, et un stile vraiment à lui (que les Romains nommaient *Patavinitatem Livii*). Sa diction est noble, mâle, périodique, et pleine de justesse et d'éloquence. Éditions: par *Drackenborch*, Amsterd. 1738-46. 7 Vol. in-4°.; par *V. M. Giovinazzio*, Rome 1773; par *A. W. Ernesti*, Leipsic 1785. 5 Vol. gr. in-8e.; par *Heinsius* (chez les *Elzevir*), 1634. 3 Vol. in-12. M. *Stroth* en a commencé, à Leipsic 1780-82, une édition usuelle avec des notes. Après mille recherches inutiles que les savans ont faites pour retrouver les *Décades* perdues de cet auteur, soit par des manuscrits qu'on avait espéré de déterrer dans les bibliothèques des cloîtres en Espagne ou en Grèce, soit de la traduction qui, au tems des Sarrasins, en a été faite en langue arabe, M. le professeur *Bruun*, à Helmstadt, en a trouvé à Rome, 1791, un court fragment du quatre-vingt-onzième livre, qui a été imprimé à Hambourg 1773. in-fol., et à Leipsic 1773. in-8°. Traductions *allemandes* : par *Maternus de Cilano*, Altona 1760; par *Wagener* et *Westphal*, Lemgo 1776. ff. 6 Vol. in-8°.; par *Ostertag*, Francf. 1790. seqq., jusqu'à présent 3 Vol. in-8°.

V. *C. Vellejus Paterculus*, vivait dans le même tems que Tite-Live. Il était rhéteur, et fut par la suite revêtu de la préture. Il a écrit une histoire romaine en deux livres, dont il nous manque le commencement du premier. Elle contient les évènemens de ce peuple depuis l'origine de Rome jusqu'à son tems, et mérite d'être recommandée plus par rapport à son stile, que par rapport à sa véracité, cet écrivain étant trop partial et plein de flatterie envers Tibère, et Séjan son indigne favori. On ne saurait cependant lui refuser un grand fond de sagacité, une manière vive de peindre, et souvent un jugement très-mûr sur les faits et les personnes. Éditions : par *P. Burmann*, Leide 1744. in-8°.; par *Gruner*, Coburg 1762. in-8°.; par *Ruhnken*, Leide 1779. 2 Vol. gr. in-8°.; par *Jani* et *Krause*, Leipsic 1800. in-8°. Traduction *allemande* par *Jacobs*, Leipsic 1793. in-8°.

VI. *Valère Maxime*, né Romain, d'une famille noble, vivait dans le même tems, et a fait un recueil des discours et des faits des hommes célèbres de l'histoire grecque et romaine, en neuf livres, qu'il a dédiés à l'empereur Tibère. Il les a distribués en différens chapitres, dont le contenu historique est plus intéressant que le stile, qui trop souvent dégénère en déclamation. Editions : par *Colerus*, Francfort 1627. in-8°.; par *Abr. Torrenius*, Leide 1726. in-8°.; par *J. Kappe*, Leipsic 1782. gr. in-8°.

VII. *C. Cornelius Tacite*, vivait dans la seconde moitié du premier siècle, et devint consul sous le règne de Nerva. Dans sa jeunesse, il s'acquit beaucoup de renommée par l'emploi de ses talens dans le barreau. Son ouvrage est un modèle pour ce qui concerne l'histoire et la politique, la sage ordonnance des faits, la finesse et la vérité des observations tirées de la plus profonde connaissance du cœur humain, et par une vigueur et une concision de stile qu'aucun historien n'a pu égaler jusqu'à présent. Son histoire des Romains commence par le règne de Galba, et va jusqu'à la mort de Domitien; mais il ne nous reste de cette histoire, connue sous le nom de *Libri Historiarum*, que cinq livres, qui ne contiennent guères que les évènemens d'une seule année; et nous n'avons de ses *Annales*, qui allaient de la mort d'Auguste jusqu'à celle de Néron, que les six premiers livres, dont le cinquième est incomplet et les autres nous restent entiers, à partir du onzième jusqu'au seizième. Indépendamment de ces ouvrages, nous avons encore de lui un livre *sur la situation et les habitans de la Germanie* et *la vie de Jul. Agricola*. On lui attribue encore, mais sans trop de fondement, un *dialogue sur les causes du dépérissement de l'art oratoire*. Éditions : par *Lipsius*, philologue moderne, qui a fait de cet auteur l'étude de presque toute sa vie, et qui a cherché servilement à en imiter le stile, à Anvers 1607; par *Grotius*, Leide 1640, 2 Vol. in-12.; par *Gronovius*, Utrecht 1721. 2 Vol. in-4°.; par *J. A. Ernesti*, Leipsic 1772. 2 Vol. gr. in-8°.; par *Lallemand*, Paris 1669; par *Brotier*, Paris 1771. 3 Vol. in-4°. (ajoutez des supplémens aux Annales, 1774. gr. in-8°.), et après celle-ci, à Manheim 1780 - 81. 5 Vol. in-8°., et à Deuxponts 1779. 4 Vol. in-8°.; enfin, par *Oberlin*, Leipsic 1781. in-8°. — Traductions : *allemande*, par *J. S. Müller*,

Hamb. 1764. seqq. 3 Vol. gr. in-8°.; par *Patzke* et *Goldhagen*, Magdeburg 1764. seqq. 6 Vol., et par *Bardth*, Halle 1780-81. 2 Vol. in-8°. — *Italienne*, par *Bernardo Davanzati*, avec le texte *latin*, Padoue 1755. 2 Vol. in-4°. (une nouvelle va paraître par *Valeriani*, Romain, infiniment supérieure à celle-ci par son élégance et son exactitude). — *Française* (pour ne pas parler d'un échantillon d'une traduction qu'en a donné *J. J. Rousseau*, et de quelques morceaux choisis traduits par d'*Alembert*, Paris 1784, en 2 Vol. in-8°.), des premiers livres des *Annales*, par l'abbé *de la Bletterie*, Paris 1768. 3 Vol. Tacite *en entier*, par *J. H. Dotteville*, Paris 1779-80, en 7 Vol. in-8°. — Nous citerons, en outre, quelques éditions particulières du livre *de moribus Germanorum*, par *Koppe*, Leipsic, 1788; du dialogue *de Oratoribus*, etc., par *H. Aug. Schulze*, Lips. 1788, ainsi que la traduction *française* des *Mœurs des Germains* et de la *Vie d'Agricola*, par *Boucher*, 1776; et du même livre, par *J. H. M. Ernesti*, avec un dictionnaire géographique et historique, Nuremb. 1791-

1792. 2 Vol.; et de *Anton*, Görtz 1798. in-8°.

VIII. *Q. Curtius Rufus*, vivait vraisemblablement vers le milieu du premier siècle. Nous savons si peu de chose des circonstances de sa vie, que quelques savans, sans cependant beaucoup de fondement, ont voulu l'exclure du nombre des anciens écrivains. Il a donné une histoire des *exploits d'Alexandre-le-Grand*, en dix livres, dont il manque le commencement, avec plusieurs passages, que *Bruno*, *Freinshemius* et *Cellarius* ont tâché de rétablir. Sa manière de raconter s'éloigne beaucoup de la noble simplicité de la plupart des historiens grecs et romains, et tient quelquefois de l'exagération et du romanesque. Son stile est recherché, très-fleuri, et souvent trop pompeux. Il ne laisse cependant pas d'instruire et de plaire. Éditions : par *Cellarius*, Lips. 1696. in-12.; par *Freinsheim*, Strasb. 1670. in-4°.; par *Snakenburg*, Delft et Leide 1724. in-4°.; et à Würzburg et Fulda, 1778. in-8°. M. *Cunze* a commencé, en 1795, à en publier une nouvelle édition critique, Helmstadt

1795. in-8°. — Traductions : *allemande*, par *Wagner*, Lemgo 1768. in-8°., et par *Ostertag*, Francfort 1785. 2 Vol. in-8°.; *française*, avec les supplémens de *Freinsheim* et le texte *latin*, par *Vaugelas*, Paris 1709. 2 Vol. in-12.

IX. *L. Annœus Florus*, à la fin du premier et au commencement du second siècle, Gaulois ou Espagnol de naissance. Il rédigea l'Histoire romaine, à partir de la fondation de Rome jusqu'à la paix générale sous Auguste, dans un abrégé qui est distribué en quatre livres. Son stile manque de dignité et d'une certaine tenue; il s'élève trop souvent au dessus des bornes que prescrit la prose, et il est quelquefois surchargé d'une érudition inutile. Toute sa composition porte plutôt le caractère d'un éloge que d'un récit historique. Éditions : avec des notes de *Saumaise*, 1670. in-4°.; par *Grœvius*, Amsterd. 1702. in-8°.; par *Beyer* et *Cœln. a. d. Sprée*, 1704. in-fol.; par *Ducker*, Leide 1744. gr. in-8°.; par *Fischer*, Leipsic 1760. in-8°. — Traduction *allemande* par *Kretschmann*, Leipsic 1785. in-8°.

X. *C. Suétone Tranquillus*, vivait au même tems que Florus, et était jurisconsulte, grammairien et rhéteur. Ses biographies des douze premiers Empereurs de Rome ont le mérite d'une grande impartialité, de beaucoup de franchise, et d'un amour sévère pour la vérité. Il offre une foule d'anecdotes curieuses, écrites d'un stile assez naïf et digne de l'histoire. On a encore de lui quelques autres ouvrages critiques et biographiques, dont on ne connaît que les titres, et qui ont été perdus. Éditions : Paris, 1610. in-fol.; par *Bœcler*, 1688; par *Pitiscus*, Leuwarden 1714-15. 2 Vol. in-4°.; par *Burmann*, Amsterd. 1726. 2 Vol. in-4°.; par *Oudendorp*, Leide 1751. in-8°.; par *J. A. Ernesti*, Leipsic 1775. gr. in-8°. — Traduction *allemande* par *Wagner*, Lemgo 1771. in-8°., et par *Ostertag*, Francfort 1788. 2 Vol. in-8°.

XI. *Justin*, vivait dans le troisième siècle, sous le règne des Antonins. Il composa un extrait de l'Histoire universelle de *Trogus Pompée*, en quarante-quatre livres. Ce dernier était Gaulois de naissance, et vivait sous Auguste. On n'a conservé de lui que les sommaires, qui intéressent par leur stile et par la variété des objets qu'ils offrent. Éditions : par *Thysius*, Leide 1650. gr. in-8°.; par *Grœvius*, ibid. 1701. gr. in-8°.; par *Abr. Gronovius*, ibid. 1719 et 1760. in-8°.; par *Fischer*, Leipsic 1757. in-8°. Traduction allemande par *Ostertag*, Francfort 1781. 2 Vol. in-8°. (*Voyez* sur Justin la Bibliothèque historique de M. *Gatterer*, Vol. III, p. 18.).

XII. *Sextus Aurélius Victor*, vraisemblablement d'Afrique, vivait au quatrième siècle, et était en grace auprès de Julien l'Apostat, qui lui conféra des places éminentes. Sous Théodose, il devint gouverneur de Rome. Son histoire va, d'après son titre, de Janus jusqu'au dixième consulat sous Constantin; mais dans l'état où nous la possédons, seulement jusqu'à la première année de la fondation de Rome; elle offre cependant plusieurs faits que d'autres écrivains n'ont point touchés, ou ont racontés avec moins de détails. Les autres ouvrages qu'on a sous son nom, sont vraisemblablement d'autres auteurs. Éditions : par *Pitiscus*, Utrecht 1696. gr. in-8°.; par *Arnzen*, Amsterd. 1733. in-4°.; par *J. F. Gruner*, Coburg 1757. in-8°.; par *Harles*, Erlangen 1789. in-8°.

XIII. *Flavius Eutrope*, au quatrième siècle. Il est probable qu'il n'était pas Grec, mais Romain, ou au moins Italien de naissance. Il écrivit un *court Abrégé de l'Histoire romaine*, depuis la fondation de la ville jusqu'à la mort de l'empereur Jovinien, en dix livres, dans un stile facile et sans prétention. On en a aussi une traduction en grec de *Pœanius*, mais qui n'est pas tout-à-fait complète. Éditions : par *Thomas Hearne*, Oxford 1703 in-8°.; par *Haverkamp*, Leide 1729. in-8°.; par *Cellarius* (sixième édition), Jena 1755. in-8°.; par *Verheik*, Leide 1762. in-8°.; par *Gruner*, Coburg 1765. in-8°.; par *Jordens*, Berlin 1791. in-8°. La métaphrase de *Pœanius*, par *Kaltwusser*, Götha 1780. in-8°.

XIV. *Ammien Marcellin*, du même siècle, né Grec, écrivit une histoire romaine en trente-un livres, qui va depuis Nerva jusqu'à l'empereur Valens, et peut être regardée comme une continuation de Tacite et de Suétone. Les treize premiers livres n'existent plus. C'est moins le stile que l'agréable variété des matières, qui en forme le mérite : il est surtout intéressant par ses digressions. Éditions : par *Lindenbrog*, Hamb. 1609. in-4°.; par *J. Gronovius*, 1693. in-fol. et in-4°.; par *A. W. Ernesti*, Leipsic 1773. in-8°. Traduction *allemande*, par *Wagener*.

XV. *Ælien Spartien*, vivait, selon toute apparence, au troisième ou au quatrième siècle. Il écrivit la vie de tous les Empereurs romains depuis Jules César jusqu'à son tems. On a encore de lui les biographies d'*Adrien*, de *Verus*, de *Didius Julien*, de *Sévère*, de *Pescennius Niger*, d'*Antonin*, de *Caracalla* et de *Geta*. Il est vraisemblablement auteur des Biographies des Empereurs, qu'on attribue ordinairement à *Ælius Lampridius* et à *Gallicanus*. Son stile a peu de mérite; il manque d'ordre, et ses écrits offrent plutôt des anecdotes sur

la

la vie privée de ces princes que l'histoire de leur gouvernement même.

XVI. *Jules Capitolinus*, écrivain du troisième siècle, qui de même a écrit les vies des Empereurs. On le cite encore comme auteur des biographies de *C. Antonin*, de *Marc-Aurèle*, de *L. Verus*, de *Pertinax*, d'*Albin*, de *Macrin*, des deux *Maximins* et de *Balbin*. Il offre, ainsi que le précédent, peu de choix et de jugement.

XVII. *Trebellius Pollion* appartient au même tems. Il écrivit les vies des Empereurs de Rome, depuis *Philippe* jusqu'à *Claude*. Il n'en existe qu'un fragment concernant la vie de *Valérien l'ancien*, des trente *Tyrans* et de *Claude*. Ses écrits fourmillent de longueurs et de négligences.

XVIII. *Flavius Vopiscus*, de Syracuse, est du même tems que les autres biographes ci-dessus. On a encore de lui les vies d'*Aurélien*, de *Tacite*, de *Florien*, de *Probus*, de *Firmus*, de *Saturninus*, de *Proculus*, de *Bonosus*, de *Carus*, de *Numérien* et de *Carinus*. Il surpasse les auteurs précédens par l'ordre, l'exactitude et le savoir qu'il a mis dans les ouvrages qui nous sont parvenus de lui.

Ces quatre derniers écrivains portent la dénomination générale de *Scriptores Historiæ Augustæ*, ou *auteurs de l'Histoire des Empereurs*. Ils sont ordinairement au nombre de *six*; et on y joint encore *Gallianus* et *Lampridius*, quoique ce dernier semble être le même que *Spartien*, auquel il faut attribuer les vies dont on croit ordinairement *Gallican* être l'auteur. On les a souvent fait paraître ensemble dans des collections, dont la meilleure est celle de Leide, 1670. 2 Vol. gr. in-8°., et Leipsic, 1774. gr. in-8°. (*Voyez Fabricii* et *Ernesti*, Bibliotheca Latina, L. III. C. VI. p. 534.)

8.) *Médecins.*

Aucune science n'était si peu cultivée chez les Romains que la *médecine*. La partie théorique de l'art de guérir, à la vérité, ne leur était point inconnue; mais on s'appliquait si peu à sa partie pratique, qu'elle ne forma presque jamais l'occupation des Romains d'un esprit cultivé et d'une condition élevée, mais seulement des esclaves et des affranchis. Au reste, ils étaient redevables aux Grecs de leurs connaissances médicinales, et l'on compte *Archagathus* pour le premier médecin grec qui familiarisa les Romains avec la médecine. Ce ne fut que sous César que des médecins obtinrent le droit de cité à Rome. Auguste leur accorda aussi sa protection. Voici les écrivains principaux en cette matière :

I. *Aurélius* ou *Aulus Cornelius Celsus*. Il vivait au commencement du premier siècle, et n'était pas seulement médecin, quoiqu'il ne nous reste de lui que la partie médicinale d'un ouvrage encyclopédique, qui embrassait plusieurs autres sciences encore, savoir : l- *jurisprudence*, la *philosophie*, la *rhétorique*, l'*économie*, la *tactique*, etc. Les huit livres qui nous restent encore de lui *sur la médecine* sont intéressans, soit par rapport à leur contenu, soit par rapport à leur stile. Les deux derniers traitent de la *chirurgie*. Editions : par *Almeloveen*, Amsterd. 1713.

gr. in-8°., et Leide 1746. gr. in-8°.; par *Krause,* Leipsic 1765. gr. in-8°.; par *Leonh. Targa,* Padoue 1769. in-4°., et plus complètement encore à Leide 1785. in-4°.

II. *Scribonius Largus,* médecin romain du premier siècle, sous les empereurs Tibère et Claude, est regardé comme auteur d'un écrit encore existant *sur la préparation des médecines.* L'original de ce livre était peut-être écrit en grec, et quelques-uns croient que *Cornarius* est l'auteur de la traduction *latine.* Éditions : par *Joh. Rhodius,* Padoue 1655. in-4°.; et par *Jo. Mich. Bernhold,* Strasb. 1786. in-8°.

III. *O. Serenus Sammoniacus,* vivait au troisième et quatrième siècle, homme de beaucoup de savoir, et favori de l'empereur *Sévère.* On n'a de lui qu'un poëme *sur les maladies* et *la pharmacie,* mais auquel la fin manque. Il n'est pas probablement sans intercalations faites par une autre main. On l'a souvent joint aux écrits de *Celse.* Éditions : par *Gabriel Hummelberg,* Zuric 1540. in-4°.; par *Robert Keuchenius,*

Amsterd. 1706.; et par *Ackermann*, Leipsic 1786. in-8°. Il se trouve aussi dans les Pœtæ latini minores de *Burmann*.

IV. *Marcellus*, surnommé *Empiricus*, vivait sous l'empereur Théodore I, au commencement du cinquième siècle. Il a compilé son ouvrage *sur la pharmacie* dans les écrits de plusieurs écrivains de ce genre, mais sans aucun choix ni jugement. Éditions : par *Janus Coranus*, Bâle 1536. in-fol. — On trouve aussi cet écrit, avec les ouvrages des deux médecins que nous venons de citer, dans la collection d'*Henri Étienne*, sous le titre : Medicæ Artis Principes post Hippocratem et Galenum, Paris 1267.

Fin du Tome premier.

www.ingramcontent.com/pod-product-compliance
Lightning Source LLC
Chambersburg PA
CBHW070406230426
43665CB00012B/1259